AF252762

CATALOGUE

DES LIVRES

DE LA BIBLIOTHÈQUE

DE

M. LE BARON J. P***.

LA VENTE AURA LIEU

Le lundi 19 avril 1869, et les cinq jours suivants,
à une heure et demie de l'après-midi,

En l'hôtel des commissaires-priseurs, rue Drouot

Salle n° 3, au premier étage.

Par le ministère de M° BOULOUZE, commissaire-priseur,
Rue du Cardinal Fesch, 24

Assisté de M. L. POTIER, libraire, quai Malaquais, 9.

Il y aura exposition particulière de la bibliothèque de M. le baron J. P***, dans ladite salle de vente, le dimanche, 18 avril 1869, de une heure à quatre.

Le Catalogue servira de carte d'entrée.

Chaque jour de vente il y aura exposition publique à une heure de l'après-midi.

CONDITIONS DE LA VENTE.

5 p. °/₀ payables par les acquéreurs en sus des enchères.

Les livres vendus devront être collationnés sur place dans les vingt-quatre heures de l'adjudication. Passé ce délai, ou une fois sortis de la salle de vente, ils ne seront repris pour aucune cause.

Paris. — Imprimerie Adolphe Lainé, rue des Saints-Pères, 19.

CATALOGUE

DES

LIVRES RARES ET PRÉCIEUX

MANUSCRITS ET IMPRIMÉS

DE LA BIBLIOTHÈQUE

DE

M. LE BARON J. P*****.

Manuscrits avec miniatures
Livres imprimés sur vélin
Ouvrages rares sur les sciences, les arts et les métiers
Traités sur la chasse
Poëtes français des XVe et XVIe siècles
Recueils de chansons anciennes
Mystères et autres pièces de théâtre
Pièces sur l'histoire de France
Magnifiques reliures anciennes et modernes
Exemplaires d'amateurs célèbres, etc.

PARIS

L. POTIER, LIBRAIRE

QUAI MALAQUAIS, 9

—

1869

ORDRE DES VACATIONS.

—

PREMIÈRE VACATION. — *Lundi* 19 *avril* 1869.

Belles-lettres..	398 —	437
Histoire	1036 —	1087
Belles-lettres (Facéties)	780 —	819
Sciences et arts	109 —	150
Théologie	1 —	16

37,123.

DEUXIÈME VACATION. — *Mardi* 20 *avril.*

Sciences et arts	151 —	207
Jurisprudence	96 —	108
Belles-lettres (Poésie)	576 —	619
Histoire	855 —	897
Belles-lettres	820 —	854

42,096.

TROISIÈME VACATION. — *Mercredi* 21 *avril.*

Théologie	79 —	95
Sciences et arts	209 —	241
Histoire	986 —	1035
Belles-lettres (Romans)	745 —	779
— (Satires et chansons)	621 —	665

45,151.

QUATRIÈME VACATION. — *Jeudi* 22 *avril.*

Théologie	37 —	57
Belles-lettres	717 —	744
Sciences et arts	242 —	277
	moins	244
Histoire	959 —	985
Belles-lettres	530 —	575
— (Romans)	701 —	716

13,076.

FIN DE L'ORDRE DES VACATIONS.

Le Catalogue que nous publions aujourd'hui n'est pas celui
d'une collection entière : il contient la partie la plus précieuse,
la fleur d'une bibliothèque considérable de huit à dix mille
volumes, formée dans un but à la fois de travail et de curiosité. Commencée dès l'année 1831, alors que son propriétaire
avait à peine atteint sa dix-neuvième année, elle n'a cessé de
s'accroître jusqu'à ces derniers temps, et pendant vingt ans
elle a pu sans désavantage être mise en parallèle avec celles
de MM. De Bure, Cigongne, Brunet, Yéméniz, etc.

Des circonstances qui ne seraient d'aucun intérêt pour le
public ont décidé le possesseur de cette bibliothèque à se dé-
faire de la partie la plus précieuse des livres qui la composent.
Ce qu'il conserve formera encore, après la vente que nous
annonçons, une réunion considérable de livres bons et utiles.

Le choix dont nous publions le Catalogue présente un ensemble remarquable de livres précieux en tout genre. Chaque
division offre des ouvrages d'une importance capitale. On remarquera surtout la richesse de la partie relative aux sciences
et arts. Elle résulte du goût que l'éditeur du *Ménagier de Paris* avait naturellement pour l'histoire de la vie privée, c'est-à-

dire pour cette partie de l'histoire qui nous initie aux habitudes, aux mœurs, aux goûts de nos pères, et nous permet de vivre avec eux par la pensée.

C'est à ce goût encore qu'est due la présence, dans cette collection, de reliures anciennes en si grand nombre et d'une beauté si remarquable. Il n'est pas sans intérêt de voir à quel degré de perfection atteignit de bonne heure, chez nous, l'art de la reliure, les progrès qu'il a faits, de siècle en siècle, entre les mains des Le Gascon, Du Seuil, Boyet, Padeloup, Derome, Bauzonnet, etc., le luxe que déployaient pour l'ornementation de leurs livres des personnages historiques tels que François Ier, Henri II, Charles IX, le cardinal de Bourbon, Henri III, Henri IV, Marie de Médicis, Louis XIII, Louis XIV, Gaston d'Orléans, le Grand Dauphin, Mademoiselle, etc.

Des amateurs moins illustres, dont quelques-uns même ne doivent qu'à leur amour pour les livres la notoriété qui s'est attachée à leur nom, sont magnifiquement représentés dans cette collection. On y trouve deux volumes, ayant appartenu à Claude Gouffier, duc de Rouannais, grand écuyer de France, mort en 1570 (1) ; vingt-cinq ouvrages provenant de la bibliothèque de De Thou, presque tous en français, et qui, de plus, sont intéressants ou curieux, chose rare, il faut bien le dire, dans cette austère bibliothèque. On y compte jusqu'à quarante ouvrages aux armes du comte d'Hoym, cet étranger si français par le goût, sur la vie duquel paraîtra prochainement une Notice circonstanciée. Beaucoup de volumes ont fait partie des célèbres collections de Colbert, de Du Fay, de Mme de Chamillart, de Longepierre, de la comtesse de Verrue, de Girardot de Préfond, de Gros de Boze, de Bonnemet (2), de Mme de Pompadour, de Gaignat, du duc de la Vallière.

---

(1) C'est par un fragment d'un livre d'heures ayant appartenu à ce seigneur qu'on a acquis la preuve que les rares et splendides fayences dites de Henri II, avaient été faites au château d'Oyron, en Poitou, sous la direction de sa mère, Hélène de Hangest.

(2) Bonnemet, ancien marchand de soie de la rue Saint-Denis, mourut

La *curiosité* forme, du reste, le caractère principal de cette collection. Tous les livres qui la composent se recommandent, à un titre ou à un autre, à l'attention des amateurs les plus délicats. On y trouve nombre de précieux manuscrits ornés de miniatures ou intéressants au point de vue littéraire et historique, des livres des quinzième et seizième siècles imprimés sur vélin, des impressions en caractères gothiques et en caractères de civilité, des livres dont on ne connaît pas d'autre exemplaire, des séries entières d'ouvrages dont chacun est rare et d'un grand prix. Rappeler ici tout ce qu'on trouve de précieux dans ce Catalogue, ce serait littéralement tout citer. Nous croyons pourtant devoir signaler les ouvrages qui nous paraissent les plus importants (1).

Dans la Théologie, on remarquera surtout la Bible latine de Paris, 1652, 10 volumes in-12, exemplaire de Longepierre, admirablement relié par Padeloup (n° 1) ; une Bible en fran-

---

vers 1771. Il achetait déjà à la vente de la comtesse de Verrue, en 1737, et à celle du comte d'Hoym, en 1738. Tout ce qu'il possédait, tout ce qui l'entourait, ses livres, ses meubles, jusqu'à son carrosse, était du goût le plus parfait. Ses meubles et curiosités furent vendus en 1771. Les livres allaient l'être en 1772, sur un catalogue dressé par Merigot, lorsque le duc de la Vallière les acquit en bloc. Ce seigneur, qui a réuni la plus magnifique bibliothèque particulière qui ait jamais existé, n'avait pas fait relier ses livres par les meilleurs relieurs. Laferté, demeurant rue des Carmes, était chargé de l'entretien de sa bibliothèque, et le duc, qui savait tirer parti de sa charge de grand fauconnier, le payait, dit-on, en lapins et autre gibier. Il est probable que l'illustre amateur ne fut tenté que par les exquises reliures de la collection de Bonnemet, où il ne devait trouver aucune de ces grandes raretés qu'il recherchait avant tout. Encore aujourd'hui, quand on rencontre une vieille reliure (surtout doublée) parfaitement faite et conservée, de ce maroquin d'un *bleu couleur du temps*, dont nos pères ont gardé le secret, il est à parier que le livre figure dans le catalogue de Bonnemet. C'est de cette charmante collection que sortaient les Contes de la Fontaine et le Pseautier du comte d'Hoym, qui ont figuré à la vente Brunet. C'est d'elle que proviennent le Roman de la Rose et le Pétrone du comte d'Hoym, la France galante, les Mémoires de Bassompierre, la Journée du chrétien de Mme de Pompadour, et beaucoup d'autres livres du présent catalogue.

(1) Un appendice placé à la suite de cet avertissement contiendra des tables donnant l'indication des mss., des livres imprimés sur vélin et de ceux provenant des amateurs célèbres.

çais de 1587, grand in-folio, magnifique reliure probablement faite pour Henri III (n° 3) ; la Paraphrase des Pseaumes de David, par Antoine Godeau, exemplaire aux armes d'Anne d'Autriche (n° 9) ; un Évangéliaire en latin, beau manuscrit du douzième siècle, sur vélin (n° 12) ; le Nouveau Testament de Mons, édition elzevirienne de 1667, 2 vol. pet. in-8, avec une très-belle reliure de Boyet (n° 13) ; le Livre d'heures de mademoiselle Poncher, manuscrit sur vélin de la fin du quinzième siècle, orné de nombreuses miniatures (n° 19) ; la *Journée du Chrétien,* aux armes de madame de Pompadour (n° 22) ; *les Heures de Notre-Dame,* 1586, in-4, aux armes de Henri III (n° 26) ; *les Offices de la Toussaint,* magnifique reliure de Padeloup, à compartiments de couleur (n° 29) ; *les Lettres de S. Augustin,* 6 vol. in-8, bel exemplaire aux armes de madame de Chamillart (n° 34) ; *le Dialogue Monsieur Saint Gregoyre,* édition de Verard, 1509, exemplaire imprimé sur VÉLIN (n° 35) ; *la Petite Dyablerie dont Lucifer est le chef,* petit livre goth. dont on ne connaît pas d'autre exempl. (n° 46) ; *les Expositions des Evangilles en francois,* livre imprimé à Chablis en 1489 (n° 48) ; *l'Imitation de Jésus-Christ en français,* très-rare édit. du quinzième siècle (n° 52) ; *Occupation de l'âme pendant le saint Sacrifice de la Messe,* charmant manuscrit orné de miniatures, exécuté pour Mademoiselle (Anne-Marie-Louise d'Orléans) (n° 66) ; *les Réflexions sur la Miséricorde de Dieu,* de madame de la Vallière, exemplaire de Longepierre (n° 74) ; *l'Exposition de la doctrine de l'Eglise catholique,* de Bossuet, aux armes du grand Condé (n° 83), et d'autres traités de théologie, aux armes de Marie-Antoinette (84 et 85) et de madame de Maintenon (86).

Dans la Jurisprudence, le *Corpus juris civilis,* 9 vol. in-8, très-bel exemplaire aux armes du comte d'Hoym (96) ; la célèbre édition du même recueil imprimée à Paris en 1576, en 5 vol. in-folio, superbe exemplaire en grand papier, aux armes de Tallemant des Réaux (97).

Dans les Sciences philosophiques, morales et politiques, les Œuvres de Platon, *Genève,* 1592, en 3 vol. in-16, riche reliure du temps, à compartiments de couleur (109); divers traités de Cicéron, exemplaire de Mme de Chamillart (110); *Des grands et excellents biens qui proviennent de la paix*, etc., charmant manuscrit sur vélin du milieu du seizième siècle (122); plusieurs traités rares pour l'éducation des enfants, imprimés pour la plupart en caractères *de civilité* (n°s 141 à 150), dont un manuscrit exécuté pour le duc de Saint-Simon, lorsqu'il avait huit ans et demi (n° 149); le *Mirouer exemplaire* de Gilles de Romme, imprimé à Paris en 1517, bel exemplaire aux armes de Mme de Pompadour (151).

Dans les Sciences naturelles et mathématiques, *le Jardin du roy très-chrétien Henri IV*, par Pierre Vallet, précieux exemplaire de Henri IV, à ses armes (168); le *Compost et Kalendrier des Bergers*, de Paris, 1493, superbe exemplaire de l'édition la plus ancienne (213); la *Milice des Grecs et Romains*, bel exemplaire de dédicace au roi Louis XIII (218); *les Ruses et Cautelles de guerre*, de Paris, 1514, exemplaire imprimé sur VÉLIN (219).

Parmi de curieux traités sur les sciences occultes, nous citerons la *Démonomanie des sorciers*, de Jean Bodin, superbe exemplaire aux premières armes de J.-A. de Thou (229), et l'*Atalanta fugiens*, livre singulier, orné de 50 gravures en taille-douce, bel exemplaire du comte d'Hoym (238).

Dans les Beaux-Arts, nous signalerons un recueil de 35 dessins représentant les travaux de la mine d'argent de Saint-Nicolas, en Lorraine, exécutés au seizième siècle, avec l'explication en français (243); les Œuvres d'Estienne de la Belle, recueil d'environ 700 pièces, en 3 vol. in-fol. (249); le Recueil de portraits et de costumes de l'époque de Louis XIV, connu sous le titre de *Messieurs à la mode, Mesdames à la mode*, précieuse collection de 515 gravures par Bonnart et autres (253); l'*Architecture française* de J.-F. Blondel, 4 vol. gr. in-fol., magnifique exemplaire en grand papier, de Randon de Boisset (255).

La série des livres sur les arts et métiers divers serait à citer tout entière. Elle se compose de précieux traités sur la calligraphie, sur la lingerie et la broderie (recueil de patrons, inconnu, n° 263 ; *Singuliers et Nouveaux Pourtraicts de Federic de Vinciolo*, 264 ; *la Pratique de l'aiguille industrieuse*, de Matthias Mignerak, 266), la fourrure, la coiffure, etc.

Parmi les traités sur l'art culinaire, il suffira de mentionner deux éditions gothiques du livre de Taillevent, y compris celle imprimée vers 1490, qu'on regarde comme la première, et le *Grand Cuisinier*, de Pierre Pidoulx, édition de Jehan Bonfons, inconnue à Brunet (274).

Parmi les livres relatifs à l'escrime, à la danse, à l'équitation, nous citerons seulement un traité en allemand de Fab. von Auerswald, *Ringer-Kunst*, avec 85 belles gravures sur bois de Lucas Cranach (n° 278) ; *la Noble Science des joueurs d'espée*, bel exemplaire d'un livre extrêmement rare (280) ; l'*Orchésographie* de Thoinot Arbeau (Jean Tabourot), exemplaire de son neveu, Etienne Tabourot, l'auteur des *Bigarrures* (283) ; la *Méthode et Invention nouvelle de dresser les chevaux*, de Guillaume de Newcastle, bel exemplaire de l'édition originale (292) ; l'*Instruction du Roy en l'exercice de monter à cheval*, d'Antoine de Pluvinel, magnifique exemplaire avec beaucoup de figures doubles et relié par Padeloup (292), et un Recueil de dessins de mors de chevaux, beau manuscrit du seizième siècle, sur vélin, ayant appartenu à Claude Gouffier, duc de Rouannais (293).

Les livres relatifs à la chasse occupent 100 numéros du Catalogue (294 à 393). Jamais amateur n'a réuni un aussi grand nombre de livres précieux sur cette matière. Nous n'indiquerons ici que ceux qui sont d'une importance hors ligne, comme le manuscrit de Gaston Phébus, du seizième siècle, orné de miniatures, et l'édition originale du même ouvrage, imprimée pour Verard (304 et 305) ; le *Roi Modus*, manuscrit du quatorzième siècle, sur vélin, qui a figuré dans les bibliothèques de Girardot de Préfond, de Mac-Carthy et de Huzard, et l'édition originale du même livre imprimée à Chambéry en 1486, le plus bel exemplaire connu, provenant de la bibliothèque du prince d'Essling (307 et 308); le *Livre de la chasse du grand seneschal de Normendie*, seul exemplaire connu (310); le *Nouvelin de la vénerie*, manuscrit sur vélin du seizième siècle, avec miniatures, exécuté pour le duc d'Alençon, premier mari de Marguerite, sœur de François Ier (311); la Vénerie de Jacques du Fouilloux, bel exemplaire de l'édition originale, sur papier; un autre exemplaire de la même édition, sur vélin, le seul connu, et trois autres éditions rares du même livre (314-318); la *Chasse royale* de Charles IX, superbe exemplaire de Gaignat et de Mac-Carthy (319); la *Meutte et Venerie pour le chevreuil*, de Jean de Ligneville (354); un manuscrit précieux du Traité de fauconnerie de l'empereur Frédéric II, exécuté au quinzième siècle, et dont une partie seulement a été publiée (373); la Fauconnerie de Guillaume Tardif, édition originale de 1492, imprimée pour Antoine Vérard, livre peut-être unique (376); la Fauconnerie de Jean de Franchières, première édition (377), et la Fauconnerie de François de Sainte-Aulaire, bel exemplaire d'un livre très-rare (389).

Nous arrivons aux Belles-Lettres, et nous remarquons d'abord *C. Plinii Panegyricus*, 1675, superbe exemplaire aux armes du comte d'Hoym, qui a figuré depuis aux ventes Saint-Mauris, Naigeon, F. Didot, etc. (411); l'Oraison funèbre du prince de Condé, par Bossuet, édition originale, précieux exemplaire en grand papier, aux armes de l'auteur (414); Homère, traduit par madame Dacier, très-bel exemplaire, relié par Boyet (416); les Idylles de Bion et Moschus, traduites par Longepierre, exemplaire du traducteur (420); Lucrèce, édition de Coustelier, 1744, exemplaire sur vélin avec une belle reliure de Derome père, provenant de la bibliothèque de Gouttard (422); le Virgile Elzevier de 1636, joli exempl., relié par Boyet (424); *Ausonii Opera*, d'Amsterdam, 1671, avec une magnifique reliure de Boyet (432); *Joannis Aurelii Augurelli Iambicus*, édition d'Alde, 1505, dans une riche reliure du seizième siècle, exemplaire du prince Eugène de Savoie et du baron de Hohendorf (436).

Les œuvres des poëtes français forment une des séries les plus importantes de cette collection. Les articles les plus précieux sont le *Roman de la Rose,* première édition, imprimée à Lyon, vers 1485, par Guillaume Le Roy, bel exemplaire, grand de marges et bien complet (449); le même ouvrage, édition de Galiot du Pré, en lettres rondes, charmant exemplaire aux armes du comte d'Hoym, qui a fait partie depuis des bibliothèques de Bonnemet, la Vallière, Naigeon, F. Didot et la Bédoyère (450); le même ouvrage, édition de Méon, un des deux exemplaires sur vélin, enrichi de dessins et de *fac-simile* (451); les *Fais de maistre Alain Chartier,* première édition, bel exemplaire de Girardot de Préfond (453); les *Fortunes et adversitez de Jehan Regnier,* livre intéressant dont on ne connaît que deux ou trois exemplaires (454); un *Songe fait de Georges de Chasteaulens,* manuscrit sur vélin du quatorzième siècle, orné de miniatures (460); le *Chasteau de Labour,* les *Menus Propos* et les *Contreditz de Songecreux,* trois rares volumes de Pierre Gringore (462-464); le *Labyrinthe de Fortune,* de Jean Bouchet, précieux exemplaire dans sa première reliure, aux armes de Claude Gouffier, duc de Rouannais (467); la *Nef des Folles,* exemplaire imprimé sur VÉLIN (470); les *Œuvres de maistre Roger de Collerye,* magnifique exemplaire splendidement relié par Bauzonnet d'un livre que M. Brunet déclare *presque introuvable* (471); *Histoire de Palamon et Archita,* poëme d'Anne de Graville, manuscrit sur vélin exécuté pour la reine Claude de France (472); *Fables et emblèmes en vers,* manuscrit du seizième siècle, sur vélin, orné de miniatures, exécuté pour Louise de Savoie (473); l'*Aventurier rendu à Dangier,* livre précieux dont on ne connaît qu'un autre exemplaire (475); *Chrestienté contre l'Empereur,* manuscrit du seizième siècle (476); le *Courroux de la mort contre les Angloys,* exemplaire non rogné, le seul connu (478); le *Débat de la Noire et de la Tasnée* et autres pièces, précieux manuscrit sur vélin, du quinzième siècle (479); un recueil factice de 18 *pièces joyeuses* imprimées dans la première moitié du seizième siècle, presque toutes introuvables, de la bibliothèque du duc de la Vallière (485); les *Tenebres du Champ Gail-lart*, pièce curieuse d'une insigne rareté (488); *Hecatomphile*, suivi des *Fleurs de Poésie françoise*, et des blasons du corps féminin (495); l'*Adolescence Clementine* avec les suites, seul exemplaire connu de l'édition de Lyon, François Juste, 1535 (nᵒˢ 500-501); les *OEuvres de Clément Marot*, 1700, exemplaire du comte d'Hoym (502); *Recueil des OEuvres de Bonaventure des Periers*, exemplaire du comte d'Hoym (506); *Marguerites de la Marguerite des princesses*, 1547, in-8, bel exemplaire relié par Bauzonnet (515); la *Coche*, ou le Débat d'amour, poëme de Marguerite d'Angoulême, reine de Navarre, précieux manuscrit sur vélin avec miniatures (516); les *OEuvres de Louise Labé*, 1556, bel exemplaire de M. de Soleinne (519); le *Blason des Basquines et vertugalles*, seul exemplaire connu (529); des *Recueils de poésies* de la fin du seizième siècle (530 et 531); les *OEuvres de Ronsard*, 1609, in-folio, superbe exemplaire en grand papier, aux armes de J.-A. de Thou, (533); les *OEuvres poétiques de Remy Belleau*, exemplaire de Soleinne, le plus grand connu (536); divers volumes d'Olivier de Magny, ce poëte si rare et si recherché (537-539); les *Quatrains de Pybrac*, manuscrit du seizième siècle, écrit en or, azur et autres couleurs par l'habile calligraphe Gangneur, et revêtu d'une charmante reliure du temps (548); les *Premières OEuvres de Philippe Desportes*, 1600, exemplaire de J.-A. de Thou (550); les *Deux premiers Livres des Foresteries de J. Vauquelin de la Fresnaye*, imprimées en 1555, et un magnifique exemplaire de ses OEuvres, imprimées en 1605 (552-554); les *OEuvres et Meslanges poétiques de Pierre le Loyer* (556); les *Premières OEuvres poétiques de Flaminio de Birague*, exemplaire unique sur VÉLIN (562); le *Discours joyeux en façon de sermon*, de Jean Pinard, aux armes du marquis de Joyeuse (573); les *Dernières OEuvres* de Racan, exemplaire de sa fille, Mᵐᵉ de Brèche (580); les *OEuvres de Boileau*, 1701, dernière édition faite du vivant de l'auteur, exemplaire aux armes de l'abbé de Thou (591); une autre édition sous la même date, exemplaire de Mᵐᵉ de Chamillart (592); les *Poésies de Mᵐᵉ des*

Houlières, également aux armes de Mme de Chamillart (595) ; les *Fables de la Fontaine*, éditions originales (610 et 611) ; les *Nouveaux Satyres de Robert Angot*, exemplaire de Ch. Nodier (623) ; les *Satyres bastardes du cadet Angoulevent* (632).

C'est surtout dans la classe des Chansons et noëls que la série poétique est tout à fait hors ligne. Nous signalerons un recueil de Chansons notées, italiennes et françaises, manuscrit du quinzième siècle, sur vélin, orné de miniatures (636), et pour le surplus nous renverrons au catalogue, n°s 634 à 665.

Dans la Poésie dramatique, nous citerons les Mystères composés par Jehan Louvet, pour la confrérie de Notre-Dame de Liesse, précieux manuscrit autographe (671) ; les mystères du *Vieil Testament*, de la *Passion*, de la *Vengeance de Nostre Seigneur*, les *Actes des Apôtres*, la *Nef de Santé* (672-676) ; *Maistre Pierre Pathelin*, édition de Jean Bonfons (677) ; les *OEuvres* de Molière, 1682, qu'on croit avoir appartenu au Grand Dauphin (688) et les *OEuvres* de Racine, 1687, troisième édition originale, précieux exemplaire aux armes du comte d'Hoym (691).

Dans les Romans et Contes, on remarquera les *Pétrone* du comte d'Hoym, en latin (703) et en français (704) ; l'*Arbre des Batailles*, superbe manuscrit du quinzième siècle, sur vélin, orné de miniatures, exécuté pour Louis de Luxembourg, comte de Saint-Paul (707) ; les *Passages de oultre mer*, première édition, magnifique exemplaire aux premières armes de J.-A. de Thou (710) ; le *Tiers livre* de Rabelais, *Lyon*, 1546, et le *Quart livre*, 1553, en un volume, le seul de Rabelais qu'ait possédé J.-A. de Thou (714) ; le *Tiers livre* de Rabelais, 1552, dernière édition revue par l'auteur (715) ; la *Princesse de Montpensier*, *Zayde* et la *Princesse de Clèves*, éditions originales (721-723) ; le *Diable boiteux*, 1756, aux armes de la comtesse d'Artois (728) ; *Manon Lescaut*, 1753, bel exemplaire en papier de Hollande (731) ; divers romans historico-satiriques (745-754) ; les *Cent Nouvelles Nouvelles*, édition de Michel le Noir (755) ; le *Parangon de nouvelles*, volume très-rare (756) ; les *Nouvelles Recreations et joyeux devis de Bonaventure des*

Periers, édition originale imprimée en caractère de *civilité* (759) ; les *Contes aux heures perdues, du sieur d'Ouville,*
édition originale, très-rare et la seule complète (764) ; les
Contes des Fées, de Perrault, 1781, exemplaire en grand papier
de Hollande, de M. de la Bédoyère (767).

La série des Facéties et pièces burlesques offre bien des
volumes rares et recherchés. Nous mentionnerons le *Livre des
Connoilles,* sans date, in-8 gothique, joli exemplaire d'une
édition rare (780) ; les *Propos rustiques de Léon Ladulfi,* très-
bel exemplaire de l'édition originale (781) ; le *Recueil des
Caquets de l'accouchée,* éditions originales des pièces séparées,
exemplaire de Girardot de Préfond (794) ; les *Etrennes de la
Saint-Jean,* sur VÉLIN, exemplaire de la Vallière et de Mac-
Carthy (805) ; l'*Eloge de la folie,* première traduction française, imprimée au seizième siècle en caractères gothiques (807) ; le *Triomphe des Dames,* exemplaire de la Vallière (812).

Dans les Epistolaires et les Polygraphes, nous devons une
mention spéciale aux *Lettres de Voltaire à madame d'Epinay,*
en partie autographes (842) ; au *Plutarque* de Vascosan,
exemplaire de Guyon de Sardière et de la Vallière (843) ; au
Lucien de la bibliothèque de J.-J. de Bure, splendidement
relié par Boyet (844) ; au *Cicéron* Elzevier du comte d'Hoym,
magnifique exemplaire relié par Padeloup (845) ; à la collection des *OEuvres* de Balzac, en 9 volumes in-12, exemplaire
de Longepierre qui passa depuis dans la bibliothèque du
comte d'Hoym (847) ; aux *OEuvres* de Voiture, exemplaire de
madame de Chamillart, acquis à la vente de J.-J. de Bure (849) ;
aux *OEuvres diverses* de Fontenelle, 3 volumes in folio, papier
de Hollande, exemplaire de Gros de Boze (852).

Dans l'Histoire, on remarquera d'abord les *Singularitez de
la France antarctique,* d'André Thevet (859) ; le Voyage de
Jean de Lery au Brésil, exemplaire de J.-A. de Thou (860) ;
le *Discours sur l'histoire universelle,* de Bossuet, édition originale, exemplaire en grand papier, ayant appartenu à la
princesse Palatine (863), et la seconde édition du même ou-

vrage, exemplaire de Bossuet (864) ; le *Livre de la généalogie des dieux*, manuscrit sur papier de la bibliothèque de Henri III (865) ; l'*Histoire ecclésiastique de Nicéphore*, exemplaire de dédicace à Charles IX, avec chiffres, armes et devise (869) ; l'*Alcoran des Cordeliers*, exemplaire de Du Fay et du comte d'Hoym (874) ; la *Grande Oppugnation de la cité de Rhodes* (875) ; la Vie de saint Jean-Chrysostome, exemplaire de Longepierre (881) ; la Vie de sainte Geneviève, in-8 gothique, édition inconnue (882) ; la Vie de saint Hubert, in-8 gothique (888) ; Trois Pièces rares et précieuses pour l'histoire de la réforme au seizième siècle (896) ; Diodore de Sicile, traduit par Antoine Macault, exemplaire sur VÉLIN ayant appartenu à François de Bourbon, comte de Saint-Paul (901) ; Diodore de Sicile, traduit par Macault et Amyot, exemplaire du cardinal de Bourbon, de Du Fay et du comte d'Hoym (902) ; le *Tacite* Elzevier *variorum*, 1672, exemplaire de Longepierre (906) ; Tacite en français, exemplaire en grand papier aux armes de Henri III (907) ; Suétone, 1690, 4 vol. in-8, revêtu d'une belle reliure de Boyet (909).

Comme on devait s'y attendre, l'Histoire de France abonde en livres précieux. Nous citerons la *Description de la France*, de Piganiol de la Force, 15 vol. in-12, aux armes de Mesdames, filles de Louis XV (915) ; les Dissertations de l'abbé Lebeuf, Gouye de Longuemare, etc., la plupart en belles reliures anciennes (917-922) ; l'Histoire de France de Mézeray, magnifique exemplaire relié par Du Seuil, provenant de la bibliothèque de Pixerécourt et probablement le plus beau connu (926) ; l'*Histoire de saint Louis*, exemplaire aux armes du cardinal de Bouillon (929) ; la Harangue de Gerson à Charles VI, exemplaire de J.-A. de Thou (932) ; les Mémoires de Commines, édition elzévirienne (934) ; les mêmes, édition de 1747, en grand papier (935) ; l'*Ordre qui a esté gardée à Tours pour appeler devant le roy ceux des trois estatz*, exemplaires de J.-A. de Thou (deux éditions différentes, 936 et 937) ; l'Histoire de Louis XII, par Claude de

Seissel, exemplaire de Henri III (938) ; le Recueil d'estampes
sur les guerres de la Réforme, d'après Périssin et Tortorel,
admirable exemplaire que J.-A. de Thou fit relier splendidement et que des amateurs regardent comme le livre le plus
parfait de cette collection (939) ; de précieux Recueils de pièces relatives à la Saint-Barthélemy, au meurtre des Guise, à
l'assassinat de Henri III et aux événements qui suivirent jusqu'à la mort de Henri IV (940-958) ; les *Sermons de la simulée
conversion de Henri de Bourbon*, édition originale (961) ; les
Mémoires de Bassompierre, exemplaire de Bonnemet et de la
Vallière (968) ; un Recueil de Mazarinades curieuses, aux
armes de la comtesse de Verrue (972) ; un Recueil de pièces
diverses, manuscrit du dix-septième siècle, aux armes de Mademoiselle (974) ; la *Muze historique*, de Lorel, magnifique
exemplaire aux armes de Mme de Pompadour (975) ; le *Recueil
des portraits en vers et en prose*, par Mlle de Montpensier et
autres, exemplaire de la comtesse de Verrue (977) ; le Portrait
de mademoiselle de Manneville, par Puget de la Serre, admirable manuscrit sur vélin (978) ; l'Histoire de madame Henriette d'Angleterre, par Mme de la Fayette, édition originale,
exemplaire de Gros de Boze (979) ; *Mémoires sur le revenu
du roy*, par de Launay du Plessis, très-beau manuscrit sur
vélin, exécuté pour Louis XIV (981) ; le *Recueil de différentes
choses*, du marquis de Lassay, en 7 vol. in-4, manuscrit exécuté pour l'auteur (982) ; les Tableaux de la Révolution française, 3 vol. in-fol., figures avant la lettre avec beaucoup de
pièces ajoutées, exemplaire de Renouard (985) ; les *Figures
des monnoyes de France*, de J. Haultin, bel exemplaire en reliure ancienne (1000) ; de précieux ouvrages sur l'histoire de
Paris, par Corrozet, Bonfons, Du Breul, etc. (1006-1020) ; le
Labyrinthe de Versailles, manuscrit de Rousselet, exécuté pour
Louis XIV (1022) ; l'histoire de Bretagne de D. Morice et
D. Taillandier, très-bel exemplaire en grand papier, aux armes du maréchal de Mouchy (1025) ; l'Histoire générale de
Languedoc, par Dom Vaissette et Dom de Vic, aux armes du
duc de Choiseul-Praslin (1033).

Dans l'Histoire étrangère, nous citerons plusieurs volumes précieux relatifs à Marie Stuart, par F. de Belleforest, Jean de Lesselie, Adam de Blacwod, etc. (1042-1048) ; l'Histoire de Gustave-Adolphe, de R. de Prades, exemplaire aux armes du duc de Montausier et de sa femme Julie d'Angennes (1052) ; les *Chroniques et annales de Pologne*, de Blaise de Vigenere, exemplaire de J.-J. de Bure (1053).

L'Histoire de la noblesse, bien moins riche qu'elle ne devrait l'être, le propriétaire l'ayant gardée presque en entier, nous présente cependant encore un certain nombre d'ouvrages importants, tels que le *Blason des armoiries*, de H. Bara, relié en vélin, aux armes de J.-A. de Thou (n° 1061) ; de beaux exemplaires des traités curieux du P. Menestrier (1056-1068) ; l'*Histoire de la noblesse du comté Venaissin* (par Pithon-Curt), superbe exemplaire d'un livre très-rare (n° 1075), etc., etc.

Nous avons omis avec intention de citer à leur rang les dessins de François Boucher, pour les œuvres de Molière, portés sous le n° 244. Nous devions une mention à part à ce recueil, le volume le plus précieux peut-être de cette collection, où figurent tant de volumes du plus grand prix.

L. P.

APPENDICE.

—

Tableaux des manuscrits anciens, des livres imprimés sur vélin et des livres
qui ont appartenu à des rois, reines, princes et à des personnages et amateurs célèbres.

I. MANUSCRITS ANCIENS, LA PLUPART SUR VÉLIN ET
AVEC MINIATURES.

N⁰ˢ   9. Paraphrase du Miserere, écrit par Gilbert, 1663.
       12. Evangéliaire en latin, XIIᵉ s.
       18. Horæ, ms. du XIVᵉ s.
       19. Heures de Mˡˡᵉ Poncher, XVᵉ s.
       65. Méditations sur la Vie de J.-Ch., XVᵉ s.
       66. Occupation de l'âme, XVIIᵉ s.
       67. Livre d'oraisons, escript par J. Renoult, XVIᵉ s.
       71. Elévations de l'âme à Dieu, XVIIᵉ s.
       73. Sentiments de Mᵐᵉ de Longueville, XVIIᵉ s.
      107. Mémoire sur la réformation de la police, XVIIIᵉ s.
      122. Des excellents biens de la paix, XVIᵉ s.
      149. A M. le vidame de Chartres, XVIIᵉ s.
      179. Livre des profitz ruraux, XVᵉ s.
      243. Les Travaux de la mine d'argent de S.-Nicolas, en
            Lorraine, XVIᵉ s.
      293. Dessins de mors de chevaux, XVIᵉ s.
      304. Phébus, Déduits de la chasse, XVIᵉ s.
      306. Le Roi Modus, XIVᵉ s.
      311. Le Nouvelin de la vénerie, XVIᵉ s.
      373. Frederici II de Arte venandi, XVᵉ s.
      435. Ierapigra Ægidii de Corboïlo, XIIIᵉ s.
      460. Un Songe de G. de Chateaulens, XIVᵉ s.

Nᵒˢ 472. Histoire de Palamon et Archita, xvie s.
473. Fables et Emblèmes, xvie s.
476. Chrestienté contre l'empereur, xvie s.
479. Debat de la Noire et de la Tasnée, xve s.
490. Songe de la Pucelle, 1802.
493. Discours et Coqs-à-l'asne, xvie s.
516. La Coche, par Marguerite d'Angoulême, xvie s.
548. Les Quatrains de Pybrac, xvie s.
603. Poésies de Mᵐᵉ de Bussy, 1779.
638. Recueil de chansons, xve s.
636. Chansons, pour Marie Copin, xve s.
648. Vers amoureux et Chansons à boire, xviie s.
665. Recueil de noëls et cantiques, xvie s.
671. Mystères composés par J. Louvet, xvie s.
707. L'Arbre de batailles, xve s.
865. Livre de la Généalogie des dieux, xvie s.
978. Le Portrait de Mˡˡᵉ de Manneville, xviie s.
981. Mémoire sur le revenu de Louis XIV, xviie s.
982. Recueil de différentes choses de Lassay, xviiie s.

II. LIVRES IMPRIMÉS SUR VÉLIN.

Nᵒˢ 15. Morale de J.-Ch., 1790.
17. Heures d'Hardouin, 1509.
20. Heures à l'usage de Machon, 1502.
35. Dialogue de S. Grégoire. *Paris, Verard*, 1509.
114 à 122, 129, 130. Moralistes anciens.
219. Ruses et cautelles de guerre, 1514.
315. Vénerie de Du Fouilloux, 1561.
353. Traité de la chasse au lièvre, 1858.
360. La Chasse du loup de Rob. Monthois, 1863.
422. Lucrèce de Coustelier, 1744.
451. Le Roman de la Rose, 1813.
470. La Nef des folles, xve s.
562. Œuvres de Flaminio de Birague, 1585.
563. Episemasie, à M. le duc de Guise, 1588.
805. Etrennes de la Saint-Jean, 1742.
886. La Vie de saint Adjuteur, 1638.
901. Histoire de Diodore, Sicilien, 1535.

a. *Rois et princes.*

Charles IX, n° 869.
Henri III, 26, 534, 865, 907, 938.
Henri IV, 168.
Louis XIII, 218.
Louis XIV, 166, 981, 1022.
Louis XV, 107, 1015.
Napoléon Ier, 234, 1041.
Louis XVIII, 415.
Louis-Philippe, 393, 1086.
Bourbon (François de), comte de Saint-Paul, 901.
Bourbon (le cardinal de), 902.
Gaston, duc d'Orléans, 1035.
Louis (le grand dauphin), 193, 299, 429, 688.
Berry (duc de), petit-fils de Louis XIV, 873.
Orléans (duc d'), fils du régent, 37, 177.
Condé (le grand), 83.
Eu (comte d'), fils du duc du Maine, 60.
Toulouse (comte de), 70, 760, 1086.

b. *Reines et princesses.*

Claude (de France), femme de François Ier, 472.
Louise de Vaudemont, femme de Henri III, 564.
Marie de Médicis, 7.
Anne d'Autriche, 9.
Marie Leczinska, 866, 987.
Marie-Antoinette, 81, 84, 85, 205, 992.
Savoie (Louise de), mère de François Ier, 473.
Mademoiselle (la grande), 66, 974.
Orléans (la princesse palatine, duchesse d'), 863.
Mesdames, filles de Louis XV, 899, 911, 1084.
Artois (comtesse d'), 695, 728.
Madame Elisabeth, sœur de Louis XVI, 77.

CATALOGUE

DES LIVRES

DE LA BIBLIOTHÈQUE

DE

M. LE BARON J. P***.

THÉOLOGIE.

I. ÉCRITURE SAINTE.

Textes et versions.

1. BIBLIA SACRA, Vulgatæ editionis, Sixti V, Pont. Max., authoritate recognita, nunc vero jussu Cleri Gallicani denuò edita. *Parisiis, Ant. Vitré*, 1652, 8 tomes en 10 vol. in-12, réglés, mar. bl. fil. tr. dor. (*Padeloup.*)

Superbe exemplaire de LONGEPIERRE, avec les insignes de la Toison-d'Or. Cet exemplaire, dont la reliure, une des plus excellentes de Padeloup, est d'une conservation parfaite, a été acheté chez Pixerécourt. Il avait appartenu auparavant à F. Didot.
L'édition est très-estimée.

2. BIBLIA SACRA, Vulgatæ editionis, cum notis chronologicis et historicis (Cl. Lancelot). *Parisiis, excudebat Ant. Vitré*, 1662, in-fol. réglé, mar. bl. fil. tr. dor. (*Padeloup.*)

Bel exemplaire aux armes et aux chiffres du comte d'Hoym, provenant des bibliothèques F. Didot et Boutourlin.

3. LA SAINTE BIBLE, contenant l'Ancien et Nouveau Testament. *Paris, J. Du Puys*, 1587, gr. in-fol.

fig. mar. r. riches compart. à petits fers, tr. dor.

Superbe exemplaire.

Le titre, sur lequel sont représentés Henri III, la reine sa femme et Catherine de Médicis, en adoration au pied du Christ en croix, est peint en or et en couleur, ainsi que les figures, les fleurons et les initiales qui ornent ce livre.

Riche et admirable reliure du XVIe siècle, dorée en plein, avec compartiments à petits fers au milieu desquels on remarque des colombes, emblèmes du Saint-Esprit, des têtes d'anges, des volutes, des rainceaux de feuillage, des roses, des marguerites, des œillets, etc.

4. La Sainte Bible, traduite en françois sur la Vulgate (par I. Le Maistre de Sacy), avec des notes tirées des SS. Pères. *Brusselles, Fr. Foppens,* 1700, 3 vol. in-4, réglés, mar. bl. fil. doublé de mar. r. dent. tr. dor. (*Padeloup.*)

Superbe exemplaire en grand papier qui a appartenu à Maynon de Farcheville, dont les armes, sur papier, sont collées à l'intérieur de la reliure.

5. La Sainte Bible, traduite sur les textes originaux, avec les différences de la Vulgate (par N. Legros). *Cologne,* 1739, in-12, titre gravé par B. Picart, mar. bl. jans. doublé de mar. citron, dent. gardes de papier doré, tr. dor. (*Phil. Padeloup.*)

Superbe exemplaire de J.-J. de Bure et auparavant du président de Cotte.

6. Psalterium Davidicum, cum aliquot Canticis Ecclesiasticis. Litaniæ, Hymni Ecclesiastici. *Parisiis, apud Gommærum Stephanum,* 1555, in-16, réglé, mar. bl. fil. doublé de mar. cit. dent. tr. dor. (*Padeloup.*)

Petit livre imprimé pour l'usage du connétable Anne de Montmorency et de sa maison, ainsi qu'on le voit par les armoiries des Montmorency, par l'épée de connétable et par le chiffre A. M., imprimés sur le titre du livre, en haut duquel on remarque aussi le mot grec ΑΠΛΑΝΟΣ, qui était la devise des Montmorency.

Un exemplaire de ce livre, dont la reliure portait les armes de Montmorency, le chiffre A. M., etc., se trouvait à la vente Parison, faite en 1856.

Charmant exemplaire aux armes et aux chiffres du comte d'Hoym. Dans les ornements de la dentelle on remarque l'aigle de Pologne. La reliure est signée *Padeloup le jeune.*

Ce petit volume se trouvait chez F. Didot.

7. Les CL Pseaumes de David, et les X cantiques insérés en l'office de l'Eglise, traduits en vers françois par Mr Michel de Marillac, surintendant des finances. *Paris, Edme Martin,* 1625, in-8,

titre gravé par L. Gautier, réglé, mar. r. plats
semés de fleurs de lis, tr. dor.

Bel exemplaire parfaitement conservé, aux armes de la reine MARIE DE
MÉDICIS.

8. Le Pseautier de David, traduit en françois (par
Le Maistre de Sacy), sixième édition, corrigée et
augmentée des cantiques de l'Eglise, avec des
notes tirées des Saints Pères. *Paris, André Josset,*
1685, in-12, frontisp. par Ph. de Champagne,
mar. r. fil. doublé de mar. r. à compart. tr. dor.
et peinte (*Rel. du temps.*)

Bel exemplaire réglé.
La reliure, qui est très-jolie, porte sur les plats intérieurs des doubles
croix de Lorraine et des B sans nombre. On suppose que ce volume a appartenu à un comte ou une comtesse de Brionne de la maison de Lorraine.

9. Paraphrase des pseaumes de David, par Antoine
Godeau, evesque de Grasse et de Vence. *Paris,*
Ve Camusat, 1648, pet. in-4, mar. r. compart.
dos orné, tr. dor. (*Très-bel exemplaire.*)

Aux armes de la reine ANNE D'AUTRICHE, avec son chiffre semé sur le
dos et sur les plats.

10. Paraphrase du pseaume L. Miserere (en vers).
C. Gilbert, Paris. scrib., 1663, format in-8 carré,
mar. r. fil. tr. dor. (*Rel. anc.*)

Charmant manuscrit sur vélin, d'une remarquable exécution, écrit en bâtarde par C. Gilbert, célèbre calligraphe et maître d'écriture du Dauphin ;
avec un frontispice, un fleuron et deux culs-de-lampe dessinés à la plume
avec une très-grande finesse, par le même. Le texte, en seize pages, est en-
cadré de deux filets en or et en rouge.

11. Les Conseils de la sagesse, ou le Recueil des
maximes de Salomon les plus nécessaires à l'homme
pour se conduire sagement, avec des réflexions
sur ces maximes (par le P. Boutaud, jésuite). *Pa-*
ris, Séb. Mabre-Cramoisy, 1683, 2 vol. in-12,
frontisp. gr., réglé, mar. r. fil. tr. dor. (*Anc.*
rel.)

12. ÉVANGÉLIAIRE en latin. In-4, rel. en bois, recouv. de mar. r.

Manuscrit du XIIe siècle, sur VÉLIN. En tête du premier feuillet se trouve
une grande lettre ornée. Deux grandes miniatures du XIIe ou du XIIIe siècle
ont été collées sur les gardes.
« Le présent ms. est un évangéliaire qui servait au lecteur. Il ne faut pas

le confondre avec un lectionnaire dans lequel les leçons sont beaucoup plus longues, et les évangiles ne sont le plus souvent qu'indiqués. Ici les épîtres et les évangiles sont rapportés tout au long.

« Ce ms. a cela de remarquable que les caractères (neumes), qui indiquent es intonations du chant, sont au moins de deux siècles en arrière du texte ordinaire. Cette irrégularité peut s'expliquer par la raison que le copiste, ayant sous les yeux pour la musique une copie très-ancienne, a reproduit les neumes comme il les voyait. Ce qui vient à l'appui de cette opinion, c'est que le caractère des paroles sous la musique est plus ancien que celui du ms. Cela se voit encore clairement dans les initiales rouges qui se rapportent évidemment à une époque plus reculée. »

(*Extrait d'une longue note de M. Bottée de Toulmon jointe au manuscrit.*)

13. Le Nouveau Testament de Nostre-Seigneur Jésus-Christ, traduit en françois, selon l'édition Vulgate, avec les différences du grec (par Messieurs de Port-Royal). *Mons, Gaspard Migeot (Amsterdam, D. Elzevier)*, 1667, 2 vol. pet. in-8, réglés, frontisp. par Phil. de Champagne, mar. r. fil. doublé de mar. r. dent. tr. dor. (*Boyet.*)

La meilleure et la plus belle édition de cette célèbre traduction. Avec une très-belle reliure de Boyet. On remarque des fleurs de lis aux angles de la dentelle intérieure et de l'encadrement des filets des plats.

14. Le Nouveau Testament de Nostre-Seigneur Jésus-Christ, traduit en françois, selon l'édition Vulgate, avec les différences du grec (trad. par Ant. Arnauld et Le Maistre de Sacy). Cinquième édition. *Mons, Gaspard Migeot*, 1668, 2 vol. in-16, chagrin vert jansén., doublés de mar. r. dent. tr. dor. fermoirs en vermeil. (*Rel. anc.*)

Jolie édition imprimée en très-petits caractères. Reliure ancienne en chagrin vert d'eau, ce qui est rare. Les mors sont cassés au tome I.

15. Morale de Jésus-Christ et des Apôtres, ou la Vie et les instructions de Jésus-Christ tirées du N. Testament. *Paris, P. Didot l'aîné,* 1790, 4 part. en 2 vol. in-18, demi-rel. mar. r. non rog.

Exemplaire imprimé sur VÉLIN.

16. L'Histoire du Vieux et du Nouveau Testament, par le sieur de Royaumont (Nic. Fontaine et I. Le Maistre de Sacy). *Paris, Pierre Le Petit,* 1670, in-12, réglé, premier titre gravé, mar. r. jans. doublé de mar. r. dent. tr. dor. (*Boyet.*)

Cette édition, de format in-12, où ne se trouve que le texte, a été donnée

en même temps que l'édition originale in-4, ornée de figures. Elle est rare.
Bel exemplaire.

II. LITURGIE.

17. Heures a lusaige de Rome, tout au long, sans
rien requerir. Avec les figures de la vie de lhomme
et la destruction de Hierusalem. — *Ces presentes
heures ont este imprimees a Paris par Gilles Har-
douyn* (calendrier de 1509 à 1529), gr. in-8, fig.
et encadrements, mar. noir, fil. (*Rel. anc.*)

Imprimé sur VÉLIN. Les grandes figures, au nombre de 18, sont peintes en
miniature.

18. HORÆ. Gr. in-8, mar. noir, filets à froid, tr. dor.

Manuscrit de la fin du XIVe siècle, orné de 3 très-belles miniatures, qui
rappellent beaucoup le style des heures du duc de Berry, de plusieurs
grandes lettres formant bordures et de nombreuses initiales rehaussées d'or
et de couleur.
Beau ms. grand de marges et bien conservé.

19. LIVRE D'HEURES de Mlle Poncher. Pet. in-8, mar.
r. parsemé de ΦΦ dans des quadrilles à petits
fers, doublé de mar. v. avec le même chiffre,
compart., tr. dor. fermoir. (*Chambolle-Duru.*)

Manuscrit sur vélin.
Livre d'heures ms. de la fin du XVe siècle, orné de 8 grandes miniatures et
de 47 petites, portant plusieurs fois un écusson parti au premier de gueules à
3 chevrons d'argent accompagné de 3 merlettes de même, et au deuxième des
armes des Poncher, famille dont était François Poncher, évêque de Paris,
disgracié sous François I, après la bataille de Pavie, pour s'être opposé aux
cessions de territoire stipulées par ce prince pendant sa captivité.
Les armes de la première partition me paraissent être celles de Jean Brosset, contrôleur d'Alençon, qui avait épousé Denise Poncher, nièce de l'évêque
de Paris ci-dessus cité. Cependant, dans les armes de Brosset Lachaux,
données par Palliot, les 3 chevrons sont accompagnés de 9 merlettes au lieu
de 3.
Un autre motif de doute est qu'on voit dans l'intérieur du livre écrit en
grosses lettres et en encre bleue : *Y. P. K. L. no suis* (Isabeau Poncher?
qu'à elle ne suis). Si on ne peut affirmer que le propriétaire du livre soit Denise
Poncher, femme en premières noces de Jean Brosset, receveur d'Alençon, re-
mariée avant 1532 avec Adrien de Launay de S.-Silvain, il est au moins certain que le livre a été fait pour une demoiselle de cette famille Poncher. C'est
pourquoi on s'est borné à l'intituler : *Heures de Mlle Poncher.* Les miniatures sont très-belles. On remarque celle où Mlle Poncher est à genoux devant
la mort et celle du Christ-Jardinier. Le calendrier contient quelques mentions
énigmatiques qui devaient être comprises de la propriétaire du volume.
C'est ainsi qu'on voit au 8 février : M. l'an mil cccc lxxv. Au 9 mars.
E. l'an mil cccc xl. Peut-être ces dates sont-elles celles de la naissance ou
de la mort de certains parents dont les lettres M et E désignent les noms.

Une mention beaucoup plus claire est celle-ci, qui se lit au 31 mars :
L'an mil cccc lxxiii fut Jeh. Hardi exécuté.

Ce Jean Hardi, dont le supplice est raconté dans la chronique scandaleuse, avait voulu assassiner Louis XI.

Remarquons en passant que la plus ancienne de ces mentions se rapporte au 7 septembre 1439 (J), et la plus moderne au 8 février 1475 (G). Cela paraît bien ancien pour que le livre ait pu appartenir à Denise Poncher, mariée probablement vers 1510.

Plusieurs passages sont en français. On y trouve le Pater, l'Ave, le Credo, les Commandements de Dieu et de l'Eglise, l'Échelle de perfection, les Douze Miserere du corps humain.

20. Ces présentes Heures, a lusaige de Machon, ont este faictes *pour Simon Vostre libraire, demourant a Paris, s. d.* (calendr. de 1502 à 1520), in-8 goth. fig. et vignettes sur bois, encadr. historiés, marque de Phil. Pigouchet sur le titre, mar. bl. fil. à froid, doublé de mar. bl. compart. tr. dor. armes et chiffres. (*Bauzonnet.*)

Très-bel exemplaire, imprimé sur vélin.
Ces Heures sont très-rares. Outre les grandes figures, on remarque les encadrements, dans lesquels figurent l'*Histoire de Joseph*, *les Sibylles*, les figures du N. Testament et la Danse des Morts en 81 figures.
On trouve sur les feuillets de gardes la généalogie et une sorte d'archives de famille de la maison d'Ernecourt en Lorraine dont était la célèbre Mme de S.-Balmont.

21. Les Heures du chrestien, divisées en trois journées,... le tout fidelement traduit en vers et en prose,... par le sieur Magnon. *Paris, Séb. Martin*, 1654, in-8, réglé, titre gravé, fig. de Chauveau et de Landry, mar. r. fil. compart. genre Du Seuil, tr. dor. (*Anc. rel.*)

Bel exemplaire.

22. La Journée du chrétien sanctifiée par la prière et la méditation. *Paris, H.-L. Guérin*, 1754, in-12, mar. bl. jansén. doublé de tabis, tr. dor.

Superbe exemplaire de Mme de Pompadour et à ses armes.
Ce beau volume, parfaitement conservé, provient de Bonnemet, de La Vallière, et en dernier lieu de la vente du prince S. Radziwill, où il a été payé 421 fr.

23. Parva christianæ pietatis officia, per christianissimum regem Ludovicum XIII ordinata. *Parisiis, è Typographia Regia*, 1642, in-16, titre gravé, vign., mar. v. jansén. doublé de tabis rose, tr. dor. (*Rel. anc.*)

Ce petit office a été composé et mis en ordre par Louis XIII. L'impression

étant terminée, on en apporta de l'Imprimerie royale quelques exemplaires
au roi, comme il était alité et qu'il se mourait. Il en donna de sa main un
exemplaire au P. Dinet, son confesseur, pour qu'il lui fît la lecture du premier pseaume de matines dans l'office des apôtres, puis du pseaume de nones,
où la Passion se trouve, dans l'office des mystères de N.-S. (Voir l'*Idée d'une
belle mort dans le récit de la fin de Louis XIII, tiré des Mémoires du P. J.
Dinet, par le P. Girard. Paris, 1656, in-fol.*)

24. **Office de la Semaine sainte, à l'usage de Rome,
en latin et en françois, avec l'explication des cérémonies de l'Eglise... traduction nouvelle.** *Paris,
Pierre Le Petit,* 1683, in-8, réglé, fig., mar. r. riches compart. à petits fers, genre Le Gascon, dos
orné, tr. dor.

Exemplaire de la bibliothèque de Saint-Cyr, ainsi que l'indique une mention manuscrite qui se trouve sur le titre, et l'*ex libris* de cette maison, imprimé sur papier collé à l'intérieur de la reliure.

25. **OFFICIUM B. MARIÆ VIRGINIS, nuper reforma-
tum, et Pii V, Pont. Max., jussu editum.** *Antuerpiæ, ex officina Christ. Plantini,* 1575, in-8, fig.
et encadrements, mar. r. à riches compart. à petits
fers, dos orné, tr. dor. (*Riche rel. genre Le Gascon.*)

Ce beau volume est orné d'encadrements gravés en taille-douce à chaque
page, et de 18 grandes planches, par H. Wiericx et P. Van der Borcht.

26. **Heures de Nostre Dame, a l'usage de Rome,
selon la reformation de Nostre S. P. le Pape Pie V.
Pour les confreres de l'Oratoire de Nostre Dame
de Vie-Saine.** *Paris, Jamet Mettayer,* 1586, in-4,
réglé, fig. vél. tr. dor.

Exemplaire de HENRI III, avec ses armes sur les plats, et sur le dos sa devise
spes mea Deus, des fleurs de lis et la tête de mort.
On sait que la confrérie de Notre-Dame de Vie-Saine, ou des pénitents
blancs, avait été instituée par Henri III, pour lui et ses courtisans.

27. **Office de la Sainte Vierge, pour tous les jours
de la semaine.** *Paris, Impr. royale,* 1757, 2 vol.
pet. in-8, mar. bl. tr. dor. doublé de tabis. (*Anc.
rel.*)

Édition très-bien imprimée sur beau papier, et qui ne paraît pas avoir été
mise dans le commerce. Cet exemplaire provient de Bonnemet, de La Vallière,
de d'Hangard, et en dernier lieu du prince Radziwill.

28. **Heures Nostre Dame, à l'usage de Rouen, toutes au long. Avec plusieurs histoires, tant au Calendrier, Heures de Nostre Dame, Heures de la**

Croix, Heures du Saint Esprit, aux sept Pseaumes, aux Vigiles. *Rouen, Nicolas Vautier, s. d.* (calendrier de 1593 à 1613), in-8, caract. goth., impr. en rouge et en noir, fig. sur bois, v. f. à riches compart. dos orné, tr. dor. (*Rel. du temps.*)

Belle et riche reliure bien conservée. Les plats, tout parsemés de larmes, et au milieu desquels, dans un écusson, se trouve une représentation du crucifiement, sont encadrés d'une bordure décorée des instruments de la Passion, de têtes de morts et d'autres figures emblématiques.

Ces heures, qui sont un des derniers exemples en France de l'impression en caractères gothiques, sont curieuses, moins pour les figures, qui sont copiées assez grossièrement sur d'anciennes heures, que pour leur contenu. Parmi beaucoup de pièces en vers et en prose, on remarque celles-ci : *Chanson en forme de complainte faicte par dialogue (entre le malade et la mort), par Jehan Debuz estant en son lict de mort ; Instruction pour se bien gouverner ; le Stabat et le Chapelet de Jésus et de Marie ; les XV effusions de sang de Notre-Seigneur ; le Voyage du mont du Calvaire de Romans en Dauphiné ; la Mesure de la plaie du corps de N.-S., laquelle fut apportée de Constantinople à l'empereur Charlemaigne, etc.*

Le livre a été imprimé par G. Loyselet, à Rouen. Les figures, signées N. V., doivent avoir été gravées par le libraire N. Vautier.

29. Les Offices de la Toussaint, des morts et de Saint Marcel, latin-françois, à l'usage de Rome et de Paris. *Paris, Guill. Cavelier,* 1720, in-12, réglé, mar. cit. à riches compart. incrustés de mar. v. dor. à petits fers, doublé de mar. r. dent. tr. dor. (*Padeloup.*)

Chef-d'œuvre de reliure à mosaïque de PADELOUP, avec compartiments de maroquin vert et rouge, dorés en plein à petits fers.
Exemplaire provenant de la vente Pixerécourt.

30. Règlements des offices de l'abbaye royale de Montmartre, conformément à la règle de St-Benoist. *Paris, Eloy Le Vasseur,* 1671, in-16, réglé, mar. r. fil. tr. dor. (*Anc. rel.*)

III. SAINTS PÈRES.

31. Sermon de S. Cyprien, sur l'Oraison de Nostre Seigneur, *Pater noster,* de la traduction de M. D. D. *Paris, Marie Promé,* 1663. — Lettre d'un ancien Père de l'Eglise à une dame illustre nommée Celancie, qui contient de très-excellentes instructions pour les personnes engagées dans le monde. *Paris, Marie Promé,* 1663, en 1 vol. pet. in-12,

mar. cit. fil. doublé de mar. bl. large dent. tr.
dor. (*Rel. anc.*)

32. Epistolæ divi Eusebii Hieronymi Stridonensis…
cum scholiis Des. Erasmi Roterodami. *Basileæ,
apud Io. Frobenium*, 1523; 3 tom. en un vol. gr.
in-fol. réglé, mar. bl. compart. tr. dor.

Belle reliure du XVIe siècle, portant sur les plats ce nom : STEPHANUS CHARPINUS. *presbyt. Lugd.* Autour du plat recto est écrit en lettres d'or : QVISQVIS VNVM HABET HIERONYMVM AVREVM FLVMEN HABET LOCVPLETISSIMAM BIBLIOTHECAM HABET ABSOLVTIS. EXEMPLAR. Sur le plat verso : DIVITES DOCTRINA ET PIETATE DIVVS HYERONIMVS VVLT SACERDOTES ESSE PAVPERES OPIBVS.

33. LES CONFESSIONS DE S. AUGUSTIN, traduction nouvelle sur l'édition latine des Pères Bénédictins de
la Congrégation de St-Maur, avec des notes (par
Dubois). *Paris, J.-B. Coignard*, 1686, gr. in-8,
réglé, frontisp. par J.-B. Corneille, grav. par Mariette, mar. r. fil. doublé de mar. r. à compart. tr,
dor. (*Anc. rel.*)

Bel exemplaire en grand papier. La doublure intérieure en maroquin rouge est parsemée de croix de Lorraine et d'M entrelacées, ce qui a fait supposer que les livres ainsi décorés ont appartenu à Marie d'Appremont, femme de Charles IV, duc de Lorraine.
Exemplaire de M. de Dreux de Nancré.

34. LES LETTRES DE S. AUGUSTIN, traduites en françois… avec des notes, par M. du Bois. *Paris,
J.-B. Coignard*, 1701, 6 vol. in-8, réglés, mar.
citr. doublé de mar. r. dent. tr. dor.

Exemplaire précieux, aux armes et aux chiffres de MADAME DE CHAMILLART, très-bien conservé.
Il ne semblera peut-être pas déplacé de dire ici que lorsque cet exemplaire fût acheté à Paris, il y a trente ans, le tome 2 manquait, et que par un heureux hasard ce même volume, *aux armes et aux chiffres de Mme de Chamillart*, a été retrouvé, vingt-cinq années après, à Cambray. Autant qu'on a pu le savoir, cette séparation remontait à une époque ancienne.

35. LE DIALOGUE MONS^r SAINCT GREGOYRE : translate
de latin en françois. *Cy finist le Dialogue Sainct
Gregoire… imprime a Paris le vingtiesme jour de
mars mille cinq cens et neuf pour Anthoyne Verard, demourant devant la rue neuve Nostre
Dame….* in-4, goth., portr. sur bois de S. Grégoire
au verso du titre, mar. v. fil. doublé de mar. r.

riche dent. à petits fers, tr. dor. armes et chiffres
(*Bauzonnet-Trautz.*)

Superbe exemplaire imprimé sur VÉLIN.
Le Manuel du libraire ne fait mention que d'un exemplaire sur *vélin*,
celui qui se trouve à la Bibliothèque impériale.
Ce dialogue entre saint Grégoire le Grand et son diacre Pierre se compose
d'histoires édifiantes et la plupart miraculeuses.

36. Le Discours œconomique de S. Bernard au chevalier Raymond : contenant les riches et utiles
preceptes du vray père de famille, nouvellement
fait françois, par Jean du Chambon, sieur de
Larnas, Vivarien. *Lyon, Benoist Rigaud*, 1575,
pet. in-8 de 12 feuillets, cart.

IV. THÉOLOGIENS.

1. *Théologie scolastique et morale.*

37. Traitez du libre arbitre et de la concupiscence,
ouvrages posthumes de messire Jacques-Bénigne
Bossuet. *Paris, Barthélemy Alix*, 1731, in-12,
mar. r. fil. tr. dor.

Première édition. Exemplaire aux armes du duc d'Orléans, fils du Régent.

38. Défense de la tradition et des Saints Pères, par
messire Jacques–Bénigne Bossuet. *Paris, J. Thomas Hérissant*, 1763, 2 vol. in-12, mar. r. fil. tr.
dor. (*Rel. anc. aux armes d'un archevêque.*)

39. Instruction sur les dispositions qu'on doit apporter aux sacremens de pénitence et d'Eucharistie (par l'abbé Treuvé). *Paris, G. Desprez*,
1709, in-12, réglé, mar. r. fil. doublé de mar.
r. dent. tr. dor.

Exemplaire de Bonnemet et du duc de La Vallière, acheté à la vente
Crozet en 1841.
Excellente reliure de Boyet.

40. Cura Clericalis. Lege, Relege. nouvellemēt imprime a provīs a lhome sauvaige pres le pōt au
poysson. (A la fin :) *Nouvellement imprime a pvins*

(Provins) par la veufve Jehā Trumeau..; mil cinq cens xxj. Pet. in-8 goth. v. br.

Avec la marque de *Jehan Trumeau,* qui n'a pas été donnée par M. Silvestre. C'est une des rares impressions de Provins au XVIᵉ siècle.

41. Introduction de philosophie divine de Vives, pour parvenir à la vraye cognoissance de sapience chrestienne : traduite en françois par M. Guillaume Paradin. *Anvers, Rob. Granjon,* 1565, pet. in-8, mar. r. tr. dor. (*Chambolle.*)

Imprimé en caractères dits de *Civilité.*

42. Instructions théologiques et morales sur le premier commandement du Décalogue, où il est traité de la foy, de l'espérance et de la charité; par feu Monsieur Nicole. *Paris, Elie Josset,* 1709, 2 vol. in-12, réglés, mar. r. fil. tr. dor.

Bel exemplaire. Excellente reliure de Boyet.

43. Discours ecclesiastiques contre le paganisme des roys de la feve et du Roy-boit, pratiqué par les chrétiens charnels en la veille et au jour de l'Epiphanie de N.-S. Jesus-Christ, par M. Jean Deslyons, doyen de la cathédrale de Senlis. *Paris, Guill. Desprez,* 1664, pet. in-12, mar. r. fil. tr. dor. (*Derome.*)

44. Le Fouet des jureurs et blasphémateurs du nom de Dieu, par un des Pères de la Congrégation des Pénitens réguliers du troisième ordre de S. François (Fr. Vincent Mussart). *Rouen, David Ferrand, s. d.* (1608), pet. in-12, mar. r. fil. tr. dor. (*Anc. rel.*)

45. De l'Abus des nuditez de gorge (par l'abbé Jacques Boileau); seconde édition. *Jouxte la copie imprimée à Bruxelles, à Paris, chez J. de Laize-de-Bresche,* 1677, in-12, mar. r. fil. tr. dor. (*Rel. du temps.*)

Cette seconde édition est augmentée de l'*Ordonnance des vicaires-généraux de Toulouse contre la nudité des bras, des épaules et de la gorge.* On y a joint un petit opuscule de 4 pages intitulé : *Avis aux femmes et aux filles sur leur nudité d'épaules et de gorges. Lille, Adr. de Hollander,* 1712.

46. La petite Dyablerie dont Lucifer est le chef, et les membres sont tous les joueurs iniques et pcheurs (*sic*) reprouvez, intitulee Leglise des mauvais. (Au recto du dernier feuillet :) Le present traicte ont fait imprimer deux venerables docteurs de la faculte de theologie a Paris, maistre Thomas Varnet, cure de Sainct Nicolas des Champs et maistre Nouel Beda, principal du tres reigle college de Montagu. *Imprime a Paris, par la veufve Jehan Trepperel, demourant en la rue neufve Nostre Dame…, s. d.*. Pet. in-8, goth. 3 fig. sur bois, mar. r. jans. doublé de mar. bl. dent. parsemée de couronnes et de fleurs de lis, tr. dor. (*Chambolle-Duru.*)

« Ce petit volume très-rare n'a encore paru dans aucune vente, et c'est inutilement que je l'ai cherché dans les catalogues des bibliothèques les plus riches en livres gothiques. M. Brunet, qui en fait mention au mot : *Église des mauvais*, et à *Damerval*, en cite, d'après Du Verdier, une édition postérieure à celle-ci (*Lyon, Ol. Arnoullet,* 1541), et une in-8, sans lieu ni date à la Bibliothèque impériale. D, 597, E. Il ne parle pas de celle-ci. » (*Extr. d'une note de M. B. de N. jointe au volume.*)

Vérification faite, l'édition indiquée par M. Brunet comme étant à la Bibliothèque impériale est sans date, mais porte le nom de l'imprimeur, Al. Lotrian ; elle est imprimée avec les mêmes caractéres que celle de Trepperel, qu'elle reproduit assez exactement, sauf pour les figures.

Notre volume se compose de 52 ff. non chiffrés, sign. A-G. Il s'y trouve 3 figures sur bois, dont une sur le titre représentant un joueur englouti dans la gueule du diable.

On a ajouté à la fin du volume une gravure où l'on voit Satan jouant aux cartes avec un Turc, un juif et un soldat. Cette estampe est de Math. Greuter, né à Strasbourg en 1570.

Suivant le pieux auteur, ce ne sont pas les joueurs seulement qui doivent être damnés, ce sont tous ceux qui leur donnent la facilité de se livrer à leur passion. Ceux surtout qui fabriquent les dés, les cartes, etc., sont l'objet de sa sainte colère, et il ne craint pas de dire que leur péché est plus grand que celui de la malheureuse qui s'est livrée à la débauche toute sa vie. « Or, dit-il, demandez à Nostre-Seigneur et Redempteur Jesus-Christ : « Seigneur Dieu, « dictes-nous se il vous plaist duquel de ces deux avez-vous esté plus offencé, « de la paillarderie de cette truande, ou des dez et des cartes faictes par cet « homme ici. » Je croy s'il lui plaisoit de parler que il diroit : « A fructibus « eorum possetis cognoscere. Vous le pouvez connoistre par le fruit qui en « est sorty. » Je ne veuil pas confondre l'opération de cette paillarde à l'opération de ce cartier ou faiseur de dez, mais le mal qui sen est ensuivy, et veuil prouver que Dieu a esté plus offencé des cartes faites en la maison de ce cartier que de la luxure de cette paillarde, et pour quatre raisons, etc. »

47. Conférences ecclésiastiques de Paris, sur l'usure et la restitution, où l'on concilie la discipline de l'Eglise avec la jurisprudence du royaume de

France. *Paris, Jacques Estienne,* 1718, 4 vol. in-12, mar. r. fil. tr. dor. (*Anc. rel.*)

Bel exemplaire aux armes du cardinal de Noailles.

2. *Théologie parénétique et mystique.*

48. Les Expositions dés evangilles en françoys. *Cy finist les expositions des evangilles en françois imprimees a Chablis p. Guillaume Le Rouge, imprimeur,* lan mil CCCC. quatre vingz et neuf, le xviii jour doctobre,... in-fol. goth. à 2 col. fig. sur bois, marque de Guill. Le Rouge à la fin, mar. r. jansén. dent. intér. à pet. fers, tr. dor. (*Trautz-Bauzonnet.*)

Édition précieuse, décrite pour la première fois par M. Brunet dans la dernière édition du *Manuel du libraire* (II, col. 1139), d'après le présent exemplaire, le seul connu, provenant de la bibliothèque de M. Tarbé, de Sens (1850).

Ce livre n'est autre chose qu'une ancienne traduction des Sermons de Maurice de Sully, évêque de Paris à la fin du xiie siècle.

Bel exemplaire, grand de marges et bien conservé.

49. Sermones de Sanctis dormi secure. (In fine :) *Finiunt feliciter sermones dormi secure de sanctis. Impressi Lugduni, anno domini* 1525, in-8 goth. à 2 col. mar. r. large dent. dos orné, tr. dor. (*Anc. rel.*)

Richard Maidston, Anglais (auteur de ces sermons), ainsi nommé du lieu de sa naissance, prit l'habit de carme dans le couvent d'Arlesfort, où il mourut le 1er juin 1396. (*Extrait d'une note de Mercier de Saint-Léger jointe au volume.*)

Bel exemplaire.

50. Panégyriques et autres sermons préchez par messire Esprit Fléchier, évesque de Nismes. *Paris, Cl. Rigaud,* 1711, 2 vol. in-12. — Sermons de morale, préchez devant le Roy, par M. Fléchier... etc... *Paris, en la boutique d'Elie Josset, chez Guill. Cavelier,* 1713, 3 vol. in-12. Ensemble 5 vol. mar. r. fil. tr. dor. (*Boyet.*)

Editions originales.

51. Laguillon damour divine (trad. du latin de saint Bonaventure par J. Gerson). *Cy finist lesguillon damour divine imprime a Paris par Pierre*

*Le Caron demourant en la rue de Quincampoist,
le xxii jour davril mil : cccc xxxx et xiiij*, pet.
in-4, goth., marque de Pierre le Caron à la fin,
mar. bl. fil. à froid, tr. dor. (*Kœhler*).

Livre fort rare qui a été indiqué par Du Verdier comme imprimé en 1454
(40 et 14). Il est inutile de dire que cela n'est pas possible. La Caille, Mait-
taire et d'autres ont écrit 1474 ; mais il faut plutôt lire, dit M. Brunet, 1494,
à cause de l'adresse indiquée de P. Le Caron, qui, en 1494, demeurait rue
Quincampoix. Une autre singularité de ce livre bizarre, c'est qu'au verso du
dernier feuillet est la marque d'Antoine Verard, mais tirée de façon que
son nom et son monogramme soient supprimés. Bel exemplaire.

52. Le **Livre tressalutaire** de limitation de nostre
seigneur jhesucrist et parfait contennement de se
miserable monde nomme en latin de limitatione
cristi et de contemtu mundi et se commence Qui
sequitur me non ambulat in tenebris. (A la fin,
avant la table :) *Cy finist le livre de imitatione
christi…. translate de latin en francois et imprime
a Paris par Jehan Trepperel, demourant sur le
pont nostre Dame a lymaige Saint Laurens*, s. d.
in-4 goth., une fig. sur bois, et la marque de J.
Trepperel sur le titre, mar. bl. fil. à froid, tr.
dor. chiffres et armes. (*H. Duru.*)

Édition rarissime, qui doit avoir été imprimée vers 1495. Elle se compose de 104 ff. chiff. et de 4 ff. de table, sign. A.-N iij.

Le verso du titre que nous rapportons ci-dessus est occupé par une gravure sur bois représentant Jésus-Christ portant sa croix, suivi du chrétien
qui marche sur ses traces, avec ces vers :

« Rien je ne puis, seigneur, sans toy,
« Penser, parler, ne bien ouvrer,
« Pourtant, après toy tyre-moy,
« Et t'ensuivray sans point errer. »
« — Se tu veulx venir avec moy,
« Charge ta croix incontinent,
« Tes concupiscences et toy
« Mensuyvras en mortifiant. »

L'exemplaire d'après lequel M. Brunet a indiqué cette édition, et le seul
qu'il ait pu voir (*Manuel*, III, col. 419), était incomplet du titre. Celui qu'il
donne : *Cy commence le livre salutaire, etc.*, se trouve en tête du deuxième
feuillet.

Superbe exemplaire, très-grand de marges.

53. L'Imitation de Jesus-Christ, traduite et para-
phrasée en vers françois, par P. Corneille. *Paris,
André Soubron*, 1656, in-4, réglé, front. et fig.
de Chauveau, mar. r. fil. dos orné, tr. dor. (*Rel.
anc.*)

Édition originale des IV livres réunis. Bel exemplaire.

54. De l'Imitation de Jesus-Christ, traduction nouvelle, par le sieur De Beüil (I. Le Maistre de Sacy).
Paris, Ch. Savreux, 1662, in-16, réglé, fronis p.
gravé par Abr. Bosse, mar. n. jansén. doublé de
mar. r. dent. tr. dor. (*Anc. rel.*)

280.

Très-joli exemplaire aux armes de LAMBERT DE THORIGNY.

55. De l'Imitation de Jésus-Christ, traduction nouvelle, par le sieur De Beüil (Le Maistre de Sacy),
quatrième édition. *Paris, Ch. Savreux,* 1662, pet.
in-16, réglé, frontisp. et fig., mar. r. jans. doublé
de mar. r. dent. tr. dor. (*Boyet.*)

410.

Charmant exemplaire de Bonnemet et de M. J. De Bure jeune. Jolie petite
édition.

56. De l'Imitation de Jésus-Christ, traduction nouvelle (par l'abbé de Choisy). *Paris, Ant. Dezallier,* 1692, in-12, frontisp. gravé, et fig. de Mariette, mar. r. fil. doublé de mar. r. dent. à petits fers, tr. dor. (*Jolie reliure de Bauzonnet-
Trautz.*)

400.

Édition rare, surtout avec la figure du livre second représentant Mme de
Maintenon dans la chapelle de Versailles, figure qui a été supprimée dans beau-
coup d'exemplaires.
Bel exemplaire.

57. Suite de l'Imitation de Jésus-Christ, ou les
opuscules de Thomas a Kempis, traduits du latin
d'Horstius, par l'abbé de Bellegarde, dédiée à
madame la duchesse de Bourgogne. *Paris, J. Collombat,* 1700, pet. in-12, frontisp. et portr.,réglé,
mar. r. jansén. doublé de mar. r. dent. tr. dor.
(*Anc. rel.*)

57.

Exemplaire aux armes de François de Beauvilliers, duc de Saint-Aignan,
placées à l'intérieur de la reliure. On remarque dans ce petit volume, en
tête de l'épître dédicatoire à la duchesse de Bourgogne, un charmant petit
portrait de cette princesse gravé par Desrochers.

58. Le Livre de paix et grâce en Jésus-Christ, *s. l.
n. d.* (marque d'Anth. Verard à la fin), in-8,
goth. de 32 ff. mar. br. tr. dor. (*Chambolle.*)

60.

59. Lassault de Paradiz du chevalier spirituel. *S. l.
n. d.* (Marque d'Ant. Verard à la fin), in-8 goth.

67.

de 27 ff., fig. sur bois, mar. br. tr. dor. (*Chambolle.*)

Ces deux ouvrages ne sont cités nulle part.

60. Traité de l'amour de Dieu, nécessaire dans le sacrement de Pénitence ; ouvrage posthume, par messire Jacques-Bénigne Bossuet. *Paris, Barth. Alix*, 1736, 2 part. en 1 vol. in-12, mar. r. fil. tr. dor.

Première édition. Exemplaire aux armes du comte d'Eu, fils du duc du MAINE.

61. OEuvres spirituelles de feu monseigneur François de Salignac de La Motte-Fénelon. *Rotterdam, Jean Hofhout*, 1738, 2 vol. gr. in-4, mar. r. large dent. dos orné, tr. dor. (*Anc. rel.*)

Bel exemplaire en grand papier, tiré in-fol. Rare de ce format.

Dans une note écrite sur le premier feuillet de garde, M. Arthur Dinaux dit que cet exemplaire est aux armes d'un cardinal ALBANI. C'est une erreur, les armes qui se trouvent sur les plats sont celles du cardinal FLEURY, premier ministre de Louis XV.

Avant M. A. Dinaux cet exemplaire avait appartenu à M. de Belmas, archevêque de Cambray.

62. Les Sept Méditations de sainte Thérèse sur le *Pater*, dix-sept autres méditations qu'elle a écrites après ses communions, avec ses avis ou sentences chrestiennes.... traduites en françois, par Arnauld d'Andilly. *Paris, Pierre Le Petit*, 1672. — Siete meditaciones sobre el *Pater noster*. Esclamaciones o meditaciones de l'Alma a su Dios. Avisos para sus monjas, por la S. madre Teresa de Jesus. *S. l. n. d.* Pet. in-12, mar. r. fil. tr. dor.

Bel exemplaire aux armes de CAUMARTIN SAINT-ANGE.

63. Le Chemin de perfection, composé par la S^te mère Terese de Jesus.... nouvellement traduit d'espagnol en françoys, par J. D. B. P. et L. P. C. D. B. *Paris, Denys Langlois*, 1623, petit in-12, titre gravé par J. Picart, mar. v. dent. tr. dor.

Reliure ancienne, avec incrustations de maroquin rouge au milieu des plats et aux coins.

64. Tablature spirituelle des offices et des officiers de la couronne de Jesus, couchez sur l'Etat roïal

de sa Crèche, et payez sur l'épargne de l'Etable de
Bethléem, réduits en petits exercices pour la consolation des âmes dévotes, par un Père de l'ordre
de S. François. *Paris, chez J. de Laize-de-Bresche,*
1685, in-16, obl. mar. r. compart. doublé de
tabis bl. tr. dor. (*Anc. rel.*)

Petit livre singulier. Très-jolie reliure de Derome. Ex. de M. Veinant.

440.

**65. Méditations et oraisons sur la vie de Jesus-
Christ**, avec miniatures. Pet. in-8, caract. goth.,
rel. en velours noir, avec fermoirs.

Manuscrit de la fin du xvᵉ siècle, sur vélin.

Dans ce ms., le texte, très-peu étendu, n'est qu'accessoire et paraît n'avoir
été fait que pour les miniatures, qui sont au nombre de 54 et de la grandeur
des pages. Ces miniatures, dont quelques-unes sont très-jolies, quoique d'une
exécution un peu molle, sont surtout remarquables sous le rapport de l'invention, par la manière dont les sujets y sont traités, les détails d'architecture, et les paysages où les scènes sont représentées. Les pages du texte
sont entourées de bordures où sont peints des oiseaux, des insectes, des fleurs
et quelquefois des sujets à personnages. Le briquet de Bourgogne se trouve
dans une des bordures.

Les marges de ce ms. ont malheureusement été trop rognées.

2,400.

66. Occupation de l'ame pendant le saint sacrifice
de la messe, pour l'exempter des distractions qui
lui arrivent et l'empêchent de recevoir aucun
fruit. In-16, rel. en chagrin noir, tr. dor. doublé
de moire, avec fermoirs en or décorés du chiffre A. M. L.

Manuscrit du xviiᵉ siècle, sur papier, en lettres italiques, relié en chagrin
noir, orné sur le dos et sur les plats de petits clous à tête d'or formant de
gracieux dessins. Sur chacun des plats se trouve un chiffre surmonté d'une
couronne ducale fleurdelisée, tracée de la même manière. Ce chiffre, composé
des lettres A. M. L., est celui d'**Anne-Marie-Louise d'Orléans**, duchesse
de Montpensier, dite **Mademoiselle**, pour laquelle ce ms. a été évidemment
exécuté.

Ce petit volume, que son extérieur et son illustre provenance rendent si
remarquable, se compose de 62 feuillets, tous encadrés en or, et contient
neuf miniatures peintes sur vélin. Ces miniatures, d'une exécution charmante,
ont conservé tout leur éclat et toute la fraîcheur de leur coloris. Quelques-
unes (les 2ᵉ, 3ᵉ, 4ᵉ, 5ᵉ et 7ᵉ), portent la signature d'un sieur de Compardel,
désigné dans le *Livre commode contenant les adresses de la ville de Paris,* par
A. du Pradel, 1692, comme peintre en miniature.

Ce précieux ms. provient de la vente de la bibliothèque de M. J.-J. de
Bure, où il a été payé 1530 fr.

160.

67. Livre d'oraisons, escript par Jehan Renoult, se-
crestaire et escrivain ordinaire de la chambre du

Roy. In-32, 20 ff. mar. v. à riches compart. tr. dor. (*Rel. du seizième siècle.*)

Joli petit manuscrit de la fin du XVIe siècle, sur vélin. Il se compose de 10 feuillets écrits sur fond d'or. Sur le second feuillet se trouve l'*Evangile selon saint Jehan. In Principio, etc.*, formant une croix et écrit en caractères si fins qu'on ne peut le lire qu'avec une loupe.

68. Thresor de devotion contenant plusieurs oraisons devotes et exercices spirituelles (*sic*) pour dire en l'eglise pendant l'office divin (écrit en flamand et traduit en françois par Nic. de Leuze dit de Fresne, licencié en théologie à Malines). *Douai, impr. de Jean Bogard,* 1574, in-8, goth. imprimé en rouge et noir, encadrements et fig. sur bois, vél.

Livre très-rare, décoré de 30 petites vignettes finement gravées sur bois, représentant des scènes de la Passion. Chaque page est en outre entourée d'un encadrement dont un des côtés offre la figure d'un évangéliste, et le bas un sujet de l'évangile. Quelques-unes de ces gravures portent la marque attribuée à J. Croissant, graveur flamand.

Un exemplaire de ce livre a été vendu 300 fr. à la vente Yemeniz.

69. Le Jour evangélique, ou trois cent soixante-six véritez tirées du Nouveau Testament, pour servir de sujet de méditation chaque jour de l'année, recueillies par J. B., abbé de Rolduc (le P. Quesnel). *Paris, Ch. Osmont,* 1700, in-12, réglé, mar. citr. large dent. dor. à petits fers, doublé de mar. r. dent. tr. dor.

Riche et élégante reliure de Padeloup, dos orné à mosaïque en maroquin rouge, vert et citron. Sur les plats une bordure en maroquin rouge formant encadrement, et sur laquelle se dessine une large dentelle composée de compartiments à petits fers. Dans les ornements de cette reliure, on remarque des fleurs de lis et de petits soleils.

Exemplaire de Renouard.

70. Méditations sur l'Évangile, ouvrage posthume de messire Jacques-Bénigne Bossuet. *Paris, P.-J. Mariette,* 1731, 4 vol. in-12, mar. r. fil. tr. dor.

Première édition. Bel exemplaire aux armes du comte de TOULOUSE.

71. Elévations de l'âme à Dieu durant le saint sacrifice de la messe. In-16, 87 pages, mar. r. doublé de mar. bl. dent. tr. dor. (*Anc. rel.*)

Joli manuscrit parfaitement écrit en bâtarde. Le titre est dans un joli cartouche dessiné à la plume. 32 autres dessins à la plume, délicatement

exécutés et la plupart représentant des paysages, décorent ce petit volume.
Toutes les pages sont encadrées en rouge, et de nombreuses lettres en couleur
sont peintes sur fond en or.

72. Sensuyt le quadragesimal spirituel, qui traicte de
toutes sortes de viandes qui sont necessaires pour
user en karesme, avec les servans et servantes qui
servent à table, et puis le jeu de la harpe pour
yssue de table ; contenant davantage le double des
lettres du sainct Esprit envoye aux dames de Paris,
touchant les voyages de Pasques, cest assavoir
sainct Saulveur, Argentueil, Nostre Dame des Vertus et Montmartre. Et est le tout figure moult
honnorablement pour le salut du poure pecheur.
(A là fin :) *Cy finist ce present livre.... nouvel-*
lement imprime a Paris p. Jehan Jannot, s. d.
in-4, goth. 2 fig. sur bois, et la marque de Jehan
Jannot à la fin, mar. r. fil. tr. dor. (*Anc. rel.*)

Bel exemplaire du duc de Sussex. Livre rare et singulier.

73. Sentimens de Madame Anne-Genevieve de Bourbon, duchesse de Longueville. Lettre de la même
à des dames carmelites et au curé de St-Jacques
du Haut-Pas (1654-56). In-4, vél.

Manuscrit du temps, contenant environ 100 pages, d'une bonne écriture.
Le premier feuillet de garde porte une note signée de M. Villenave.
C'est de cet opuscule, sans doute, qu'il est parlé en ces termes dans la
Biographie universelle de Michaud : « On a d'elle un écrit imprimé dans le
Nécrologe de Port-Royal, où elle peint les sentiments qui l'animaient après
sa conversion. »
On a joint à ce ms. une plaquette imprimée, de 4 pages, ayant pour titre :
Article principal du traité que Madame de Longueville et Monsieur de Tu-
renne ont fait avec Sa Majesté catholique.

74. Reflexions sur la miséricorde de Dieu, par une
dame pénitente (Mme de La Vallière). *Paris, Ant.*
Dezallier, 1712, in-12, réglé, mar. v. jans. tr. dor.

Précieux exemplaire de Longepierre, portant, au milieu des plats, aux
coins et sur le dos de la reliure, les insignes de la Toison-d'Or. Il provient
en dernier lieu des bibliothèques de MM. de Clinchamp et Solar.

75. Le Préparatif à la mort, livre tres utile et nécessaire à chascun chrestien ; adjoustée une instruction chrestienne pour bien vivre et soy preparer
à mourir (traduit du latin d'Erasme, par Guy Mo-

rin). *On les vend à Paris, par Jehan Longis,*
1539, pet. in-16, v. f. fil.

Exemplaire de VIOLLET-LE-DUC.
Petit livre rare. A la suite du *Preparatif à la mort*, se trouve l'opuscule
suivant, en vers : *le Discours de la vie et mort accidentelle de noble homme
Guy Morin* (né dans le Maine et mort près de Turin), *traducteur de ce présent
Préparatif à la mort, par Fr. Sagon, son vray amy.* (27 feuillets.)

50.

76. Conduite chrétienne, adressée à S. A. R. Madame
de Guise, par le R. P. dom Armand Jean, ancien
abbé de la Trappe (de Rancé). *Paris, Flor. et
P. Delaulne*, 1697, in-12, réglé, mar. r. fil. dos
orné, tr. dor.

Exemplaire aux armes du chancelier BOUCHERAT.

300.

77. Vie chrétienne, ou principes de la sagesse divisés en quatre parties, par le R. P. Colomb, barna-
bite. *Paris, Laurent Prault*, 1773, 2 vol. in-12,
mar. r. fil. tr. dor. (*Anc. rel.*)

Exemplaire aux armes de Madame ÉLISABETH, sœur de Louis XVI. L'ouvrage est dédié à la comtesse de Provence, femme de Louis XVIII.

30.

78. Instruction pour tous estatz : en laquelle est
sommairement déclaré comme chacun en son
estat se doit gouverner, et vivre selon Dieu (par
René Benoist, Angevin, docteur en théologie). *An·
vers, Jean Waesberge*, 1565, pet. in-8, mar. bl.
fil. tr. dor. (*Petit.*)

3. *Théologie polémique. — Théologiens protestants.*

20.

79. Pensées de M. Pascal sur la religion et sur quelques autres sujets.... nouvelle édition, augmentée
de plusieurs pensées du même autheur. (Discours sur les Pensées de M. Pascal.... avec un
autre discours sur les preuves des livres de Moyse,
par Filleau de la Chaise). *Paris, Guill. Desprez*,
1683, 2 vol. in-12, mar. r. tr. dor. (*Anc. rel.*)

70.

80. Abrégé des principaux traitez de la théologie,
contenant ce qu'il y a de plus nécessaire dans la
théologie, pour la connoissance de la religion chrétienne (par Nic. Le Tourneux). *Paris, Jacques Vil-*

lery, 1693, in-4, réglé, mar. r. fil. doublé de mar.
r. dent. tr. dor. (*Du Seuil.*)
Très-belle et fraiche reliure.

81. OEuvres philosophiques: Démonstration de l'existence de Dieu, par Fénelon. *Paris, les frères Estienne*, 1764, in-12, mar. r. fil. tr. dor.
Exemplaire de la reine MARIE-ANTOINETTE et à ses armes.

82. Exposition de la doctrine de l'Eglise catholique
sur les matières de controverse, par messire
Jacques-Bénigne Bossuet. *Paris, Séb. Mabre-Cra-
moisy*, 1671, in-12, mar. La Vallière, tr. dor.
(*Chambolle.*)
Édition originale.

83. EXPOSITION DE LA DOCTRINE de l'Église catholique,
par Jacques-Bénigne Bossuet, avec un avertissement sur cette nouvelle édition. *Paris, Sébastien
Mabre-Cramoisy*, 1679, in-12, mar. r. fil. dos
fleurdelisé, tr. dor.
Exemplaire du grand CONDÉ et à ses armes. — Livre précieux par sa provenance et qui a en plus le mérite d'avoir une belle reliure bien conservée.

84. L'Esprit de M. Nicolle, ou instructions sur les
vérités de la Religion, tirées des ouvrages de ce
grand théologien. *Paris, G. Desprez*, 1765, in-12,
portr. mar. r. fil. tr. dor. (*Anc. rel.*)
Bel exemplaire aux armes de la reine MARIE-ANTOINETTE.

85. La Seule véritable Religion, démontrée contre
les athées, les déistes et tous les sectaires, par
M. l'abbé Hespelle. *Paris, Hérissant*, 1774, 2 vol.
in-12, mar. r. fil. tr. dor.
Exemplaire aux armes de la reine MARIE-ANTOINETTE.

86. Lettres sur différens sujets de controverse, dédiées à monseigneur le Dauphin, par M. l'abbé
de Cordemoy. *Paris, Christophe Remy*, 1702,
in-12, mar. r. fil. dos orné, tr. dor. (*Rel. du
temps.*)
Exemplaire aux armes de Madame de MAINTENON, avec des lions et des
petits soleils sur le dos de la reliure.
Trois de ces lettres sont adressées à M. Volkmar, ministre luthérien.

87. Recueil d'écrits du chevalier de Villegaignon, en
1 vol. in-4, mar. bl. fil. tr. dor. armes et chiffres. (*Duru.*)

Les propositions contentieuses entre le chevalier de Villegaignon et maistre
Jehan Calvin, concernant la vérité de l'Eucharistie. *Paris, And. Wechel,*
1562.— Paraphrase sur la resolution des sacremens, de maistre Jehan Calvin,
ministre de Genesve. Seconde édition, revue et augmentée par l'autheur.
Paris, André Wechel, 1562.— Lettres du chevalier de Villegaignon sur les
remonstrances à la royne mere du Roy, sa souveraine dame. *Paris, André
Wechel,* 1561. — Response aux libelles d'injures publiez contre le chevalier
de Villegaignon. *Paris, André Wechel,* 1561. — Response par le chevalier
de Villegaignon aux remonstrances faictes à la Royne mere du Roy. *Paris,
André Wechel,* 1562. — De cœnæ controversiæ Ph. Melanchthonis judicio. *Parisiis, apud And. Wechelum,* 1561. — De venerandissimo Ecclesiæ sacrificio,
ad Ludovicum Herquivillerum, regium in senatu Parisiensi consiliarium, editio secunda... *Parisiis, apud And. Wechelum,* 1561. — Themata, quæ Villa-
gagno in suis adversus Calvinum libris propugnanda suscepit. *Parisiis, apud
And. Wechelum,* 1561.

En tète du recueil se trouve la pièce suivante :

*Traité de la guerre de Malte et de l'issue d'icelle faussement imputée aux
François, par le chevalier de Villegaignon. Paris, Ch. Estienne,* 1553.

88. Petri Richerii libri duo apologetici ad refutandas
nænias, et coarguendos blasphemos errores, dete-
gendaque mendacia Nicolai Durandi qui se Villagagnonem cognominat. (In fine :) *Excusum
Hyerapoli, per Thrasibulum Phœnicum,* anno
1561, in-4, mar. r. fil. tr. dor. (*Rel. anc.*)

Avec une planche gravée sur bois, représentant Villegaignon sous la forme
de Polyphème.

89. La Refutation des folles resveries, execrables
blasphemes, erreurs et mensonges de Nicolas Durand, qui se nomme Villegaignon : divisée en deux
livres ; auteur Pierre Richer. *S. l.* 1562, in-8, fig.
sur bois représentant Polyphème, mar. bl. fil. dos
orné, tr. dor. (*Trautz-Bauzonnet.*)

Très-bel exemplaire d'un livre fort rare.

Au commencement, sur les deux feuillets de garde, se trouve une longue
note manuscrite relative à Villegaignon et extraite des *Vrais Portraits des
hommes illustres,* de Théod. de Bèze. Dans cette note il est dit que Villegaignon ressemblait entièrement, en énorme stature et en naturel sanguinaire,
au cyclope Polyphème; c'est ce qui explique pourquoi il est représenté sous
cette forme en tète du volume.

90. L'Estrille de Nicolas Durant, dict le chevalier
de Villegaignon. *S. l.,* 1561, pet. in-8 de 8 ff.
v. m.

91. La Suffisance de maistre Colas Durand, dit chevalier de Villegaignon, pour sa retenue en l'estat du Roy. Item, espoussette des armoiries de Villegaignon, pour bien faire luire la fleur de lis, que l'estrille n'a point touchée. *S. l.*, 1561, pet. in-8 de 24 pages, dem.-rel. v. r.

Les quatre ouvrages qui précèdent ne sont pas uniquement des ouvrages de polémique; ce sont plutôt des libelles contre le chevalier de Villegaignon, écrits au sujet de son expédition au Brésil où il était allé fonder une colonie française. (Voir le nº 896.)

92. De duplici statu, officio, et cognitione Christi, videlicet secundum carnem, et secundum spiritum. (In fine :) *Per nobilem virum Chasparem Svenckfeldium, summo in sacris judicio prædito, divinæ Scripturæ et testimoniis, collata, et ad Christi domini cognitionem invulgata. S. l.*, 1546, pet. in-8, 22 pages, mar. v. fil. tr. dor. (*Padeloup.*)

Petit ouvrage rarissime. Cet exemplaire est regardé, dit M. Brunet, comme le seul connu. Il a passé successivement chez Girardot de Préfond, Gaignat, Mac-Carthy, Châteaugiron et Pixerécourt.

M. de Châteaugiron y a ajouté cette petite note de sa main :

« Cet exemplaire passe pour être unique. »

On a transcrit sur les feuillets de garde la longue note que Fr. de Bure a consacrée à cet ouvrage dans sa *Bibliogr. instr.*, nº 787. Nous en extrayons le passage suivant :

« Ce Suenckfeld était un des plus fameux sociniens, et ses livres ont été supprimés avec une exactitude toute particulière. Cet ouvrage traite du péché contre le Saint-Esprit, dont il est parlé dans l'Évangile, et qui, selon l'Écriture sainte, ne doit être remis ni dans ce monde ni dans l'autre. »

92 *bis*. Declaration de la messe, le fruit d'icelle, la cause, le moyen, pourquoi et comment on la doibt maintenir. Nouvellement revue et augmentée par son premier autheur M. Anthoine Marcourt. *S. l.*, 1544, pet. in-8, goth. mar. bl. jans. tr. dor. (*Chambolle-Duru.*)

Ce livre, très-rare, est un des premiers que les calvinistes aient publiés ou répandus en France pour y propager leurs doctrines. C'est un traité violent contre la messe et la religion catholique. Le dernier chapitre est intitulé : *Sensuyvent aucuns abus damnables qui sont en la messe contraires à la saincte cène de Jesus-Christ.* M. Brunet indique une édition de cet opuscule où l'auteur, Anth. Marcourt, n'est pas nommé, mais il ne cite pas la nôtre.

Bel exemplaire, grand de marges.

93. Breve instruction pour soy confesser en verite. *S. l. n. d.*, pet. in-8, goth. v. f. fil. tr. dor. (*Petit.*)

Petit traité écrit par un protestant contre la confession auriculaire.

94. Declaration pour maintenir la vraye foy que tiennent tous chrestiens de la Trinité des personnes en un seul Dieu, par Jean Calvin. Contre les erreurs detestables de Michel Servet Espaignol ; où il est aussi montré, qu'il est licite de punir les heretiques : et qu'a bon droict ce meschant a este executé par justice en la ville de Geneve. *Geneve, Jean Crespin*, 1554, in-8, mar. citr. fil. dor. (*Anguerrand.*).

Livre rare, recherché surtout à cause de la justification qu'y fait Calvin de l'exécution de Mich. Servet, dont il fut le principal auteur. On y trouve la liste des ministres et pasteurs *qui ont approuvé ce livre et qui y ont souscrit.*
Bel exemplaire de GAIGNAT.

95. Sermons sur les trois premiers chapitres du Cantique des cantiques, de Salomon, par Théod. de Beze. *S. l. (Genève), par Jehan le Preux*, 1586, in-8, mar. v. fil. tr. dor.

Volume rare, qui ne fait pas partie des ouvrages de Théod de Bèze cités par M. Brunet.
On a ajouté à l'exemplaire un portrait de Théod. de Bèze, tiré de l'édition de ses poésies latines, *Paris, Conrad Badius*, 1548, in-8.
Très-bel exemplaire aux premières armes de J.-A. de THOU.

JURISPRUDENCE.

---

96. JUSTINIANI CORPUS JURIS CIVILIS, cum argumentis. *Parisiis, C. Guillard, vidua Cl. Chevallonii*, 1552-53, 9 vol. in-8, mar. r. fil. tr. dor.

Très-bel exemplaire, aux armes du comte d'HOYM.

97. CORPUS JURIS CIVILIS JUSTINIANI (cum commentariis Accursii). Digestorum sive Pandectarum

tomi I-III. — Codex. — Authenticor. liber. — Insti-
tutiones. *Parisiis, apud Seb. Nivellium (impr.
par Ol. de Harsy et H. Thierry)*, 1576, 6 tom. en
5 vol. in-fol. gr. pap. mar. r. compart. tr. dor.
(*Rel. du* XVIIe *s.*)

Édition restée célèbre dans l'histoire de la typographie parisienne par sa
belle exécution. Chevillier en parle ainsi à la page 60 de son *Origine de l'Imprimerie de Paris :*

« A-t-on rien vu de plus beau que ce livre, où l'on voit de bons caractères
gros et menus, une bonne encre, le rouge mêlé agréablement avec le noir, le
grec bien formé, cinq ou six colonnes d'impression... les lignes bien droites...
enfin une feuille chargée de différents caractères, et le tout sans confusion ?
C'est, à mon avis, un chef d'œuvre de l'art et ce que j'ai vu en matière d'imprimerie de plus agréable aux yeux. On ne se lasse point de regarder ce livre
quand on l'a en grand papier. »

Superbe exemplaire en GRAND PAPIER, aux armes de TALLEMANT DES
RÉAUX.

98. Ordonnance de Louis XIV, pour les armées na-
vales et arsenaux de marine. *Paris, Estienne Michallet*, 1689, in-4, mar. r. fil. tr. dor. (*Rel. anc.*)

Exemplaire en grand papier, aux armes de J.-B. COLBERT, marquis de
Seignelai, secrétaire d'État au département de la marine, et fils du grand
Colbert ; avec sa signature sur le titre et à la fin du volume, à la date de 1692.

99. Code de la librairie et imprimerie de Paris, ou
conférence du règlement arrêté au conseil d'Etat
du Roy, le 28 février 1723, et rendu commun....
le 24 mars 1744. *Paris*, 1744, in-12, mar. r. fil.
dos orné, tr. dor. (*Rel. anc.*)

Bel exemplaire aux armes du chancelier Guillaume II de LAMOIGNON.

100. Recueil des statuts, ordonnances, reiglements,
antiquitez, prérogatives et prééminences du
royaume de la Bazoche.... le tout adressé à
M. Boivinet, cy-devant chancelier en icelle. *Paris, Cardin Besongne*, 1654, in-8, v. f. fil. tr. dor.
(*Bonne rel. anc.*)

Exemplaire de Girardot de Préfond. Léger raccommodage au titre.

101. Les Coustumes observees et gardees en la prevoste et vicomte de Paris. *On les vend a Paris,
en la rue Neufve Notre Dame : a lenseigne Sainct
Nicolas, s. d.*, pet. in-8, goth. mar. vert, tr. dor.
(*Chambolle.*)

102. Les Coustumes des bailliage et prevoste de Montargis, et autres lieux regiz et gouvernez selon lesdictes coustumes, avecques le procès verbal. *On les vend a Paris, par Gilles Corrozet,* 1552 (et à la fin) : *Cy finent ces presentes coustumes et proces verbal nouvellement imprimees a Paris, par Jehan Real....* pet. in-8, goth., mar. brun, tr. dor. (*Chambolle.*)

103. La Sentence de monsieur le Prévost de Paris, donnée contre Angoullevent, pour faire son entrée de Prince des Sots, avec ses heraulx, suppots et officiers. *Paris, David Le Clerc,* 1605, pet. in-8, de 4 feuillets, v. f. fil. tr. dor. (*Kœhler.*)

Cette pièce et les suivantes sont relatives à un procès que Nic. Joubert, dit Angoulevent, eut au sujet de la *Principauté des sots,* qu'il déclarait sa propriété exclusive et que d'autres bouffons lui disputaient.

104. Plaidoyé sur la principauté des Sots, avec l'arrest de la Cour intervenu sur iceluy. *Paris, David Douceur,* 1608, in-8 de 34 pages, mar. r. fil. tr. dor. (*Thouvenin.*)

Exemplaire de Ch. Nodier, avec les écussons sur les plats.
« Ce n'est point ici une facétie comme les catalographes l'ont quelquefois pensé, mais un plaidoyer fort sérieusement prononcé par l'avocat Julien Peleus, et à la suite duquel survint un jugement. » (*Note de Ch. Nodier.*)
Peleus, dans son plaidoyer, traite fort mal son client. Il dit « qu'il est né au pays des grosses bêtes, que c'est une tête creuse, une citrouille éventée, vide de sens comme une canne, etc. »

105. Plaidoyé pour la deffence du Prince des Sots, par L. V. *Paris, Nicolas Rousset,* 1617, in-8 de 16 pages. — Legat testamentaire du Prince des Sots, A. M. C. d'Acreigne Tullois, advocat en Parlement. *S. l. n. d.*, pet. in-8 de 8 pages. — En 1 vol. in-8, demi-rel. mar. r. fil.

Exemplaire de M. de Monmerqué, avec une note de sa main.

106. Les Véritables et principales Circonstances de la mort déplorable de Madame la marquise de Ganges, empoisonnée et massacrée par l'abbé et le chevalier de Ganges, ses beaux-frères, le 13 may 1667. Escrites par un officier de Languedoc, voisin du lieu de Ganges.... *Sur l'imprimé à Arles, à*

Rouen, Pierre Cailloüé, 1667, pet. in-12, mar. v. fil. à froid, tr. dor. armes et chiffres. (*Duru.*)

Volume rare.

107. Mémoire sur la réformation de la police de France. 1749, in-fol. mar. bl. riches compart. dos orné, doublé de tabis v., tr. dor.

Riche reliure, aux armes de France en couleur.

Beau manuscrit parfaitement exécuté et qui a été fait évidemment pour le roi Louis XV. Il est orné d'un frontispice habilement dessiné par G. de Saint-Aubin, et contient plusieurs autres beaux dessins du même artiste, ainsi que quelques cartes manuscrites.

108. Traicté de la dissolution du mariage par l'impuissance et froideur de l'homme ou de la femme (par Ant. Hotman). Seconde édition. *Paris, Mamert Patisson,* 1595. — Histoire estrange d'une femme qui a porté enfant vingt et trois mois et qui enfin a esté tiré par le costé os à os; par René Thionneau, docteur en médecine. *Tours, veuve René Siffleau,* 1580, pet. in-8, mar. v. fil. à froid, tr. dor. (*H. Duru.*)

Exemplaires grands de marges. La seconde pièce est fort rare.

SCIENCES ET ARTS.

I. SCIENCES PHILOSOPHIQUES ET MORALES.

1. *Philosophie; morale.*

109. Divini Platonis Opera omnia quæ extant, ex latina Marsilii Ficini versione. *Genevæ, apud Jacobum Stoer,* 1592, 3 vol. in-16, mar. r. à riches compart. tr. dor.

Riche et élégante reliure, parfaitement conservée et contemporaine de la publication du livre, à mosaïque en maroquin rouge, vert et citron, avec volutes et rainceaux de feuillage.

110. Les livres de Cicéron, de la Vieillesse et de l'Amitié, avec les Paradoxes du même autheur; traduits en françois, avec des notes, par M. Du Bois, avec le latin à costé. *Paris, J.-B. Coignard,* 1698, in-12, réglé, mar. bl. doublé de mar. r. dent. tr. dor.

Exemplaire aux armes et au chiffre de Mme de Chamillart.

111. Antoniana Margarita, opus nempe physicis, medicis ac theologis, non minus utile, quam necessarium, per Gometium Pereiram... *Methymnæ Campi, in officina Guilhelmi de Millis,* 1554, in-fol. mar. r. fil. dos orné, tr. dor. (*Anguerrand.*)

Avec la réfutation : *Objectiones Michaëlis à Palacios. Methymnæ,* 1555, 18 ff., qui manque souvent.

112. Novæ veræque medicinæ, experimentis et evidentibus rationibus comprobatæ, prima pars : per Gometium Pereiram. *Methymnæ Duelli, excud. Franciscus a Canto,* 1558, in-fol. mar. r. fil. dos orné, tr. dor. (*Anguerrand.*)

Même reliure que celle du précédent ouvrage. Les deux volumes ont figuré chez de Boze, Gaignat, Girardot de Préfond et Mac Carthy. Ils seront vendus ensemble.

Ces 2 ouvrages, fort rares, étaient autrefois très-recherchés. Ils ont été payés 400 fr. chez La Vallière.

113. Traité des sensations, à madame la comtesse de Vassé, par M. l'abbé de Condillac. *Londres, et se vend à Paris, chez De Bure l'aîné,* 1754, 2 vol. in-12, v. f. fil. tr. dor. (*Jolie rel. anc.*)

Aux armes du duc d'Aumont.

114. Sentences de Théognis, de Phocylide, de Pythagore et des sages de la Grèce, recueillies et traduites par M. Lévesque. *Paris, Didot l'aîné,* 1783, in-18, demi-rel. mar. r. non rog.

Exemplaire imprimé sur vélin.

115. Les Entretiens mémorables de Socrate, traduits du grec de Xénophon par M. Lévesque. *Paris, Didot l'aîné,* 1782, 2 vol. in-18, demi-rel. mar. r. non rog.

Exemplaire imprimé sur vélin.

116. Caractères de Théophraste, et Pensées morales de Ménandre, traduits par M. Lévesque. *Paris, Didot l'aîné,* 1782, in-18, demi-rel. mar. r. non rog.

Exemplaire imprimé sur VÉLIN.

117. Pensées morales d'Isocrate, extraites de ses œuvres, et traduites par M. l'abbé Auger. *Paris, Didot l'aîné,* 1782, in-18, demi-rel. mar. r. non rog.

Exemplaire imprimé sur VÉLIN.

118. Apophthegmes des Lacédémoniens, extraits de Plutarque; suivis des pensées du même auteur sur la superstition, par P.-Ch. Lévesque. *Paris, De Bure et P. Didot l'aîné,* an II, 1794, in-18, demi-rel. mar. r. non rog.

Exemplaire imprimé sur VÉLIN.

119. Manuel d'Épictète, traduit par M. N. (Naigeon). *Paris, Didot l'aîné,* 1782, in-18, demi-rel. mar. non rog.

Exemplaire imprimé sur VÉLIN.

120. Nouveau Manuel d'Épictète, extrait des commentaires d'Arrien, et nouvellement traduit du grec en françois (par De Bure de S. Faubin). *Paris, impr. de Monsieur,* 1784, 2 vol. in-18, demi-rel. mar. r. non rog.

Exemplaire imprimé sur VÉLIN.

121. Pensées morales de Cicéron, recueillies et traduites par M. Lévesque. *Paris, Didot l'aîné,* 1782, in-18, demi-rel. mar. r. non rog.

Exemplaire imprimé sur VÉLIN.

121 *bis*. Discours préliminaire pour servir d'introduction à la morale de Sénèque. *Paris, Didot l'aîné,* 1782, in-18. — Morale de Sénèque, extraite de ses œuvres, par M. N. (Naigeon). *Paris, Didot l'aîné,* 1782, 2 vol. in-18. — Ensemble, 3 vol. demi-rel. mar. r. non rog.

Exemplaire imprimé sur VÉLIN.

122. DES GRANDS ET EXCELLENTS BIENS qui proviennent de la paix, des grands et exécrables maulx qui proviennent de la guerre, entrant par la loy de nature et finissant par la loi de N. S. (caractères gothiques). — Des œuvres de Cicero commençant par adolescence (gothique). — De oysiveté qui engendre maux dit Saluste historien (dernier feuillet orné de dauphins entrelacés en arabesques, dessinés en or), gothique. — Sentences et beaux dits que Plutarque a assemble et escript de plusieurs roys philozophes et autres grecz et latins (lettres rondes et italiques, titre écrit en noir sur fond d'or). In-8, mar. bl. fil. tr. dor., armes sur les plats.(*Trautz-Bauzonnet.*)

Charmant ms. sur vélin, de l'époque de Henri II ou de François 1er, contenant 94 feuillets. Chaque page, très-bien écrite, soit en gothique, soit en lettres rondes, soit en italique, est encadrée en or et ornée de lettres initiales du meilleur goût. Le titre du premier traité est en belles capitales romaines, en or sur fond noir. Toutes les têtes de chapitres ou paragraphes sont en or.

La dernière page porte écrit en noir sur fond d'or : « Ung brief et petit temps d'aage est assez long à bien et honnestement vivre. L. F. » Ces deux dernières lettres sont probablement les initiales du calligraphe.

Ce manuscrit, d'un genre d'exécution très-rare, est un des plus curieux de la collection.

122 *bis*. Les Essais de Michel, seigneur de Montaigne;... enrichis et augmentés aux marges du nom des Autheurs qui y sont citez, et de la version de leurs passages; avec des observations très-importantes. *Paris, Aug. Courbé,* 1652, in-fol. second titre gravé avec portr., gr. pap. v.

Exemplaire du baron de Besenval. On lit sur le plat, en lettres d'or : *A la substitution du château de Valdec, proche Soleure, en Suisse. M. D. CC. XXV.*

123. De la Sagesse, trois livres par Pierre Charron,... *Suivant la vraye copie de Bourdeaux. Amsterdam, Louys et Daniel Elzevier,* 1662, pet. in-12, titre gravé, mar. r. fil. dos orné, tr. dor. (*Jolie rel. anc.*)

Bel exemplaire. Hauteur, 133 mill.

124. Réflexions, ou sentences et maximes morales (par La Rochefoucauld). *Paris, Cl. Barbin,* 1665, pet. in-12, frontisp. gravé par Steph. Picart, réglé,

mar. r. fil. doublé de mar. r. dent. tr. dor. (*Anc.
rel. à la Du Seuil.*)

Édition originale.
Bel exemplaire auquel on a ajouté dans le temps : *les Nouvelles Réflexions ou Sentences et Maximes, seconde partie. Paris, Cl. Barbin*, 1678.

125. Les Caractères de Théophraste, traduits du
grec, avec les Caractères ou les mœurs de ce siècle (par La Bruyère). *Paris, Est. Michallet*, 1694,
in-12, mar. r. tr. dor. (*Rel. anc.*)

Huitième édition.

126. Les Caractères de Théophraste, traduits du
grec, avec les Caractères ou les mœurs de ce siècle, par La Bruyère, et la clef en marge et par
ordre alphabétique. *Amsterdam, Guill. de Graf*,
1708, 2 vol. in-12, mar. bl. fil. tr. dor. (*Rel.
anc.*)

Très-bel exemplaire aux armes du contrôleur général des finances MACHAULT.

126 *bis*. Les Mœurs (par F.-V. Toussaint). *S. l.*, 1744,
in-12, mar. r. fil. tr. dor. (*Rel. anc.*)

Exemplaire en grand papier, tiré in-4.

127. Eclaircissement sur les mœurs, par l'auteur
des Mœurs (par F.-V. Toussaint). *Amsterdam,
M.-Michel Rey*, 1762, in-12, mar. v. fil. tr. dor.
(*Derome.*)

128. Essai sur la nécessité et les moyens de plaire,
seconde édition (par Moncrif). *Paris, Prault*,
1738, in-8, mar. r. fil. tr. dor. (*Derome père.*)

Bel exemplaire en grand papier. De la bibliothèque de M. de Pixerécourt.

129. Morale de Mahomet, ou Recueil des plus pures
maximes du Coran, par Mr Savary. *Constantinople, et se trouve à Paris, chez Lamy*, 1784, gr. in-
18, dem.-rel. mar. r. non rog.

Exemplaire imprimé sur VÉLIN.

130. Pensées morales de Confucius, recueillies et
traduites du latin par M. Lévesque. *Paris, Didot
l'aîné*, 1782, in-18, demi-rel. mar. r. non rog.

Exemplaire imprimé sur VÉLIN.

131. Pensées morales de divers auteurs chinois, recueillies et traduites du latin et du russe, par M. Lévesque. *Paris, Didot l'aîné,* 1782, in-18, demi-rel. mar. r. non rog.

Exemplaire imprimé sur VÉLIN.

2. *Économie.*

Règles de la vie civile. — Éducation.

132. L'Homme de qualité, ou les moyens de vivre en homme de bien et en homme du monde (par de Chalesme). *Amsterdam, Pierre Le Grand,* 1671, pet. in-12, vél. blanc.

Ce volume se joint à la collection des Elzeviers.

133. Le Cavalier et la Dame, ou les Entretiens familiers de Mgr Jean Baptiste de Luca, auditeur du Pape Innocent XI,.... sur plusieurs choses qui regardent les Cavaliers et les Dames, suivant la loy écrite et celle de la bienséance; traduit de l'italien. *Lyon, Math. Liberal,* 1680, in-4, mar. r. fil. compart. genre Du Seuil, tr. dor. (*Anc. rel.*)

Ouvrage rare et peu connu. La traduction est de l'abbé Fleury, auteur de l'Histoire ecclésiastique.

134. Le Régime du Père de famille : où sont aussi contenues plusieurs notables sentences et préceptes pour l'instruction d'un chacun; nouvellement traduit du latin en françois, par Cl. Aubri. *Lyon, Benoist Rigaud,* 1566, pet. in-8, 12 ff., mar. r. jansén. tr. dor. (*Chambolle-Duru.*)

Pièce rare.

135. L'Homme irréprochable en sa conversation, divisé en trois parties, en chacune desquelles est traitée la manière de parler en sorte dans les compagnies, que l'interest de Dieu n'y soit point blessé, notre propre conscience intéressée, ny enfin notre prochain offensé, par Charles Bonne-

fille. *Leyde, Jean Elsevier,* 1661, pet. in-12, mar.
r. fil. dos orné, tr. dor. (*Trautz-Bauzonnet.*)

Un des volumes rares de la collection des Elzeviers.

136. Reglement donné par une dame de haute qualité, à M*** sa petite fille, pour sa conduite et
pour celle de sa maison : avec un autre règlement que cette dame avait dressé pour elle-
même. *Paris, Aug. Leguerrier,* 1698, in-12, réglé, mar. r. riche dent. doublé de mar. v. même
dent. tr. dor. gardes de pap. doré. (*Jolie reliure
ancienne.*)

Cet ouvrage est de Jeanne de Schomberg, femme de Roger du Plessis, duc
de la Rocheguyon, sieur de Liancourt.
Elle écrivit ce livre pour sa petite-fille, Jeanne-Charlotte du Plessis, héritière de Liancourt et de la Rocheguyon, et qui, par son mariage avec François VII, duc de la Rochefoucauld (fils de l'auteur des Maximes), fit entrer
ces deux duchés dans la maison de la Rochefoucauld.
Bel exemplaire.

137. La Maison reglée, et l'Art de diriger la maison
d'un grand seigneur et autres, tant à la ville qu'à
la campagne, et le devoir de tous les officiers et
domestiques,.... avec la véritable méthode de
faire toutes sortes d'essences d'eaux et de li-
queurs... etc... (par Audiger). *Paris, Nicol. Le
Gras,* 1692, pet. in-8, planches, mar. bl. fil. à
froid, tr. dor. armes et chiffres. (*H. Duru.*)

Première édition. Avec les planches qui manquent souvent.
Livre recherché à cause des renseignements qu'il fournit. Rien de plus
curieux que ce récit qu'on y trouve de petits pois apportés à Louis XIV, en
janvier 1660, en présence de MM. de Soissons, de Créquy, de Noailles, etc.,
et dont *le comte de Soissons* écossa une poignée.
Exemplaire de M. Huzard.

138. Le Guidon des parens en l'instruction et direction de leurs enfans. Aultrement appelle Fran-
coys Philelphe, de la maniere de nourrir, instruire et conduire jeunes enfans. *On les vend a
Paris... en la maison de Gilles Gourmont* (avec
sa marque sur le titre). *S. d.,* in-8, goth. 2 fig.
sur bois, mar. v. fil. à froid, tr. dor. (*Niedrée.*)

Bel exemplaire très-bien conservé, provenant de la vente Yemeniz.
Ce livre a été traduit de l'ouvrage latin de *Mapheus Vegius, de Educatione
liberorum,* sur une édition de *Paris, Gourmont,* 1508, où l'auteur est nommé

Fr. Philelphus. Le traducteur est Jehan Lode, étudiant en l'université d'Orléans, natif du diocèse de Nantes. Son livre est d'une rareté extrême.

139. Maximes et réflexions sur l'éducation de la jeunesse, où sont renfermez les devoirs des parents et des précepteurs envers les enfants (dédiés au duc de Beauvilliers, par J. Pic). *Paris, veuve Séb. Mabre-Cramoisy*, 1690, in-12, mar. r. fil. tr. dor. (*Du Seuil.*)

140. De l'Éducation des enfans; traduit de l'anglois de M. Locke, par M. Coste. *Amsterdam, Steenhouwer et Uytwerf*, 1721, in-12, réglé, portr. gravé par B. Picart, mar. r. fil. tr. dor. (*Padeloup.*)

Bel exemplaire réglé, aux armes et au chiffre du comte d'Hoym.

141. Des Bonnes Mœurs et honnestes contenances que doit garder un jeune homme, tant a table qu'ailleurs, avec autres notables enseignemens; Euvre composé premièrement en latin par M. Jean Sulpice de Saint Alban, dit Verulan, et nouvellement traduit en rime françoyse par paraphrase, par M. Pierre Broë, practicien de Tournon sur le Rhosne. *Lyon, Macé Bonhomme*, 1555, pet. in-8, réglé, mar. bl. fil. à froid, tr. dor. (*H. Duru.*)

Très-bel exemplaire, grand de marges.
L'original latin de Sulpice Vérulan ayant paru pour la première fois en 1483 (voir Hain, tome IV, page 389), c'est vraisemblablement le plus ancien traité de civilité. La traduction en vers français qui se trouve ici est des plus curieuses et des plus naïves.

142. Instruction chrestienne pour la jeunesse de France en forme d'alphabet propre pour apprendre les enfans tant a lire, escripre et lier ses lettres que congnoistre Dieu et le prier. *Lyon, imprimerie de Robert Granjon*, 1557, in-8, mar. br. fil. à fr. tr. dor. (*Duru.*)

Imprimé en caractères de *Civilité.*
Très-bel exemplaire de M. Veinant, acheté à la vente de M. Chedeau.

143. DECLAMATION contenant la maniere de bien instruire les enfans, dès leur commencement; Avec ung Petit traicte de la civilité puerile; le tout translaté nouvellement de latin en françois, par Pierre Saliat. *On les vend a Paris, en la maison de Simon de Colines,* **M. D.** XXXVII (à la fin) : *Imprime à Paris... l'an M. D. XXXVII, le 2° jour d'aoust,* pet. in-8 de 6 ff. lim. et de 73 ff. chiffr. lettres rondes, mar. bl. large dent. semée de couronnes et de fleurs de lis, doublé de mar. r. même dent. tr. dor. (*Chambolle-Duru.*)

Très-bel exemplaire, grand de marges, rempli de témoins.

Livre curieux et de la plus grande rareté. Le petit *Traicté de Civilité* qui s'y trouve offre la traduction de l'opuscule d'Érasme, *de Civilitate morum puerilium,* et il est le premier livre de ce genre qui ait paru en français.

Cet exemplaire provient de la vente du docteur Michelin, de Provins, faite à Paris en 1864.

144. LA CIVILE HONESTETÉ pour les enfans, avec la maniere d'aprendre à bien lire, prononcer et escrire : qu'avons mise au commencement. *Paris, Richard Breton,* 1560, pet. in-8, mar. n. fil. dos orné, tr. dor. (*Trautz-Bauzonnet.*)

Imprimé en caractères cursifs français, lesquels, d'après le titre de l'ouvrage ci-dessus, ont été nommés vulgairement *caractères de Civilité.* (*Man. du libr.*, I, page 701.)

Bel exemplaire de la première édition de cet ouvrage très-rare, provenant de la bibliothèque de M. Veinant (vente 1860.)

145. Les Sentences memorables en ordre alphabetique, contenant preceptes et enseignemens utiles pour l'instruction de la jeunesse, avec plusieurs reigles generales, diversement expliquees, touchant la vraye supputation et forme de compter au brief, nouvellement composé : par Martin Fustel, escrivain juré et arithméticien à Paris. *Paris, Guill. Chaudière,* 1577, in-4, cart.

Bel exemplaire.

146. Le Miroir des escoliers et de la jeunesse, la doctrine des bons enfans et la malice des pervers ; demandes interrogatives de l'empereur Adrian à un enfant sage à trois ans, livre propre pour le temps present. Reveu et augmenté de nouveau d'une petite civilité que doivent tenir les jeunes enfans estants a table. *Paris, veuve Robert Micard,* 1602, pet. in-8, mar. v. large dent. à petits fers, tr. dor. (*Bauzonnet.*)

Imprimé en caractères de civilité. — Livre très-rare, précieux surtout pour

la *Petite Civilité* qui a été ajoutée à cette édition. Exemplaire de Ch. No-
DIER.

147. Les Règles de la bienséance et de la civilité
chrétienne, divisées en deux parties, par Mr J.-B.
de La Salle, prêtre; à l'usage des écoles chrétiennes des garçons. *Rouen, Laurent Dumesnil,* 1764,
in-8, mar. bl. fil. à froid, tr. dor. (*H. Duru.*)

En caractères de *Civilité.*

148. Maximes de la gentillesse et de l'honnesteté en
la conversation ordinaire entre les hommes; par
un Père de la compagnie de Jésus. *Paris, Pierre
de Bresche,* 1663, pet. in-12, frontisp. gravé par
J. Picart, mar. br. tr. dor. (*Duru.*)

Exemplaire de M. Veinant.

149. A Monsieur le Vidame de Chartres. *S. l. n. d.,*
in-8 de 20 feuillets, mar. r. à compart. tr. dor.
(*Reliure anc.*)

Manuscrit de la fin du xviie siècle, orné d'une riche reliure aux chiffres et
aux armes du duc de Saint-Simon, l'auteur des Mémoires.
Le vidame de Chartres, si connu depuis sous le nom de duc de Saint-Simon,
était âgé de huit ans et demi lorsque ce livre lui fut donné par son précepteur
à l'occasion de sa fête. Ce sont des conseils et des instructions sur sa conduite
et sur les devoirs qu'il aura un jour à remplir.
Une édition de cet ouvrage est actuellement sous presse.

150. Conseils d'un homme de qualité à sa fille, par
Mgr le marquis d'Halifax. *Londres, Matthew Gil-
lystower,* 1697, pet. in-8, frontisp., mar. citr.
doublé de mar. v. dent. tr. dor. (*Boyet.*)

Très-bel exemplaire de Pixerécourt.
Cet ouvrage est si rare que l'édition anglaise fut traduite en 1756, sans que
l'on sût que l'auteur avait écrit lui-même et publié son ouvrage en français.

3. *Politique. — Économie politique.*

151. Le Mirouer exemplaire et tres fructueuse instruction selon la compilation de Gilles de Romme.... du regime et gouvernement des Roys,
princes et grandz seigneurs.... ensemble des pre-
sidens, conseillers, senechaulx, baillifs, juges,
prevotz, et aultres officiers.... Et avec ce est
comprins le secret Daristote appelle : Le secret

des secretz, envoye au roy Alexandre, et le nom
des roys de France et combien de temps ilz ont
regne. *Cy finist le mirouer exemplaire.... imprime à Paris pour Guillaume Eustace.... lan mil
cinq cens et dix sept*, in-4, goth. mar. citr. fil.
tr. dor. (*Marque de Guill. Eustace.*)

Bel exemplaire, très-bien conservé, aux armes de MADAME DE POMPADOUR.
Au verso du dernier feuillet se trouve une belle gravure sur bois représentant le pape, l'empereur et le roi de France.

152. Le Livre de Police humaine.... lequel a esté
extraict des grandz et amples volumes de François
Patrice, natif de Senes en Italie, evesque de
Gaiete, par maistre Gilles d'Aurigny; et nouvel-
lement traduit de latin en françois, par maistre
Jehan Le Blond, curé de Branville. *On les vend à
Paris, par Charles l'Angelié,* 1546, in-8, mar. r.
fil. tr. dor. (*Duru et Chambolle.*)

153. La Description de l'isle d'Utopie, où est comprins le miroer des republiques du monde, et
l'exemplaire de vie heureuse : rédigé par.... Thomas Morus.... avec l'epistre liminaire composée
par monsieur Budé (trad. par J. Leblond). *Les
semblables sont a vendre au Palais a Paris.... en
la boutique de Charles l'Angelier,* 1550, pet. in-8,
fig. sur bois, mar. r. fil. dos orné, tr. dor. (*Duru
et Chambolle.*)

Bel exemplaire de cette traduction fort rare.

154. L'Utopie de Thomas Morus, traduite par Samuel Sorbière. *Amsterdam, Jean Blaeu,* 1643,
pet. in-12, titre gravé, fig., mar. bl. fil. dos orné,
tr. dor. armes. (*Bauzonnet.*)

Edition rare. On a ajouté à cet exemplaire les jolies figures, en premières
épreuves, de la traduction de Gueudeville. *Leyde,* 1715.

155. Maximes d'Estat pour le gouvernement et conservation des empires et royaumes, tirées d'Aris-
teas à son frere Philocrates, et d'Agapet diacre, à
l'empereur Justinian. *Rouen, Jean Osmont, de
l'impr. de Nicolas l'Oyselet,* 1604. — Institution
du Prince. A monseigneur le duc de Vendosme,

par (Vauquelin) des Yveteaux (en vers). *Rouen, Jean Osmont*, 1604, pet. in-12, 12 pages, mar. r. tr. dor. (*Chambolle.*)

L'*Institution du prince* est le seul ouvrage de Des Yveteaux qui ait été imprimé séparément de son temps ; les autres se trouvent dans des recueils.

156. L'Ambassadeur et ses fonctions, par monsieur de Wicquefort. *La Haye, Jean et Daniel Steucker*, 1681, 2 vol. in-4, mar. r. riches compart. à petits fers, dos orné, tr. dor. (*Rel. anc.*)

Édition très-bien imprimée.
Riche reliure dorée en plein, qui paraît avoir été faite en Hollande à l'imitation d'une reliure française.

157. Le Triomphe du nouveau monde ; réponses académiques, formant un nouveau système de confédération, fondé sur les besoins actuels des nations chrétiennes commerçantes, et adapté à leurs diverses formes de gouvernement.... par l'Ami du corps social (Jean Brun). *Paris, vᵉ Hérissant*, 1785, 2 tom. en 1 vol. in-8, mar. r. fil. coins et dos ornés, tr. dor.

Aux armes du baron de BRETEUIL.

158. Projet d'une dixme royale... qui produiroit au roy un revenu certain.... sans frais et sans être à charge à ses sujets, par le maréchal de Vauban. *S. l.* 1707, pet. in-8, portr. mar. r. fil. tr. dor. (*Boyet.*)

159. Discours sur les causes de l'extrême cherté qui est aujourdhuy en France et sur les moyens d'y remédier. *Paris, à l'Olivier de Pierre L'Huilier*, 1574, pet. in-8 de 80 pages, mar. r. fil. dos orné, tr. dor. (*Bauzonnet-Trautz.*)

Petite pièce curieuse et rare.
L'auteur dit que la cherté de toutes les choses qui se vendent est devenue si grande que, depuis 70 ou 80 ans, les unes sont enchéries de 10 fois et les autres de 4, 5 et 6 fois.

160. Projet d'un établissement déjà commencé pour élever dans la piété les Savoyards qui sont dans Paris (par l'abbé de Pontbriand). *Paris, impr. de*

J.-B. Coignard, 1735-1737, 2 parties en 1 vol. in-8,
mar. bl. large dent. tr.

Exemplaire aux armes du cardinal de FLEURY.

161. Histoire du commerce et de la navigation des
anciens, par Huet. *Paris, A.-V. Coustelier*, 1727,
pet. in-8, mar. r. fil. tr. dor. (*Rel. anc.*)

II. SCIENCES NATURELLES.

1. *Histoire naturelle.*

161 *bis*. Sommaire des singularités de Pline, extrait
des seize premiers livres de sa naturelle Histoire,
par P. de Changy, escuyer. *Paris, de l'impr. de
Richard Breton*, 1559, in-8, mar. bl. tr. dor. (*Chambolle.*)

Imprimé en *caractère de Civilité.*

162. Le Mercure indien, ou le tresor des Indes (dans
lequel est traité de l'or, de l'argent et des pierres
précieuses). *Paris*, 1672, 2 part in-4. — Traité
sommaire de l'institution du corps et commu-
nauté des marchands orfévres, sous le règne du
roy Philippes de Valois. En fin duquel traitté est
adjousté un recueil des ordonnances et règlements
concernans le fait de l'orfévrerie et les statuts des
orfévres. *Paris*, 1672, in-4, mar. r. fil. compart.
genre Du Seuil, tr. dor. (*Rel. anc.*)

Bel exemplaire réglé.

163. De Thermis Andreæ Baccii Elpidiani medici....
libri septem. *Venetiis, apud Vincentium Valgri-
sium*, 1571, in-fol. avec une pl., mar. r. fil. dos
orné, tr. dor. (*Rel. anc.*)

Bel exemplaire.

164. Traité des eaux minérales de Baignolés (en Normandie), contenant une explication méthodique
sur toutes leurs vertus, leur situation, et la route
pour y arriver de toutes parts, par M***. *Alen-*

çon, *chez Malassis l'aîné,* 1740, pet. in-8, mar. bl. fil. à froid, tr. dor. (*H. Duru.*) (*Rare.*)

On a joint à cet exemplaire plusieurs lettres sur les eaux de Baignoles, extraites des années 1750-51 du Journal historique de Verdun.

165. Recherche de la fontaine tres-medicinale de Montaigu, pres Caen (en vers). *Caen, Mich. Yvon,* 1613, pet. in-8, 16 pages, mar. r. jansén. dent. intér. tr. dor. (*Chambolle-Duru.*)

Pièce rare.

166. Élémens de botanique, ou méthode pour connoître les plantes, par M. Pitton Tournefort. *Paris, Impr. royale,* 1694, 1 vol. de texte et 2 vol. renfermant 451 planches, 3 titres gravés, mar. r. fil. dos orné, tr. dor.

Bel exemplaire, aux armes et au chiffre de LOUIS XIV.

167. Traité de l'Adianton ou cheveu de Vénus, contenant la description, les utilitez, et les diverses preparations galeniques et spagyriques de cette plante, pour l'usage familier de toute sorte de personnes en la guerison de quelle indisposition que ce soit, par Pierre Formi. *Montpellier, Pierre du Buisson,* 1644, in-8, mar. r. fil. tr. dor. (*Rel. anc.*)

Édition originale très-rare. On a fixé entre deux feuillets de garde de l'exemplaire un pied desséché de la plante qui fait l'objet de ce traité.
Bel exemplaire de M. Renouard et de M. Veinant.

168. LE JARDIN DU ROY TRES chrestien Henry IV, roy de France et de Navarre, dedié à la Royne, par Pierre Vallet, brodeur ordinaire du Roy (mis au jour par J. Robin). *Paris,* 1608, in-fol., frontisp. gravé, 2 portraits de Vallet et J. Robin, 72 planches, mar. r. plats et dos fleurdelisés, tr. dor.

Exemplaire de HENRI IV, à ses armes. Bien conservé.

169. Discorso dell' alicorno dell' excellente medico et filosopho M. Andrea Bacci. *In Fiorenza, appresso Giorgio Marescotti,* 1582, in-8, vél.

Bel exemplaire, aux premières armes de J.-A. de THOU, acheté à la vente Huzard.

170. L'Histoire de la nature des oyseaux, avec leurs descriptions et naïfs portraicts retirez du naturel; escrite en sept livres, par Pierre Belon du Mans. *Paris, Guill. Cavellat,* 1555, in-fol. portr. de Belon, nombr. fig. sur bois, mar. v. fil. plats ornés, tr. dor. (*Rel. anc.*)

Ouvrage recherché et remarquable par la beauté des gravures sur bois. — Une piqûre de ver sur le bord de la marge.

171. Uccelliera, overo discorso della natura e proprietà di diversi uccelli e in particolare di que' che cantano, con il modo di prendergli, conoscergli, allevargli, e mantergli. Opera di Gio. Pietro Olina. *In Roma, appresso Andrea Fei,* 1622, in-4, fig. vél.

Exemplaire en grand papier. Nombreuses et belles gravures de A. Tempesta et Villamena.

172. Ammaestramenti per allevare, pascere et curare gli ucelli.... composta per Cesare Mancini. *In Milano,* 1575, pet. in-12, parch.

Exemplaire de M. Huzard.

173. Singulier Traicte contenant la propriete des tortues, escargotz, grenouilles et artichaulz, compose par Estienne Daigue, escuyer seign. de Beaulvais en Berry. *Nouvellement imprime. S. l. n. d.,* pet. in-8. goth. de 16 ff. fig. sur bois sur le titre, mar. cit. fil. tr. dor. (*Padeloup.*)

Traité singulier. Exemplaire de Girardot de Préfond, de Mac-Carthy et de Huzard, avec une note autographe de ce dernier sur le premier feuillet de garde.

174. RECIT FIDELLE DE LA TORTVE VIVANTE tirée du genoux d'un musicien habitant et bourgeois d'Annessy en Savoye, par les merveilleux secrets d'un seigneur sicilien nommé dom Antonio Fardella de Calvello, gentil-homme de la ville de Trapano en Sicile (par de Copponay de Grimaldy). *A Chambéry, chez E. Riondet.* (A la fin :) *Achevé d'imprimer à Chambéry ce 4 septembre* 1686, petit in-12, mar. rouge, filets à compart. tr. dor. (*Closs.*)

Petit livre très-curieux, provenant de la bibliothèque de M. Yemeniz, et auparavant de celle du prince d'Essling.

175. Nicolai Leoniceni de Serpentibus opus singulare ac exactissimum. *Impressum Bononiæ per Joan. Anton. Juniorem de Benedictis,* 1518, in-4, caract. rom. v. f. fil. tr. dor. (*Padeloup.*)

Bel exemplaire de Pâris de Meyzieu, de Girardot de Préfond (avec son écusson), et de Patu de Mello.

176. La Première Partie (et la seconde) de l'histoire entiere des poissons, composee en latin par maistre Guilaume Rondelet,... maintenant traduite en francois. *Lion, Macé Bonhomme,* 1558, 2 part. en 1 vol. gr. in-4, fig. sur bois, mar. r. fil. tr. dor. (*Anc. rel.*)

Bel exemplaire de Pâris. (*Biblioth. Parisina. Londres,* 1780, n° 124.)

177. Mémoires pour servir à l'histoire des insectes, par M. de Réaumur. *Paris, Impr. royale,* 1734-1742, 6 vol. in-4, nombr. pl. gr. par Simonneau et Haussard, mar. r. fil. tr. dor.

Superbe exemplaire en papier fin, aux armes du duc d'ORLÉANS, fils du Régent.

2. *Agriculture. — Économie rurale. — Jardinage.*

178. Les XX livres de Constantin Cesar, ausquels sont traictez les bons enseignemens d'Agriculture ; traduits en françoys par M. Anthoine Pierre. *On les vend à Paris, en la boutique de Gilles Corrozet,* 1550, (et à la fin :) *imprimé à Paris par Maurice Menier,* in-8, v. f. fil. à froid. (*Rel. du temps.*)

Exemplaire de M. Huzard.

179. CI COMMENCE LE LIVRE DES RURAUX PROUFITS du labour des champs, lequel fut compilé en latin par Pierre des Crescens.... de Boulongne la Grasse, et depuis a esté translaté en françois à la requeste du Roy Charles de France le quint de ce nom.... In-fol. mar. vert. (*Rel. anc.*)

Beau manuscrit du XVe siècle, sur papier, ayant appartenu à Jean BUDÉ, père du célèbre et savant Guillaume BUDÉ et maître des requêtes sous François 1er, avec sa signature au dernier feuillet, ses armes peintes dans la première initiale, et de nombreuses notes marginales qui paraissent être de sa main.

Ce manuscrit provient de la bibliothèque de LAMOIGNON et de celle de M. HUZARD.

180. Le Bon Mesnager. Au present volume des prouffitz champestres et ruraulx est traicte du labour des champs, vignes, jardins, arbres de toutes especes, de leur nature et bonte, de la nature et vertu des herbes, de la maniere de nourrir toutes bestes, volailles et oyseaulx de proye,... etc.... Ledit livre compile par Pierre des Crescens.... *On les vend a Paris, en la boutique de Galliot du Pre,* (et à la fin :) *Le present livre fut acheve de imprimer a Paris par Nicolas Cousteau.... lan mil cinq cens xxxiii,* in-fol. goth. à 2 col. reglé, fig. sur bois, marque à la fin, v. m. dos orné.

Bel exemplaire de la bibliothèque du chancelier de Pontchartrain, avec son *ex libris* sur papier, collé à l'intérieur de la reliure. Exemplaire de M. Huzard.

181. L'Agriculture et maison rustique de M. Ch. Estienne,... plus un bref recueil des chasses du cerf, du sanglier, du lievre, du regnard, du blereau, du connin et du loup : et de la fauconnerie. *Paris, Jaques du Puys,* 1570. — La Chasse du loup, nécessaire à la maison rustique, par Jean de Clamorgan, seigneur de Saane. *S. l., par Francois Estienne,* 1569; — En 1 vol. in-4, fig. sur bois, rel. en bois recouv. de peau de truie gaufrée.

Édition rare.

182. Le Théatre d'agriculture et mesnage des champs, d'Olivier de Serres, seigneur du Pradel. *Paris, Jamet Métayer,* 1600, in-fol. réglé, titre gravé, mar. écaillé à compart. tr. dor. (*Rel. du temps.*)

Bel exemplaire de l'édition originale de cet ouvrage estimé. Rare.

183. OEconomie générale de la campagne, ou nouvelle maison rustique, par le sieur Louis Liger, d'Auxerre. *Paris, Ch. de Sercy,* 1700, 2 vol. in-4, fig. mar. r. double fil., coins fleurdelisés, tr. dor. (*Rel. anc.*)

Exemplaire aux armes de JULES HARDOUIN MANSARD, le célèbre architecte, auquel ce livre est dédié.

184. JEHAN DE BRYE LE BON BERGIER. *Cy finist la vie du bon bergier Jehan de Brie nouvellement impri-mee a Paris par la veufve feu Jean Trepperel et Jehan Jehannot. S. d.*, pet. in-8 goth., fig. sur bois sur le titre, mar. r. double fil. dos orné, doublé de mar. r. dent. tr. dor. (*Kœhler.*)

Première édition, fort rare, d'un ouvrage curieux écrit sous Charles V, en 1379.

Charmant exemplaire, avec témoins, et parfaitement conservé, provenant de Lang et de R. Heber.

185. Discours œconomique non moins utile que re-creatif, monstrant comme de cinq cens livres pour une foys employees, l'on peult tirer par an quatre mil cinq cens livres de proffict honneste, par M. Prudent le Choyselat. *Paris, Nicolas Chesneau,* 1569, in-8, v. f. fil. tr. dor. (*Niedrée.*)

Cet exemplaire est celui du baron d'Heiss, cat. 1784. Il était relié avec le *Calendrier des laboureurs* de 1588. Ce livre est très-rare de cette édition. Bel exemplaire.

186. Discours œconomique non moins utile que re-creatif, monstrant comme de cinq cens livres pour une fois employées, l'on peut tirer par an quatre mille cinq cens livres de proffict honneste, qui est le moyen de faire profiter son argent, par Pru-dent le Choyselat. *Paris,* 1585, pet. in-8, mar. v. fil. à froid, tr. dor. (*H. Duru.*)

Exemplaire de M. Huzard, qui ne possédait pas l'édition précédente.

187. Les Remonstrances sur le default du labour, et culture des plantes, et de la cognoissance d'icelles, contenant la manière d'affranchir et apprivoiser les arbres sauvages, par Pierre Bellon du Mans. *Paris, Guill. Cavellat,* 1558, in-8, portr. v. f. fil. dos orné. (*Bonne rel. du commencement de ce siècle.*)

Volume rare. Bel exemplaire.

188. La Maniere de enter et planter, nourrir et garder fruitz, vignes, pommes, poires et autres fruitz en plusieurs et diverses manieres. *Cy finist la ma-niere de enter et planter, imprimee a Paris par*

Pierre le Caron. S. d., pet. in-4 goth. de 6 ff. fig. sur bois sur le titre, marque de P. le Caron au verso du dernier feuillet, mar. r. compart. genre Du Seuil, tr. dor. (*J. Moreau.*)

Bel exemplaire, grand de marges.

Le verso du premier feuillet porte ce second titre : *Cy commence ung petit livre extrait par moy Nicole du Mesnil prins sur Palladius, Gallien, etc.*

Édition non citée par M. Brunet, qui en indique une plus récente au nom *Du Mesnil (Nicole).*

189. Brief Discours contenant la maniere de nourrir les vers a soye et la tirer, avec figures et interpretations d'icelles... (par J.-B. le Tellier). *Paris, Pierre Pautonnier,* 1602, in-4 obl., avec 6 pl. v. m.

Livre rare et curieux, contenant 6 belles gravures de Ph. Galle, d'après J. Stradan, où sont représentés les divers soins donnés à l'éducation des vers à soie.

Dans la première figure on voit deux moines présentant à l'empereur Justinien de la graine de vers à soie, par eux apportée des Indes. L'empereur est à cheval sur une place de Constantinople et entouré d'un brillant cortége.

Bel exemplaire de M. Huzard.

190. La Cueillete de la soye par la nourriture des vers qui la font. Echantillon du Théatre d'agriculture d'Olivier de Serres, seigneur du Pradel. *Paris, Jamet Mettayer,* 1599, in-8, vél. fil. plats ornés. (*Rel. du temps.*)

Volume rare. Exemplaire de M. Huzard, avec une note de sa main.

191. Le Jardinier royal, qui enseigne la manière de planter, cultiver, et dresser toutes sortes d'arbres; avec une briefve methode pour bien greffer tous fruicts à noyau. *Paris, Ch. de Sercy,* 1661, pet. in-12, mar. bl. fil. dos orné, tr. dor. (*Trautz-Bauzonnet.*)

192. La Théorie du jardinage, par M. l'abbé Roger Schabol, ouvrage rédigé après sa mort sur ses mémoires, par M. D*** (de la Villehervé). *Paris, de Bure,* 1771, pet. in-8, frontisp., mar. r. fil. tr. dor.

Exemplaire de dédicace, aux armes de l'abbé TERRAY, contrôleur général des finances sous Louis XV.

193. Instruction pour les jardins fruitiers et potagers, avec un traité des orangers, suivy de quel-

ques réflexions sur l'agriculture, par M. de la Quintinye. *Paris, Cl. Barbin,* 1690, 2 vol. in-4, portr. d'apr. F. de la Mare-Richart, gravé par Vermeulen, fig. et planches, mar. r. fil. compart. tr. dor. (*Rel. anc. à la Du Seuil.*)

Bel exemplaire, aux armes du DAUPHIN, fils de Louis XIV.

194. Observations sur la culture des arbres fruitiers (par Robert). *Paris, Jacques Collombat,* 1718, in-12, mar. r. dent. tr. dor. (*Rel. anc.*)

Exemplaire de Perrin de Sansou.

III. SCIENCES MÉDICALES.

195. Première et seconde Partie des erreurs populaires et propos vulgaires, touchant la médecine et le régime de santé, réfutez et expliquez par M. Laurent Joubert. *Lyon, Pierre Rigaud,* 1602, 2 vol. in-16, mar. r. large dent. doublé de mar. r. large dent. tr. dor.

Exemplaire de R. Heber et de J.-J. De Bure.
Belle reliure. Les plats sont ornés de la riche dentelle qu'on remarque sur les livres du duc de la Vieuville, et où se trouvent des couronnes, des fleurs de lis, des cerfs, des levriers, etc.

196. L'Entretenement de vie summairement compose par maistre Jehan Goeurot.... medecin du roy Francois premier, contenant les remedes de medecine et cyrurgie contre toutes maladies survenantes quotidiannement es corps humains.... Item ung regime singulier contre peste approuve sur plusieurs.... *Imprime a Lyon par Thibault Payen,* *s. d.* — La Decoration dhumaine nature, et aornement des dames, compile et extraict des tres-excellens docteurs et expers-medecins, par Andre le Fournier. Item plusieurs souveraines receptes tant en l'art de medecine que pour faire savons, pouldres, et pommes redolentes. Aussi plusieurs eaues prouffitables a laver et nettoyer tant les corps que les abillemens, lesquelles preservent de toute corruption. *On les vend a Lyon, par Thibault*

Payen, 1537, pet. in-8 goth. mar. r. fil. tr. dor.
(*Anc. rel.*)

Livre rare. Bel exemplaire de Méon.

197. Regime de santé, pour se procurer une longue
vie et une vieillesse heureuse ; fondé sur la maxi-
me de medecine : *A lædentibus et juvantibus*,
contre un livre intitulé le Medecin de soy-même,
par le sieur D. L. C. (De la Cour). *Paris, Maurice
Villery*, 1686, pet. in-12, mar r. compart. tr.
dor. (*Anc. rel. à la Du Seuil.*)

198. Le Benefice commun de tout le monde, ou com-
modité de vie d'un chascun, pour la conservation
de santé. Remedes segretz tirés des plantes contre
toutes maladies. *Rouen, Robert du Gort*, 1558 ; 2
part. en 1 vol, in-16, portr. gravé sur bois sur le
titre, v. ant. fil. (*Kœhler.*)

Exemplaire de M. Yemeniz.

199. Conseil très utile contre la famine, et remèdes
d'icelle. Item regime de santé pour les povres,
facile à tenir. *Paris, Jacques Gazeau,* 1546, pet.
in-8, réglé, mar. bl. tr. dor. (*Chambolle.*)

200. Tableau des variétés de la vie humaine, avec
les avantages et les désavantages de chaque cons-
titution et des avis aux pères et aux mères sur la
santé de leurs enfants, etc... par M. G. Daignan,
docteur en médecine. *Paris,* 1786, 2 vol. in-8,
mar. r. fil. tr. dor. (*Rel. anc.*)

Aux armes du baron de Breteuil.

201. Traité du ris, contenant son essance, ses causes, ses mervelheux effais, curieusemant recer-
chés, raisonnés et observés, par M. Laur. Joubert,
médecin ordinaire du Roy. Item, la cause morale
du ris de Democrite, expliquée et temognée par
Hippocras. Plus un dialogue sur la cacographie
françoise, avec des annotacions sur l'orthographie,
de M. Joubert. *Paris, Nicolas Chesneau,* 1579,

in-8, portr. mar. bl. fil. coins ornés, tr. dor. (*Du
Seuil.*)

Bel exemplaire d'un livre rare.

202. Gedeonis Harvei Ars curandi morbos expec-
tatione; accessit liber de vanitatibus, dolis et
mendaciis medicorum..... *Amstelodami, juxta
exemplar Londinense,* 1695, in-12, frontisp. gravé,
mar. r. fil. tr. dor.

Joli exemplaire, aux armes du comte d'HOYM. Sur le titre, la signature du
duc de Valentinois.

203. Plusieurs Nouveaultez jouyeuses, profitables et
honnestes. *S. l. n. d.,* 4 feuillets. — Souverain
Remède contre l'épidémie bosse ou maulvais **aer**.
Composé de plusieurs grans docteurs et grans
clercs en médecine dedans Avignon ou temps que
la grant pestilence y estoit. *S. l. n. d.* (*Marque
d'Eng. et Geof. de Marnef sur le titre*), 4 feuillets, pet. in-8 goth., mar. r. fil. à froid, tr. dor.
(*H. Duru.*)

Deux pièces rares, non mentionnées dans le *Manuel du libraire.* La première est un recueil de recettes ou secrets dont quelques-uns sont des plus
divertissants, tels, par exemple, que la recette de faire paraître les yeux sans
tête, faire danser un anneau, faire p....., etc. le tout est *vérifié par Simon de
Milan.*
Exemplaires grands de marges et bien conservés.

204. Le Demosterion de Roch Le Baillif, Edelphe,
medecin spagiric, auquel sont contenuz trois cens
aphorismes latins et françois. *Rennes, Pierre le
Bret,* 1578, pet. in-4, avec une pl. et un tabl.
rel. en vél. fil. plats ornés. (*Rel. du temps.*)

Exemplaire de M. PARISON.
Livre rare et curieux, surtout à cause du traité qu'on y trouve pages 161-
190, et qui est intitulé : *Petit Traité de l'antiquité et singularités de Bretagne
armorique en laquelle se trouve bains curans la lepre, podagre, hydropisie,
paralisie, etc., par Roch le Baillif, Edelphe, medecin natif de Fallaize,*
1577.

205. Séance publique de la Faculté de médecine de
Paris, tenue le 9 décembre 1779 (plusieurs rap-
ports). *Paris, Quillau,* 1780, in-4, mar. r. fil.
coins fleurdelisés, tr. dor. (*Anc. rel.*)

Aux armes de la reine MARIE-ANTOINETTE.

206. De naturali Vinorum historia, de Vinis Italiæ et de conviviis antiquorum libri septem Andreæ Baccii..... *Romæ, ex officina Mutii,* 1596, in-fol. titre gravé, mar. fil. tr. dor. (*Anc. rel.*)

Ouvrage rare et recherché. Exemplaire de Patu de Mello (n° 908 de son catalogue.)

207. Joan. Henrici Meibomii de cervisiis potibusque et ebriaminibus extra vinum aliis Commentarius; accedit Adr. Turnebi libellus de Vino. *Helmestadii, Joh. Heitmullerus,* 1668, in-4, mar. r. fil.

Bel exemplaire aux armes et au chiffre de J.-B. COLBERT.

IV. SCIENCES MATHÉMATIQUES.

1. *Mécanique, astronomie.*

209. Le Diverse et artificiose Machine del Capitano Agostino Ramelli dal Ponte della Tresia, ingegniero del christianissimo Re di Francia et di Pollonia. *A Parigi,* 1588, in-fol. portr. et nomb. fig., mar. r. fil. tr. dor.

Ouvrage curieux écrit en italien et en français.
Superbe exemplaire, aux secondes armes et au chiffre de J.-A. de THOU.

210. Éléments d'astronomie, par M. Cassini. *Paris, Impr. royale,* 1740, in-4, fig. mar. r. fil. dos orné, tr. dor.

211. Tables astronomiques du soleil, de la lune, des planètes, des étoiles fixes,... etc... par le même. *Paris, Impr. royale,* 1740, in-4, mar. r. fil. orné, tr. dor. (*Anc. rel.*)

Ce volume et le précédent sont aux armes du chancelier d'AGUESSEAU.

212. Cométographie, ou Traité historique et théorique des Comètes, par M. Pingré. *Paris, Imprimerie royale,* 1783, 2 vol. in-4, planches, mar. rouge, fil. dos orné. (*Anc. rel.*)

213. CY EST LE COMPOST ET KALENDRIER DES BERGIERS nouvellement refait et autrement compose que nestoit paravant, ou quel sont adjoustez plusieurs nouvelletes comme ceux qui le verront pourront cognoistre. Et enseigne les jours, heures et minutes des lunes nouvelles et des eclipses de souleil et de lune, la science salutaire des bergiers que chacun doit savoir..... (A la fin :) *Finit le Compost et Kalendrier des Bergiers, imprime a Paris par Guiot Marchant, demourant au Champ Gaillard... lan M. cccc. iiii xx et xiii le XVIIIe jour Davril....* petit in-fol. goth., fig. sur bois, mar. bl. fil. tr. dor. armes. (*Trautz-Bauzonnet.*)

Édition la plus ancienne, et de la plus grande rareté, de cet ouvrage curieux, remarquable par le nombre et la beauté des figures sur bois.
Superbe exemplaire, grand de marges et bien conservé.

214. Compost et manuel Kalendrier, par lequel toutes personnes peuvent facilement apprendre et sçavoir les cours du soleil et de la lune, et semblablement les festes fixes et mobiles que lon doibt celebrer en l'Eglise de Lengres,.... compose par Thoinot Arbeau. *Imprime a Lengres par Jehan des Preyz,* 1582, pet. in-4 goth., fig. sur bois, rel. en mouton v.

Livre rare dont l'auteur est Jean Tabourot, l'oncle d'Etienne Tabourot, seigneur des Accords, et auteur de l'*Orchesographie* (voir le n° 283). C'est une instruction en forme de dialogue entre le maître et l'enfant.
On lit sur les feuillets de garde un quatrain en vers français plus que légers, qui paraît être de la main de J. Tabourot, ainsi que la mention suivante placée au-dessous : *Hunc libellum dono dedi nepoti meo melletiss. Benigno Milletot, senatori regio parlamento Divionensi,* 1586, 4 *Kalendas Julias.*
Cet exemplaire porte la signature de B. Milletot, conseiller au parlement de Dijon, mort en 1622, et celle de Papillon, auteur de la *Bibliothèque de Bourgogne.*

215. Les Canons et documens tres amples, touchant lusaige et practique des communs Almanachz, que l'on nomme Ephemerides. Briefve et isagogique introduction, sur la judiciaire astrologie : pour sçavoir prognostiquer des choses advenir, par le moyen des dictes ephemerides.... *Imprimez a Paris par Simon de Colines,* 1543, in-8, mar. r. fil. dos orné, tr. dor. (*Duru et Chambolle.*)

Très-bel exemplaire, grand de marges.
Pièce rare, non indiquée dans le *Manuel du libraire.*

216. Traité des horloges marines, contenant la théorie, la construction, la main-d'œuvre de ces machines, et la manière de les éprouver,.... par M. Ferdinand Berthoud. *Paris, J.-B.-G. Musier,* 1773, in-4, nombr. pl. dessinées par Goussier, grav. par Choffard, mar. r. fil. tr. dor. (*Derome.*)

Très-bel exemplaire aux armes de l'abbé TERRAY.

2. *Art militaire.*

217. Histoire de la guerre, avec des réflexions sur l'origine et les progrès de cet art, par M. Beneton de Morange de Perrin. *Paris, Le Mercier et Boudet,* 1741, in-12, v. f. fil. dos orné, tr. dor. armes. (*Duru.*)

218. LA MILICE DES GRECS et Romains, traduite en françois du grec d'Ælian et de Polybe, par Louis de Machault, Sr de Romaincourt. *Paris, Hierosme Drouart,* 1615, in-fol. titre gravé et nombr. fig. gr. par J. Isac, plats et dos semés de L couronnés et de fleurs de lis, tr. dor.

Superbe exemplaire de dédicace au roi LOUIS XIII.

219. LES RUSES ET CAUTELLES DE GUERRE. *S. l. (Paris), Jehan Petit, s. d.* (1514), in-8, goth. marque de Jehan Petit sur le titre, mar. r. compart. tr. dor. (*Rel. anc. avec armoiries.*)

Exemplaire imprimé sur VÉLIN. Il n'est point indiqué dans le catalogue des livres imprimés sur vélin de Van Praet.

L'ouvrage commence par une dédicace à *très-illustre prince M. le duc de Bourbon et d'Aulvergnie, par Remy Rousseau, humble et petit orateur.* Remy Rousseau y dit « qu'il a voulu divulguer par impression ce présent livre intitulé les Ruses et Cautelles de guerre, en partie prinses et excerptées de Sexte Jule Frontin par noble homme Émery de Saincte-Rose, lesquelles jay conferées, ajoute-t-il, avec plusieurs hystoriographes... davantaige ay traduict et adjousté des meilleurs stratagemes de guerre que jay peu eslire de plusieurs hystoires... »

220. Le Guidon des gens de guerre, ou quel est contenu l'art de sçavoir mener et conduyre gens de cheval et de pied, assieger villes, les assaillir et deffendre, faire rampars, bastillons, tranchées, batailles, bataillons.... etc., faict et composé par Michel d'Amboyse, escuyer, seigneur de Chevillon, dit l'Esclave Fortuné. *On les vend à Paris.... en la boutique de Galliot du Pré,* 1543, pet. in-8, lettres rondes, mar. bl. fil. dos orné, tr. dor. (*Trautz-Bauzonnet.*)

Exemplaire grand de marges.
Livre très-rare, non mentionné dans le *Manuel du libraire.*

221. Le Guidon des capitaines, utile et nécessaire à toutes personnes, et principalement à ceux qui suivent l'art militaire (en vers). *Rouen, Claude Le Villain,* 1617, pet. in-12, v. f. (*Rel. anc.*)

Après ce traité se trouvent les suivants, ayant chacun un titre séparé : Traité ou instruction pour tirer des armes, de l'excellent scrimeur Hier. Calvacabo, Bolognois... traduit d'italien par le sieur de Villamont. *Rouen, Cl. Le Villain,* 1617. — DISCOURS EXCELLENT DE LA CHASSE pour facilement prendre toute sorte de gibier et oyseaux, etc., par le sieur de Strosse. *Rouen, Cl. Le Villain,* 1617. — *Alphabet de l'art militaire de Jean Montgeon, sieur du Haut-Puy de Fleac, Angoumoisin. Rouen, Ch. Le Villain,* 1617.

222. Traicté de l'exercice militaire, où est l'instruction des jeux de toutes sortes d'armes, et celuy du drapeau,... composé et enseigné par le capitaine Colombon, commissaire de l'artillerie. *Lyon, Pierre Anard,* 1650, in-8, portr. et 14 fig. à l'eau-forte, mar. rouge, tr. dor. (*Chambolle.*)

On trouve à la fin : *Les 29 règles générales pour la guerre, contenues au XXVI° chapitre de Flavius, en distiques et quatrains françois, par P. Chenu, advocat à Bourges.*

223. Exercice de l'infanterie françoise, ordonné par le Roy le VI May M. DCC. LV. dessiné d'après nature par S. R. Baudouin, colonel d'infanterie et lieutenant de grenadiers au regiment des gardes françoises. *S. l.* (*Paris*), 1757, in-fol. 63 planches, mar. r. dent. tr. dor. (*Rel. anc.*)

Les 63 planches ont été dessinées et gravées par l'auteur.

224. Invention nouvelle des esperviers et globes de guerre. Du grand chiffre indechiffrable et d'une saliere qui ne verse point. Plus quatre vingts quatrains sententieux, servans de préceptes à l'utilité d'un chacun. Cent vers dediez aux petites filles

legères et d'autres choses.... par le sieur Ezan-
ville, premier homme de chambre de Mgr le duc
d'Elbeuf. *Paris, Nicolas de Montrœil,* 1610, pet.
in-12, v. f.

Petit livre singulier et très-rare, provenant de la bibliothèque de M. Leber.

225. Plusieurs Pièces et ornements d'arquebuzerie
le plus nouvellement inventées et tirées des premiers maistres de l'Europe, par D. de la Feuille.
Amsterdam, 1693, in-4 obl. demi-rel. dos et
coins de mar.

8 planches très-bien gravées.

226. Nouvelle Méthode de fortifier les plus grandes
villes, et avec peu de dépense les rendre incom-
parablement plus fortes que par aucune des mé-
thodes pratiquées jusqu'à présent; suivie de dissertations sur la machine de Marly, sur les pompes
du Pont Notre-Dame et de la Samaritaine, etc.,
par M. de la Jonchère. *Paris, Florentin Delaulne,*
1718, avec plans. — Lettre de l'auteur.... à
M^r de *** sur les sentimens publics de son livre.
Paris, Fl. Delaulne, 1718, pet. in-8, mar. r. fil. tr.
dor. doublé de papier doré à fleurs. (*Anc. rel.*)

Exemplaire aux armes du maréchal duc d'Estrées, vice-amiral et célèbre
amateur de livres.

V. SCIENCES OCCULTES.

*Magie; démonomanie; sortiléges; divination; alchi-
mie; astrologie.*

227. L'Histoire des imaginations extravagantes de
Monsieur Oufle, causées par la lecture des livres
qui traitent de la magie, du grimoire, des démo-
niaques, des sorciers... etc... (par l'abbé Bordelon). *Paris, Nic. Gosselin,* 1710, 2 vol. in-12,
fig. grav. par Crespy, v. m.

Exemplaire du chancelier de Pontchartrain, avec ses armes, sur papier,
collées à l'intérieur.

228. Discours et histoires des spectres, visions et apparitions des esprits, anges, demons, et ames, se montrans visibles aux hommes, divisez en huit livres…. Aussi est traicté des extases et ravissemens, de l'essence, nature et origine des ames… etc., par Pierre Le Loyer, Angevin. *Paris, Nicolas Buon*, 1605, in-4, mar. r. fil. tr. dor. (*Anc. rel. à la Du Seuil.*)

Bel exemplaire.

229. De la Demonomanie des sorciers,… par J. Bodin, Angevin. *Paris, Jacques du Puys*, 1582, in-4, vél. fil. tr. dor.

Superbe exemplaire, grand de marges, aux premières armes de J.-Aug. de Thou. Ce livre est dédié au président Christophe de Thou, père de J.-Auguste.

230. De l'Imposture et tromperie des diables, devins, enchanteurs, sorciers, noueurs d'esguillettes,…. et autres qui par telle invocation diabolique, ars magiques et superstitions abusent le peuple, par Pierre Massé, du Mans. *Paris, Jean Poupy*, 1579, in-8, mar. r. compart. à la Du Seuil, dos à petits fers, tr. dor. (*Rel. anc.*)

Livre rare. — Quelques feuillets sont rognés de près sur la marge de devant.

231. Les Manières admirables pour découvrir toutes sortes de crimes et sortiléges, avec l'instruction solide pour bien juger un procez criminel; ensemble l'espèce des crimes, et la punition d'iceux, suivant les loix, ordonnances, canons et décretz, par le sieur Bouvet, prévost général des armées du Roy. *Paris, Jean de La Caille*, 1659, in-8, mar. r. compart. à la Du Seuil, tr. dor. (*Rel. anc.*)

232. Histoire autant véritable que merveilleuse de l'apparition de deux Anges en Silésie, province d'Allemagne, près de la cité de Droppe, dez le 12 d'avril, jusques au 15, l'an 1593, qui après avoir exhorté le peuple à une saincte conversion et vraye pénitence, ont prédit plusieurs choses à venir dez la dite année 1593, jusques à l'an 1600.

Publiée premièrement par Jean de Bohême, et imprimée à Prague, par Jean Schneider, 1593, et traduite d'allemand en françois. *Lyon, pour Benoist Rigaud,* 1594, in-8. — Discours véritable de l'exécution faicte de cinquante, tant sorciers que sorcières, exécutez en la ville de Doué. *Paris, Jullian Pillon, jouxte la copie imprimée à Mont-en-Henault,* 1606, in-8. — Discours miraculeux, très-admirable, prodigieux et véritable, d'un de la religion prétendue, de la Coste Sainct-André en Dauphiné, lequel, pour avoir blasphémé contre le sainct sacrement, a esté misérablement mangé des rats, avec l'attestation du R. P. Gardien des religieux Sainte-Colombe..... *Chamberi, pour Guillaume Brossart,* 1620, in-12. — Le tout en un vol. mar. bl. fil. à froid, tr. dor. (*Kœhler.*)

Pièces rares.

233. Discours prodigieux et espouvantable, de trois Espagnols et une Espagnolle, magiciens et sorciers, qui se faisoient porter par les diables de ville en ville, avec leurs déclarations d'avoir fait mourir plusieurs personnes et bestail par leurs sorciléges, et aussi d'avoir fait plusieurs dégâts aux biens de la terre; ensemble l'arrest prononcé contre eux par la Cour de Parlement de Bourdéaux, 1610. *A Paris, jouxte la coppie imprimée à Bourdeaux,* pet. in-8 de 4 feuillets, v. f. fil. tr. dor. (*Kœhler.*)

234. Histoire prodigieuse et lamentable de Jean Fauste, grand et horrible enchanteur, avec sa mort espouventable (traduite de l'allemand par Palma-Cayet). *Rouen, Clement Malassis,* 1667, pet. in-12, vél.

C'est la traduction d'un livre populaire allemand publié en 1587.
Edition rare. Le volume porte ces deux estampilles : *Bibliothèque du Prytanée* et *Cabinet de l'empereur* (Napoléon Ier).

235. La Physionomie, ou des indices que la nature a mis au corps humain,... avec un Traité de la divination par les palpitations, et un autre par les

marques naturelles ; le tout traduit du grec d'Adamantius et de Mélampe, par Henry de Boyvin du Vavroüy, âgé de douze ans. *Paris, Toussainct du Bray*, 1635, in-8, mar. r. riches compart. à petits fers, tr. dor. ciselée et peinte en couleur. (*Reliure de Le Gascon.*)

Exemplaire en grand papier, aux armes du cardinal de RICHELIEU, à qui ce livre a été dédié.
La reliure, assez bien conservée, a été un peu restaurée.

236. La Géomance abrégée de Jean de la Taille pour sçavoir les choses passées et présentes, ensemble le Blason des pierres précieuses. *Paris, Lucas Breyer*, 1574, in-4, portr. de la Taille, vélin.

Le *Blason des pierres précieuses* est un mélange de prose et de vers. On y trouve le *Blason de la Marguerite*, dédié à Marguerite, reine de Navarre.

237. L'Art et Science de trouver les eaux et fontaines cachées soubs terre, autrement que par les moyens vulgaires des agriculteurs et architectes, par Jacques Besson Dauphinois. *Orléans, par Eloy Gibier*, 1569, in-4, vél., fil.

Bel exemplaire aux premières armes de J.-A. de THOU.. Il a fait partie de la bibliothèque de Patu de Mello.

238. ATALANTA FUGIENS, hoc est, emblemata nova de secretis naturæ chymica,... authore Michaele Majero. *Oppeinheimii, ex typog. Hieronymi Galleri, sumpt. Theod. de Bry*, 1618, pet. in-4, titre gravé et fig., mar. citr. fil. tr. dor. (*Boyet.*)

Livre singulier, recherché pour les 50 gravures en taille-douce qui le décorent.
Bel exemplaire du comte d'HOYM et à ses armes. Il avait été auparavant chez DU FAY.

239. Briefve et succincte Declaration, que signifie le soleil parmy les signes, à la nativité de l'enfant. Composé par maistre Antoine Guillermin, natif de Rhodes, et professeur en médecine. *Lyon, prins sur la copie de Benoist Chaussard*, 1580, pet. in-8 de 16 pages, mar. br. tr. dor. (*Chambolle.*)

Pièce rare. Ce petit traité avait déjà paru à la suite d'un almanach de 1546, que l'on a attribué à Rabelais.

240. Les Vrayes Centuries et Prophéties de maistre
Michel Nostradamus, reveües et corrigées .... avec
la vie de l'autheur. *Amsterdam, Jean Jansson à
Waesberge,* 1668, pet. in-12, titre gravé, vél.

Joli exemplaire, grand de marges, 131 mill.

241. Horoscope d'Angélique - Adélaïde - Sophie de
Mailly, depuis l'année 1758, jusqu'en 18... Extrait
de Nostrodamus (*sic*). (A la fin :) *Ici fini Nostrodamus* (*sic*). S. l. ni d., pet. in-8, mar. vert. tr.
dor. (*Chambolle-Duru.*)

Ce livre est tout blanc ; il n'y a d'imprimé que le titre et, sur le deuxième
feuillet, ce qui suit : *Première partie, qui, pour être la plus courte, n'en est
pas la moins intéressante, contenant ce qu'il y a de plus remarquable depuis
1757 jusqu'en 1758.* Il y a en outre en haut et en bas de chaque page les
mots : *Suite et Tournez.*

C'est probablement une plaisanterie faite à propos du mariage d'Angélique-
Ad.-Sophie de Mailly avec Claude-Antoine de Beziade, marquis d'Avaray
(né en 1740). Ce mariage eut lieu le 5 avril 1758. C'est ce même marquis
d'Avaray qui fut l'ami de Louis XVIII et fut créé duc en 1799 et pair de
France en 1815.

VI. BEAUX-ARTS.

242. Dictionnaire des monogrammes, chiffres, lettres
initiales, logogryphes, rébus, etc..., sous lesquels
les plus célèbres peintres, graveurs et dessinateurs ont dessiné leurs noms. Traduit de l'allemand de M. Christ (par Sellius). *Paris, Séb. Jorry,*
1750, in-8, planches, mar. r. fil. dos orné, tr.
dor. (*Rel. anc.*)

Exemplaire de dédicace au marquis de Voyer d'Argenson, avec ses armes
sur papier collées à l'intérieur, et cette mention manuscrite sur le titre : *ex
dono authoris.*

242 *bis*. Recueil d'emblèmes, devises, médailles....,
accompagnés de plus de 2000 chiffres fleuronnés
par le Sr Verrien, M^e graveur. *Paris, Jombert,* 1696,
in-8, mar. r. tr. dor. (*Duru-Chambolle.*)

243. RECUEIL DE 35 DESSINS représentant les travaux
de la mine d'argent de Saint-Nicolas, en Lorraine, la vie des mineurs et tout ce qui se rat-

tache à leur profession. In-fol., demi-rel. mar. bl.
(*Chambolle.*)

Ms. du XVIe siècle. Recueil très-curieux. Les dessins sont habilement exécutés à la plume et teintés. Sur chaque planche se trouve l'explication en français en caractères gothiques.

244. DESSINS DE FRANÇOIS BOUCHER pour les OEuvres de Molière. On y a joint la suite des eaux-fortes et des gravures faites sur les dessins pour l'édition de Paris, 1734, in-4; le tout provenant des cabinets de Paignon-Dijonval, Morel-Vindé et de Soleinne. *Paris, pour M. Jérôme Pichon,* gr. in-4, mar. r., compart. à la Derome, dos orné, tr. dor. (*Niedrée.*)

Recueil précieux contenant les 32 DESSINS ORIGINAUX DE BOUCHER et un dessin de cul-de-lampe. Ces dessins, où se retrouvent à un aussi haut degré que dans aucune des autres compositions de cet artiste, toute la grâce et tout le charme qui caractérisent son talent, sont accompagnés des gravures des mêmes figures dues au burin de Laurent Cars et de Joullain, premières épreuves, avec la suite complète des eaux-fortes. Les dessins et les gravures sont placés dans des encadrements en couleur. Au portrait de Molière, d'après Coypel, appartenant à l'édition, on a ajouté le rare portrait du même, peint par Mignard et gravé par Nolin, épreuve avant la lettre.

Le titre indiqué ci-dessus est imprimé. Au milieu sont peintes les armes du propriétaire.

245. Explication des tableaux de la Galerie de Versailles et de ses deux salons (par Rainssant, garde des médailles). *Versailles, François Muguet,* 1687, in-4, gr. pap., vign., fleurons et culs-de-lampe, gravés par Séb. Le Clerc, d'après Lebrun, mar. r. fil. tr. dor. (*Rel. anc.*)

Aux armes de France.

246. Catalogue de livres d'estampes et de figures en taille-douce, avec un dénombrement des pièces qui y sont contenuës; fait à Paris, en l'année 1672, par M. de Marolles, abbé de Villeloin. *Paris, Jac. Langlois,* 1672, pet. in-12, fig., mar. r. jansén. dent. intér. tr. dor. (*Trautz-Bauzonnet.*)

Catalogue de la plus grande rareté.

247. Imagines mortis, his accesserunt epigrammata è gallico idiomate a Georgio Æmilio in latinum translata. *Coloniæ, apud hæredes Arnoldi Birk-*

manni, 1567, pet. in-8, fig. sur bois d'après Hol-
bein, mar. br. jans. tr. dor. (*Chambolle*.)

248. Omnium fere gentium, nostræque ætatis natio-
num habitus, et effigies. In eosdem Joannis Slu-
perii Herzelensis epigrammata. *Antuerpiæ, apud
Joan. Bellerum,* 1572, pet. in-8, nombr. fig.; mar.
rouge, tr. dor. (*Chambolle*.)

- Livre curieux, contenant 121 jolies figures sur bois ayant chacune un quatrain en français, au-dessous des vers latins placés en face des figures.

249. OEuvre d'Estienne de la Belle (Stephano della
Bella). 3 vol. in-fol., mar. r. tr. dor.

Ce recueil se compose de 700 pièces environ de divers formats attachées
sur des feuilles de papier blanc in-folio. Les épreuves en sont généralement
très-bonnes. Le portrait de La Belle, d'après Stocade, est placé en tête.

250. Het menselik Bedryf.... Les Occupations hu-
maines contenues en 100 planches, représentant
les arts, les métiers, etc. (grav. par J. et G. Luy-
ken). *Amst., Jean et Caspar Luiken,* 1694, in-4,
vél.

- Chaque planche est accompagnée de six vers hollandais.

251. Diverses Inventions nouvelles de décorations,
ornements et galanteries...dessinées par Frédéric-
Jacob Morisson, gravées par J.-A Pfeffel, graveur
de la cour impériale à Vienne (titre en allemand).
S. l. ni d. in-4 obl. d.-rel. v. ant.

8 planches gravées avec beaucoup de finesse, représentant divers objets
de bijouterie, d'orfévrerie, des pendules, etc.

252. Tableaux historiques où sont gravez les illustres François et étrangers de l'un et l'autre sexe,
remarquables par leur naissance, leur fortune,
doctrine, charges et emplois, avec leurs noms et
leurs qualitez... et leurs armes blazonnées, par
Pierre David, graveur ordinaire du roi. *Paris,
Daret,* 1654, in-4, v. m. (*Rel. anc.*)

Recueil de 346 portraits publiés par P. Daret, L. Boissevin et Moncornet.
Bonnes épreuves.

253. Recueil de portraits et de costumes de l'é-
poque de Louis XIV, publiés sous le titre de Mès-

sieurs à la Mode : Mesdames à la mode. 2 vol. in-fol. mar. rouge, filets. (*Boyet.*)

Précieux recueil en vieille reliure, contenant 515 gravures, dont :
Portraits français du roi, des princes et autres, 109 pièces ; portraits étrangers, 18 ; costumes d'états ou professions diverses, 16 ; modes d'hommes, 86 ; modes de femmes, 108 ; gravures relatives aux mœurs, 47 ; figures allégoriques, 127 ; gravures de Michel Lasne, 4.
On remarque dans les portraits le duc de Bourgogne en maillot, par Gobert, et, dans les *Mœurs,* la planche 156 du volume de Mesdames.
La collection de ces gravures n'est complète nulle part, et nulle part on ne trouve de renseignements sur la manière dont elle se compose. Quoiqu'elle soit dite en général collection des Bonnart, on y remarque des gravures publiées par S.-Jean, Lepautre, les Bonnart, Arnoult, Deshaies, Valleran, Boissevin, Nolin, Aveline, Jollain, Trouvain, Mariette. — Les S.-Jean et les Lepautre remontent à 1675 et sont, *relativement* au peu qui en existe, nombreux ici. Les Arnoult sont souvent laids, mais curieux ; quelques-uns offrent des scènes où figurent plusieurs personnages. Les Trouvain et les Mariette sont peu nombreux dans ce recueil, et tous ceux qui s'y trouvent y sont ajoutés, car ils sont postérieurs à 1693, et les deux volumes paraissent avoir été reliés en 1691 ou 1692.

254. Album de Villard de Honnecourt, architecte du xiiie siècle, manuscrit publié en fac-simile, annoté, précédé de considérations sur la renaissance de l'art français au xixe siècle, et suivi d'un glossaire par J.-B.-A. Lassus. Mis au jour par Alfred Darcel. *Paris, Impr. impériale,* 1858, in-4, portr. de Lassus, nombr. planches mar. r. fil. dos orné, tr. dor. Armes. (*Closs.*)

255. Architecture françoise, ou Recueil des plans, élévations, coupes et profils, des églises, maisons royales, palais, hôtels et édifices les plus considérables de Paris, ainsi que des châteaux et maisons de plaisance situés aux environs de cette ville, ou en d'autres endroits de la France,... avec la description de ces édifices... etc., par Jacq.-Fr. Blondel. *Paris, Ch.-Ant. Jombert,* 1752-1756, 4 vol. gr. in-fol., mar. r. fil. dos orné, tr. dor. (*Rel. anc.*)

On trouve dans ce bel ouvrage les vues d'un grand nombre d'édifices qui sont aujourd'hui, ou entièrement détruits, ou tout à fait dénaturés. Il est ainsi divisé : I. Faubourg Saint Germain, 152 pl. — II. Luxembourg, Cité, faubourg Saint-Antoine et Marais, 148 pl. — III. Rues Saint-Denis, Mont-Martre, Saint-Honoré et Palais-Royal, 140 pl. — IV. Le Louvre, les Tuileries et le château de Versailles, 58 pl.
Superbe exemplaire en grand papier, provenant de Randon de Boisset.

256. Rigaud (Jean). Recueil des plus belles vues des palais, châteaux, maisons de plaisance, etc.... de Paris et ses environs. *Paris, l'auteur,* 1729-1752, in-fol. obl., sans titre, 101 planches, v. m.

130.

257. OEuvres de M. Le Febure, organiste de l'église royale de Saint-Louis en l'Isle. *Paris, Mme Boivin, s. d.,* 15 pièces en 1 vol. gr. in-4, titre, musique et texte (par M. Heurtaux), entièrement gravés, frontisp. par Robert, mar. v. fil. tr. dor. (*Anc. rel.*)

70.

VII. ARTS ET MÉTIERS DIVERS.

1. *Calligraphie.*

258. L'Art et science de la vraye proportion des lettres attiques ou antiques, autrement dictes romaines, selon le corps et visaige humain,... par maistre Geoffroy Tory de Bourges. *On les vend à Paris, par Vivant Gaultherot,* 1549, in-8, fig. mar. r. fil. dos orné, tr. dor. (*Rel. anc. de La Ferté.*)

66.

On a joint à cet exemplaire 77 alphabets manuscrits. « Les 77 alphabets manuscrits ajoutés sont ceux, je crois, que Thevet, auteur de la *Description de la bibliothèque du Vatican,* fit imprimer à Rouen. La plupart de ces alphabets sont imaginaires. » (*Note mss. à la fin du volume.*)
Exemplaire du duc de La Vallière.

259. L'Instruction de bien et parfaictement escrire, tailler la plume, et autres secrets pour se gouverner en l'art d'escriture, avec quatrains moraux... ensemble la description des premiers inventeurs de l'alphabet et caractère des lettres ; nouvellement reveu, corrigé et augmenté, par Jean le Moyne, escrivain. Avec la copie de plusieurs lettres missives au roy Françoys premier, à la royne Eleonore.... *Paris, Barbe Regnault, s. d.,* in-16, mar. r. fil. dos orné, tr. dor. (*Bauzonnet-Trautz.*)

155.

Cette instruction est écrite en vers. J. Le Moyne était un des maîtres écrivains les plus renommés de son temps.
A la fin se trouve le petit traité d'Etienne Dolet : *La forme et manière de*

la punctuation et accents de la langue françoise. Paris, pour Barbe Regnault, 1560.

Exemplaire de Ch. NODIER.

260. Alphabet de l'invention et utilité des letres, et karacteres en diverses escritures, par P. Hamond, maistre de la Plume d'or, à Paris, secretaire de la chambre du roy. Reveu, corrigé et de nouveau augmenté par luy-mesmes. *Lyon, pour Loys Cloquemin,* 1580, pet. in-4 obl., mar. r. fil. dos orné, tr. dor. *(Chambolle-Duru.)*

M. Brunet ne cite pas cette édition.

Pierre Hamond, natif de Blois, et l'un des plus renommés calligraphes de son temps, avait été maître à écrire de Charles IX. La Croix du Maine dit qu'il fut condamné à étre pendu et qu'il fut exécuté en place de Grève le 7 mars 1569. Suivant Dom Liron (Bibl. chartraine), Hamon fut pendu comme faussaire, et d'après l'*Histoire des Martyrs du calvinisme,* page 709, citée par Le Clerc, dans ses Remarques sur Moréri, ce serait pour cause de religion. Hamon était huguenot.

La date de la mort de Hamond, en 1569, ne s'accorde pas avec le titre de notre livre, dont l'édition, publiée en 1580, est annoncée comme ayant été de nouveau augmentée par l'auteur.

Avec l'*Alphabet* de P. Hamond sont reliés les deux traités suivants, non moins rares : *Exemplaire pour bien et proprement escrire la langue françoise, contenant plusieurs sentences morales de divers autheurs. Paris, Nicolas Bonfons, s. d.* — Alphabet et invention de l'utilité des lettres et divers karactères de lettre italique. *Paris, veuve Rob. Micard,* 1602. Le second traité est resté inconnu à M. Brunet, qui n'indique pas notre édition du premier.

261. Panchrestographie, par J. de Beaugrand, escrivain du Roy. *S. l.,* 1597, in-4 obl., v. f. fil. dos orné, tr. dor. *(Kœhler.)*

Recueil de modèles de différentes sortes d'écritures, contenant 46 planches gravées par Gaultier et par P. Firens, et 6 feuillets imprimés, pour les épitres au roi, à la reine, au dauphin, l'avis au lecteur et les explications. M. Brunet indique 54 planches gravées et 5 feuillets imprimés seulement. (Voir le *Manuel du libraire,* tome I, col. 716.)

Bel exemplaire, grand de marges.

262. La Technographie ou briefve méthode pour parvenir à la parfaitte connoissance de l'écritture françoyse, de l'invention de Guillaume Le Gangneur. *S. l. (Paris),* 1599. — La Rizographie, ou les sources, éléments, et perfeccions de l'ecriture italiene, par le même. *S. l. n. d.* (1599). — La Caligraphie ou belle écriture de la lettre grecque, par le même. *S. l. n. d. (Paris,* 1599); 3 part. en

1 vol. in-4 obl., frontisp. gravés et portr., mar. r.
tr. dor. (*Chambolle.*)

Recueil de nombreux modèles de différentes sortes d'écritures, gravés, ainsi que les trois titres, par S. Frisius. — La première partie renferme 45 planches, la seconde 31, et la troisième 7. Il est difficile de réunir les trois parties.

Bel exemplaire.

Voir le n° 584, sous lequel se trouve un charmant manuscrit des quatrains de Pybrac, exécuté par Le Gangneur.

2. *Travaux à l'aiguille; métiers divers; art culinaire.*

263. (Recueil de patrons de lingerie et de broderie.)

> Ce livre est plaisant et utile
> A gens qui besongnent de leguille
> Pour comprendre legerement
> Damoyselle bourgoyse ou fille
> Femmes qui ont lesperit agille
> Ne scauroient fallir nullement
> Corrige est nouvellement
> Dung honneste homme par bon zelle
> Son nom est Dominicque Celle
> Qui a tous lecteurs shumilye
> Domicille a en Italie
> En Thoulouse a prins sa naissance
> Mise il a son intelligence,
> A lamander subtillement
> Taille il est totallement
> Par Jehan Coste de rue merciere
> A Lyon et consequemment
> Quatre vingtz fassons a vrayement
> Tous de differente maniere.

Sans date, in-4, mar. br. jans. dent. int. tr. dor. (*Trautz-Bauzonnet.*)

Livre de toute rareté, non mentionné par M. Brunet. Le titre indiqué ci-dessus est dans un encadrement. Au verso on lit un avis au lecteur imprimé en gothique; suivent 27 feuillets contenant 54 planches de patrons de lingerie et de broderie.

On remarque dans ce volume quelques planches d'une justification plus petite et d'un papier moins épais que les autres. Peut-être appartiennent-elles à un autre livre, que d'ailleurs nous ne connaissons pas, et qu'elles ont été ajoutées à celui-ci pour le compléter.

264. LES SINGULIERS ET NOUVEAUX POURTRAICTS du seigneur Federic de Vinciolo, Venitien, pour toutes sortes d'ouvrages de lingerie. De rechef et pour la troisiesme fois augmentez, outre le reseau premier et le point couppé et lacis, de plusieurs beaux et différens pourtraits de reseau, de point compté, etc. *Paris, pour Jean Le Clerc,* 1612, 2 part. en 1 vol. in-4, mar. bl. jansén. dent. intér. tr. dor. (*Chambolle-Duru.*)

Ouvrage rare, l'un des plus curieux et des plus riches de ce genre.

265. Les Secondes OEuvres, et subtiles inventions de lingerie du seigneur Federic de Vinciolo, Venitien, nouvellement augmentées de plusieurs carrez de point de rebord. *Paris, par Jean Le Clerc,* 1613, in-4, mar. bl. jans. dent. inter. tr. dor. (*Chambolle-Duru.*)

Édition la plus complète de ces secondes œuvres. Bel exemplaire.

266. LA PRATIQUE DE L'AIGUILLE INDUSTRIEUSE du tres excellent milour Matthias Mignerak Anglois,... où sont tracez divers compartimens de carrez, tous dfférans en grandeur et invention, avec les plus exquises bordures, desseins et ordonnances qui se soient veuz jusqu'à ce jourd'huy, tant poetiques, historiques, qu'autres ouvrages de poinct de rebord ; ensemble les nouvelles invencions françoises, pour ce qui est de devotion et contemplation. *Paris, par Jehan Le Clerc,* 1605, in-4, mar. bl. jansén. dent. intér. tr. dor. (*Chambolle-Duru.*)

Superbe exemplaire d'un des livres les plus rares de cette série.

267. Discours traittant de l'antiquité, utilité, excellences et prérogatives de la pelleterie et fourrure, avec plusieurs remarques curieuses, et considérations morales (par Charrier). *Paris, P. Billaine,* 1634, pet. in-8, mar. br. tr. dor. (*Chambolle.*)
Petit livre rare.

268. Premier Livre de pierreries pour la parure des dames, par Mondon, inventé et gravé par lui-même. *Paris, Claude Duflos, s. d.* titre gravé et 6 pl. — Tables cabalistiques arithmétiques par le moyen desquelles, quelque demande qu'on puisse faire sur l'avenir, on trouve toujours une réponse suivie, et qui a rapport à la question proposée, par M. M.-A. E***. *Paris*, 1742, 8 ff. — En 1 vol. pet. in-4 obl. d.-rel. mar. bl.

269. L'Art de la coëffure des dames françoises, avec des estampes, où sont représentées les têtes coëffées, gravées sur les dessins originaux de mes accommodages, avec le traité en abrégé d'entretenir et conserver les cheveux naturels, par le sieur Legros, coëffeur des dames. *Paris, Ant. Boudet,* 1768, pet. in-4, v. éc. fil. tr. dor. (*Rel. anc.*)

Livre curieux, contenant 38 planches coloriées, représentant 38 sortes de coiffures dans le goût du temps et de l'invention de l'auteur. Le texte n'est pas moins singulier.

Legros dit « qu'il ne tient point son art de la science des hommes, mais de la grâce du grand Être suprême; qu'après neuf années de travail, l'expérience et les épreuves qu'il a faites l'ont mis à même de connaître à fond l'art de la coiffure, qui est très-difficile à savoir; qu'il est le seul dans le monde qui ait poussé la coiffure des dames à son dernier degré, et qu'il lui est bien permis de se dire le premier des artistes dans son genre. »

270. Traité de la reliure des livres (par de Gauffecourt). *S. l. n. d.* (vers 1760), in-8, mar. v. fil. à froid, tr. dor. (*Duru.*)

Imprimé par l'auteur lui-même dans sa maison de campagne, à Montbrillaut, près de Genève, et tiré à 25 exemplaires, dit-on, et seulement à 12, suivant une note écrite sur le livre.

On y a joint une note autographe du relieur Lesné, l'auteur du poëme de la Reliure, sur l'ouvrage, dont il ne fait pas une appréciation avantageuse.

271. (TAILLEVANT.) Ci apres sensuyt le viandier pour appareiller toutes manieres de viandes que Taillevant queulx du roy nostre sire fist tant pour abiller et appareiller boully, rousty, poissons de mer et deaue doulce : saulces espices et aultres choses a ce convenables et necessaires comme cy apres sera dit... *Cy finist le livre de cuysine nommé Tayllevant, lequel traicte de plusieurs choses*

appartenant a cuysine. S. l. n. d., in-4 goth. sign.
Aij à Eiij, mar. bl. fil. à froid, doublé de mar. r.
dent. tr. dor. (*Bauzonnet-Trautz.*)

Édition précieuse, imprimée vers 1490, et probablement la première de ce livre.

Bel exemplaire, grand de marges, provenant des bibliothèques Baron et Huzard. M. Brunet dit (*Man. du libr.* V, col. 646) qu'il y manque le premier feuillet, qui, ajoute-t-il, est peut-être tout blanc. En effet, ayant possédé un exemplaire de cette édition, j'ai pu constater, le livre étant dérelié, que le premier feuillet, tenant au huitième, son correspondant, était tout blanc.

Il y a entre les deux exemplaires, qui sont certainement de la même édition, une variante singulière : le premier mot de la dernière ligne de l'*explicit* est écrit dans l'un *appartenantes* au lieu d'*appartenant*, qui se trouve dans l'autre. C'est une correction faite sans doute pendant le tirage.

Guillaume Tirel, dit Taillevent, fut sergent d'armes de Philippe de Valois, queux du roi Jean, écuyer de cuisine sous Charles V et Charles VI. M. le baron J. Pichon a trouvé son nom véritable et découvert son tombeau à Hennemont, près Saint-Germain-en-Laye.

272. TAILLEVENT grant cuisinyer du Roy de France. *Cy fine le livre de cuysine nomme Taillevent nouvellement imprime a Paris par Guillaume Nyverd, s. d.* Pet. in-8 goth. fig. en bois sur le titre et marque de Guill. Nyverd au verso du dernier f. mar. v. dent. tr. dor. (*Jolie reliure de Mouillié.*)

Édition rare et très-joli exemplaire de la bibliothèque de M. Bourdillon (n° 46 du catal. de 1830).

273. LIVRE DE CUYSINE tres utile et prouffitable contenant en soy la maniere d'habiller toutes viandes, avec la maniere de servir es bancquetz et festins, le tout reveu et corrige oultre la premiere impression, par le grant escuyer de cuysine. *On les vend a Paris en la rue neufve nostre Dame, a lenseigne sainct Nicolas (marque de P. Sergent, après la table et avant le texte).* Pet. in-8 goth., fig. sur bois; sur le titre la figure de l'écuyer tranchant, mar. bl. riche dent. aux oiseaux, doublé de mar. r. même dent., dos orné, tr. dor. *Trautz-Bauzonnet.*)

Édition très-rare dont M. Brunet ne parle pas. Il cite de ce livre, à l'article *Taillevant* (*Man.* V, col. 648), une édition donnée à Lyon par Ol. Arnoullet en 1543. Celle-ci est certainement antérieure.

L'exemplaire est très-beau et très-grand de marges.

274. Le Grand Cuisinier de toute cuisine : tres utile et prouffitable, contenant la maniere dhabiller toutes viandes tant chair que poisson, et de servir es banquetz et festes, avec un memoire pour fâire un escriteau pour un banquet; composé par plusieurs cuisiniers, reveu et corrigé par Pierre Pidoulx. *A Paris, pour Jehan Bonfons, s. d.* — *Cy fine la fleur de toute cuysine nouvellement imprime à Paris, pour Jehan Bonfons, s. d.* Pet. in-8, de 91 ff. goth., fig. en bois sur le titre, mar. r. dent. doublé de mar. r. même dent. tr. dor. (*Trautz-Bauzonnet.*)

Livre fort rare. M. Brunet, au mot *Pidoux,* indique la *Fleur de toute cuysine,* qui paraît être le même ouvrage que celui-ci, mais il ne parle pas de notre édition.

Ce traité est, quand au fond, le même que le précédent. Il y a seulement des modifications. L'ouvrage, comme le Taillevent, date du XIVe siècle. (*Voir le Ménagier de Paris.*)

Exemplaire grand de marges, provenant de la vente Saint-Albin (1850), et orné depuis d'une très-belle reliure de Trautz-Bauzonnet.

275. Traicté de la nature des viandes, et du boire, avec leurs vertus, vices, remèdes et histoires naturelles,... de l'italien du docteur Baltazar Pisanelli, mis en notre vulgaire par A. D. P. *A Saint-Omer, Charles Boscart,* 1620, pet. in-12, mar. r. fil. tr. dor. (*H. Duru.*)

Petit livre rare et curieux. Exemplaire de M. Huzard, relié depuis.

276. Le Maistre d'hostel, qui apprend l'ordre de bien servir sur table et d'y ranger les services. Ensemble le sommelier, qui enseigne la manière de bien plier le linge en plusieurs figures; et à faire toutes sortes de confitures, tant seiches que liquides.... *Paris, Pierre David,* 1659, in-8, mar. citr. tr. dor. (*Chambolle.*)

277. L'Art de bien traiter, divisé en trois parties, ouvrage nouveau, curieux et fort galant.... exactement recherché et mis en lumière par L. S. R. *Paris, Fréd. Léonard,* 1674, in-12, mar. r. fil. dos orné à petits fers, tr. dor. (*Trautz-Bauzonnet.*)

Bel exemplaire d'un livre rare et curieux.

VIII. EXERCICES GYMNASTIQUES.

1. *Lutte et Escrime; Danse; Équitation.*

278. (Fab. von Auerswald.) Ringer kunst; fünff und achtzig Stücke, zu Ehren I. kurfürstlichen Gnaden Sachssen... zugericht. (A la fin :) *Gedruckt zu Wittemberg durch Hans Lufft,* M. D. XXXIX, pet. in-fol., fig. et portr., mar. r. tr. dor. (*Trautz-Bauzonnet.*)

Quatre-vingt-cinq très-belles gravures sur bois de Lucas Cranach, représentant les différentes positions de l'art de la lutte. Le professeur Fabien d'Auerswald est très-reconnaissable dans chaque planche.

279. Cy sensuyt ung petit et beau traittié enseignant la fachon de tirer de larc a main. Fait et compose par ung qui point ne se nomme, a la requeste de plusieurs qui desir avoient d'y apprendre... Pet. in-fol. cart.

Manuscrit du XVe siècle, sur vélin, de 8 feuillets, d'une bonne écriture gothique.

280. La Noble Science des joueurs despee (au recto du 2ᵉ feuillet). Icy commence ung tres beau livret contenant la chevalereuse science des joueurs despee, pour apprendre a jouer de lespee a deux mains et aultres semblables espees, avec aussi les braquemars et aultres courts cousteaux lesquelz lon use a tout une main... (A la fin :) *Imprime en la ville Danvers par moy Guillaume Vosterman demourant a la licorne dor, lan mil cinq cens et xxxviii;* in-4 goth. fig. sur bois, mar. vert, fil. dos orné, tr. dor. (*Bauzonnet.*)

Ouvrage curieux et d'une insigne rareté. Il est orné de 33 gravures sur bois de la grandeur des pages et imprimées, ainsi que le texte, dans le sens horizontal, ce qui donne aux pages la forme oblongue.

Ce bel exemplaire, parfaitement conservé, provient des bibliothèques du marquis de Blandford, du duc de Marlborough, et de R. Heber.

281. Gründtliche Beschreibung der freyen ritterlichen unnd adelichen Kunst des Fechtens in allerley gebreuchlichen Wehren.... Description com-

plète de l'art de l'escrime, avec toutes les armes usitées, par Joachim Meyer, professeur d'escrime à Strasbourg. *Strasbourg*, 1570, in-fol. obl. v.

Avec un grand nombre de planches gravées sur bois, représentant des scènes d'escrime avec toute espèce d'armes.

282. Traicté contenant les secrets du premier livre sur l'espée seule, mère de toutes armes qui sont espée, dague, cape, targue, bouclier, rondelle, l'espée à deux mains, etc... composé par Henry de Sainct-Didier, gentilhomme provençal. *Paris, Jean Mettayer*, 1573, in-4, nombr. fig. sur bois, mar. r. fil. à froid, tr. dor. (*Kœhler.*)

Bel exemplaire, grand de marges, d'un livre extrêmement [rare.

283. ORCHÉSOGRAPHIE, métode, et téorie en forme de discours et tablature pour apprendre à dancer, battre le tambour en toute sorte et diversité de batteries, jouër du fifre et arigot; tirer des armes et escrimer, avec autres honnestes exercices fort convenables à la jeunesse,... par Thoinot Arbeau, demeurant à Lengres (Jean Tabourot). *Lengres, par Jehan dez Preyz*, 1596, in-4, fig. sur bois et musique, mar. bl. riches compart. tr. dor. (*Trautz-Bauzonnet.*)

Livre des plus rares. Exemplaire d'Estienne Tabourot, auteur des *Bigarrures*, neveu de l'auteur, avec sa signature sur le titre et sa devise : *à tous accords;* puis plus bas : *du don de l'imprimeur;* le tout de sa main.

Cet exemplaire faisait partie de la bibliothèque de M. Villenave et devait être vendu le 23 février 1848. A cause des événements, la vente n'eut pas lieu; mais, peu de jours après, les héritiers de M. Villenave cédaient ce livre à l'amiable à son propriétaire actuel.

L'exemplaire, qui est de la plus belle conservation, grand de marges et rempli de témoins, a été depuis revêtu d'une magnifique reliure parsemée de ΦΦ renfermés dans des losanges.

284. Le Maître à danser, qui enseigne la manière de faire tous les différens pas de danse dans toute la régularité de l'Art et de conduire les bras à chaque pas.... par le sieur Rameau. *Paris, Jean Villette*, 1725, in-8, nombr. fig. dessinées et gravées par Rameau, mar. r. jans. tr. dor. (*Chambolle.*)

Avec la planche du bal qui manque souvent.

285. L'Escuirie du S. Federic Grison, gentilhomme napolitain, en laquelle est monstré l'ordre et l'art de choisir, dompter, piquer, dresser et manier les chevaux.... n'aguieres traduitte d'italien en françois (par Th. Sibillet). *Paris, Ch. Perier*, 1568, in-4, fig. sur bois, mar. vert, tr. dor. (*Chambolle.*)

286. Traicté de la maniere de bien emboucher, manier, et ferrer les chevaux : faict en langage italien par le sieur Cesar Fiaschi, et nagueres tourné en françois (par Fr. de Prouane). *Paris, Ch. Perier*, 1567, in-4, fig. sur bois, mar. bl. tr. dor. (*Chambolle.*)

Ouvrage rare.

287. Philippica, ou haras de chevaux, de Jean Tacquet, escuyer, seigneur de Lechene, de Helst, etc. *Anvers, Rob. Bruneau*, 1614, in-4, titre gravé, portr. de J. Tacquet, et fig., parch.

Volume rare, non indiqué par M. Brunet.

288. Le Cavalerice françois, composé par Salomon de la Broue, escuyer d'escuirie du Roy... contenant les preceptes principaux qu'il faut observer exactement pour bien dresser les chevaux aux exercices de la carriere et de la campagne, le tout divisé en trois livres.... seconde edition reveue et augmentée. *Paris, Abel l'Angelier*, 1602, 3 part. en 1 vol., titre gravé par de Mallery, fig. mar. v.

Bel exemplaire aux secondes armes de J.-Aug. de Thou.

« Exemplaire en grand papier, bien complet. Le feuillet de poésies, numéroté 4, qui manque presque toujours, y a été ajouté; les vignettes en tête de chaque livre, qui manquent aussi assez souvent, y sont à tous, et on trouve à la fin, après le privilége, le petit traité intitulé : *Avis au sieur de la Broue sur les devoirs de l'escuyer de grande escuyrie*, de 23 pages paginées séparément. » (*Note aut. de M. Huzard.*)

289. Methode et invention nouvelle de dresser les chevaux, par le prince Guillaume (Cavendish), marquis et comte de Newcastle... œuvre auquel on apprend à travailler les chevaux selon la nature, etc. *Anvers, Jacques Van Meurs*, 1657, gr. in-fol., front. et 42 belles pl. par Abr. a Diepen-

beke, gr. par Lucas Vorstermans, mar. fil. bleu, dos
orné, tr. dor. (*Bonne reliure ancienne.*)

Edition originale, très-rare.
Bel exemplaire provenant de la bibliothèque de M. Huzard.
Le titre porte la date de MDCLVIII, mais c'est 1657 qu'il faut lire, le dernier I étant ajouté à la plume, particularité qui se remarque dans quelques
exemplaires.

290. Ecole de cavalerie, contenant la connoissance,
l'instruction et la conservation du cheval ; par
M. de la Guérinière. *Paris, Jacques Collombat,*
1733, gr. in-fol., frontisp. et fig. grav., la plupart
d'après les dessins de Parrocel, par L. Cars, Audran
et autres, mar. bl. jansén. tr. dor. armes et
chiffres. (*Chambolle-Duru.*)

Première édition. Bel exemplaire. Avec le portrait de M. de Nestier ajouté.

291. La Mareschalerie de Laurent Rusé, où sont
contenuz remèdes très singuliers contre les maladies des chevaux :... en laquelle y avons adjousté
un autre traicté de remèdes.... *Paris, Ch. Perier,*
1567, in-4, fig. sur bois, mar. vert, tr. dor. (*Chambolle.*)

292. L'INSTRUCTION DU ROY en l'exercice de monter
à cheval, par messire Antoine de Pluvinel, son
soubs-gouverneur et son escuyer principal ; enri-
chy de grandes figures en taille-douce, represen-
tant les vrayes et naïfves actions des hommes et
des chevaux en tous les airs, et maneiges, courses
de bagues, etc., desseignées et gravées par Crispian
de Pas le jeune (publié après la mort de l'auteur
par René de Menou de Charnizay). *Paris, Michel
Nivelle,* 1625, in-fol. double frontisp., plus. portr.,
nombr. fig., mar. v. fil. dos orné, tr. dor. (*Padeloup.*)

« Cette édition, est à bien dire, la première de cet ouvrage, puisqu'elle est
la première qui ait été publiée conformément au manuscrit de l'auteur. »
(*Brunet.*)

Magnifique, exemplaire ayant les deux titres gravés de 1623 et 1625, le
portrait de Louis XIII double, avec différences; celui de Pluvinel double, et
un grand nombre de figures doubles, la plupart avant la lettre, et ayant fait
partie de l'édition de 1623, publiée sous le titre: *le Maneige royal.* La table des
planches indique 57 pièces, plus le frontispice et 4 portraits (Louis XIII, le

duc de Bellegarde, Pluvinel et R. Menou de Charnisay); notre exemplaire contient 126 figures, comme cela est indiqué dans une longue note bibliographique de M. Huzard qui y est jointe.

On a ajouté au volume une lettre autographe signée de M. *de Pluvinel*, et une autre de M. *de Guron*.

De la bibliothèque de M. Huzard.

293. Recueil de dessins de mors de chevaux. Gr. in-fol. mar. r. fil. tr. dor. chiffres, armoiries et fermoirs de vermeil anciens. (*Rel. de Duru.*)

Très-beau manuscrit du xvie siècle, sur vélin, composé de 185 feuillets contenant 368 dessins de mors de chevaux, en camaïeu, avec leur explication en caractères gothiques.

On lit sur le premier feuillet de ce livre précieux la note suivante, qui fait connaître son illustre origine. Cette note est signée de Claude Gouffier marquis de Boisy, grand écuyer de France sous Henri II, François II et Charles IX, et l'un des propriétaires du livre.

« Ce present livre avoit esté faict pour messire Jacques de Genouillac, dit Galliot, seigneur d'Assyer et de Jonzac... grand maistre de l'artillerie et grand escuyer de France, lequel trespassa en sa maison d'Assyer l'an 1547 et fit son héritière dame Galliotte sa fille, femme de M. de Cursol... et du depuis mariée avec le comte de Rincrof, Allemand... Laquelle comtesse donna ce present livre à messire Claude Gouffyer, marquis de Boisy... grand escuier de France, lequel donne et substitue ce present livre à ses aisnez fils masles descendans de lui. Faicte la dicte intitullation à Oiron le 6e jour d'octobre 1564...

« Et est a noter que le dict seigneur grand escuyer Galliot avoit nourry et appris le dict marquis de Boisy. Boisy. »

Ce ms. provient de la bibliothèque de M. Huzard.

2. *Chasses et pêches.*

A. Introduction. — Traités généraux; Traités de diverses chasses, vénerie et autres spécialités.

294. Origen y dignidad de la Caça al ex. S. D. Gaspar de Gusman, conde duque de S. Lucar, por Juan Mateos, ballestero. *En Madrid, por Fr. Martinez,* 1634, in-4, titre gravé, portr. et planches, mar. bl. fil. à froid, tr. dor. armes et chiffres. (*Duru.*)

Volume rare, orné de 8 jolies figures, y compris le frontispice et le portrait de Philippe IV, gravées par P. Perete d'après Fr. Collantes.
Bel exemplaire.

295. L'Eloge de la Chasse, avec plusieurs avantures surprenantes et agréables qui y sont arrivées (par le chevalier de Mailly). *Amsterdam, le Petit Da-*

vid, 1724, in-12, frontisp., v. f. dos orné. (*Bonne
rel. anc.*)

Exemplaire de M. Huzard.

296. Eloge historique de la chasse, par M. Beneton de Perrin. *Paris, Morel le jeune,* 1734, in-12,
v. f. fil. tr. dor. (*H. Duru.*)

297. Ordonnance du roy nostre sire sur le faict de
la chasse, et le pris du gybier, sur peine de dix
livres tournoys damende tant a lachepteur comme
au vendeur, ainsi que plus a plain le contient la
dicte ordonnance. *On les vend a Paris par la
veufve Jacques Nyverd* (1549), pet. in-8, de 8 ff.
marque de Jacques Nyverd à la fin, mar. r. double
fil. coins ornés, tr. dor. (*Kœhler.*)

298. Recueil de pièces sur les capitaineries royales,
en 1 vol. in-8, mar. vert, tr. dor. (*Chambolle-Duru.*)

Vœux et demandes des bons citoyens pour la suppression des capitaineries,
par M. P***. *S. l. n. d.* — Mémoire servant de doléances pour les seigneurs
et propriétaires des terres enclavées dans les capitaineries royales. *S. l. n. d.*
— Observations sur les capitaineries, ou dénonciation des abus et vexations
inouïes qui s'y commettent journellement, par M. J. D. B. *Bruxelles,* 1788.
— Lettres à l'auteur d'un Mémoire anonyme sur la capitainerie de Mont-
ceaux, et Réponses relatives aux chasses des princes. *Paris,* 1789. — Dialogue sur les capitaineries, par l'auteur de l'Impôt volontaire. *S. l. n. d.* —
Mémoire sur les capitaineries et principalement sur celle de Fontainebleau.
S. l., 1789. — Adresse aux États-Généraux sur les vexations qui, actuellement même, s'exercent en capitainerie. *S. l. n. d.* — Essai sur les capitai-
neries royales et autres et sur les maux incroyables qui en résultent depuis
Louis XI, par Monsieur B. D. L. R. A. A. P. (*Boucher de la Richarderie*).
S. l. 1789.
Recueil de pièces rares provenant de la bibliothèque de M. Grandjean
d'Alteville.

299. Traitez de la chasse, composez par Arrian,
Athenien, appellé Xenophon le jeune, et par Oppian (trad. en françois par Samuel de Fermat).
Paris, Daniel Hortemels, 1690, in-12, mar. r.
fil. dos orné, tr. dor.

Exemplaire de dédicace, aux armes du GRAND DAUPHIN, fils de Louis XIV.

300. LES QUATRE LIVRES DE LA VENERIE D'OPPIAN,
poëte grec d'Anazarbe (trad. en vers françois),
par Florent Chrestien. *Paris, de l'impr. de R. Es-*

tienne, par Mamert Patisson, 1575, in-4, vél. dos
et plats ornés, tr. dor. *(Jolie rel. du temps.)*

Très-bel exemplaire, grand de marges. Le même volume contient : *les
Amours et nouveaux eschanges des pierres précieuses; vertus et proprietez
d'icelles. Discours de la vanité pris de l'Ecclésiaste. Églogues sacrées prises
du Cantique des cantiques, par* REMY BELLEAU. *Paris, Mamert-Patisson,*
1576. Exemplaire également grand de marges.

301. LIBRO DE LA MONTERIA que mandó escrivir el
muy alto y muy poderoso rey Don Alfonso de
Castilla y de Leon, ultimo deste nombre. Acre-
centado por Gonçalo Argote de Molina. *Impresso
en Sevilla, por Andrea Pescioni,* 1582, 2 part. en
1 vol. in-fol. fig. sur bois, mar. br. tr. dor. *(Rel.
angl.)*

Première édition, très-rare. Ce livre, précieux pour la connaissance de
l'ancienne vénerie espagnole, a été écrit par ordre du roi de Castille Alfonse XI,
vers l'an 1340.
Bel exemplaire.

302. Le Trésor de Vénerie, poëme composé en 1394,
par Hardouin de Fontaine Guérin, publié pour la
première fois, avec des notes, par M. le baron Jérôme Pichon, et orné de gravures à l'eau-forte,
reproduisant les miniatures du manuscrit, par
M. Fréd. Villot. *Paris,* 1855, pet. in-8, mar.
vert, tr. dor. *(Chambolle.)*

L'introduction et les notes qui doivent accompagner ce poëme n'ont pas
encore paru.

303. Trésor de Vénerie, composé l'an MCCC LXXXIX,
par Hardouin, seigneur de Fontaine-Guérin, et
publ. par H. Michelant. *Metz, Rousseau-Pallez,*
1856, in-8, mar. r. fil. tr. dor. *(Closs.)*

Tiré à 200 exemplaires.

304. PHÉBUS, DES DÉDUITZ DE LA CHASSE. In-fol., 177
ff., mar. vert, tr. dor. *(Duru.)*

Manuscrit du commencement du XVIe siècle, sur papier, orné de nombreuses initiales en couleur, et de 24 miniatures, dont 23 petites représentent
des animaux, et une grande, d'une exécution assez remarquable, représente
une partie de chasse.

305. PHEBUS. DES DEDUITZ DE LA CHASSE des bestes
sauvaiges et des oyseaux de proye (par Gaston
Phébus, comte de Foix, avec le poëme du *Deduyt
des oiseaux et des chiens,* par Gaces de la Bigne).

Nouvellement imprime a Paris. Cy fine le livre de Phebus du deduyt de la chasse des bestes sauvaiges et oyseaulx de proye, imprime pour Anthoine Verard, marchant, demourant a Paris, devant la rue Neufve-Nostre-Dame, s. d., pet. in-fol. goth. à 2 col., fig. sur bois, marque d'Ant. Verard à la fin, mar. bl. fil. à froid, doublé de mar. r. large dent. à petits fers, tr. dor., armes. (*Bauzonnet-Trautz.*)

Première édition, au moins aussi rare, et peut-être plus rare encore que *le Roy Modus*, de Chambéry.
Superbe exemplaire.

306. Le Livre du roi Modus et de la reine Ratio. In-fol. parchemin.

Manuscrit du XV⁰ siècle, sur vélin, à deux colonnes, contenant 47 feuillets. Il est orné de 35 miniatures, assez bien exécutées, peintes en grisaille pour les hommes et les animaux, et en vert pour la terre et les arbres. Il y manque malheureusement plusieurs feuillets.

307. (Le roi Modus.) Cy commence comment on doit chasser le cerf. Comment le roy Modus montre à ses écoliers la science de fauconnerie. Gr. in-4, mar. r. tr. dor. (*Reliure ancienne.*)

Manuscrit du XIV⁰ siècle, sur VÉLIN, à deux colonnes, composé de 27 feuillets (le 27⁰ blanc). La première, ornée d'une jolie miniature, est dans un encadrement en or et en couleur, avec deux grandes initiales peintes et les armes de Robert de Lorris, confident du roi Jean, et seigneur d'Ermenonville, qui, assiégé par les Jacques, *renia gentillesse. (Chron. de S. Denis.)*
Ce ms. provient des bibliothèques de Girardot de Préfond et de Mac-Carthy, et a été acheté chez M. Huzard. Avec une note de cet amateur.

308. (LE ROI MODUS.) Cy commance le livre du roy Modus et de la royne Racio, lequel fait mencion comment on doit deviser de toutes manières de chasses.... *Cy finist le present livre. ... Imprime a Chambery par Anthoine Neyret, lan de grace mil quatre cens ottante et six* (1486), *le xxv⁰ jour de octobre*, in-fol. goth. fig. sur bois, dont une au recto du dernier feuillet, mar. r. double fil. coins et dos ornés, doublé de mar. v. compart. tr. dor. (*Bauzonnet.*)

PREMIÈRE ET PRÉCIEUSE ÉDITION dont la rareté est bien connue.
Superbe exemplaire, très-grand de marges, parfaitement conservé et le plus beau connu. Il provient de la bibliothèque du prince d'ESSLING.
L'exemplaire de M. Solar, porté d'abord à 3900 fr., puis, le dernier feuillet

ayant été reconnu refait, à 2550 fr. seulement, a été revendu, à la vente de
M. Techener (en 1865), 2790 fr.

309. Le Roy Modus des deduitz de la chace, venerie
et fauconnerie. *Paris, Gilles Corrozet,* 1560, in-8,
fig. sur bois, mar. bl. fil. à froid, doublé de mar.
r. dent. à l'oiseau, tr. dor. Armes et chiffre. (*Bauzonnet-Trautz.*)

Très-bel exemplaire de cette jolie édition en lettres rondes.

310. Le Livre de la chasse du grant seneschal de
Normendie, et les dictz du bon chien Soulliart,
qui fut au roy Loys de France, xi. de ce nom. *S.
l. n. d.* (marque de Pierre Le Caron sur le titre),
pet. in-4, goth. de 12 ff. mar.r. fil. dos orné, doublé de mar. bl. compart. chiffres, tr. dor. (*Bauzonnet.*)

Petit ouvrage en strophes de 10 vers de 8 syllabes. Seul exemplaire
connu, très-beau et très-grand de marges; acheté chez le duc de La Vallière
par Laujon, il a appartenu ensuite à A. Martin, à Charles Nodier, et à R.
Heber, à la vente duquel il a été acheté.

311. (Le Nouvelin de la Venerie.) En l'onneur de la
benoiste Trinité Pere Filz et Saint-Esperit de la
glorieuse vierge Marie et de toute la court de Paradis a esté ce livre emané pour fouir a exiveté (*sic*),
intitulé le nouvelin de la venerie et a très hault
très excellent et très illustrissime Prince Monssieur
le duc d'Alenson conte du Perche et per de France
par moy Loys de Gouvys très humblement presenté ·
et moy semblablement, etc. In-fol., 58 ff. mar. rou.
doublé de mar. bleu, semé de fleurs de lis, tr. dor.
Armes et chiffres. (*Bauzonnet-Trautz.*)

Manuscrit du xvie siècle, contenant 58 feuillets sur vélin. Il a été exécuté
pour le duc d'Alençon, premier mari de Marguerite d'Angoulême, sœur de
François Ier, mort en 1525. Les armes du duc, entourées du collier de Saint-
Michel, sont peintes sur le premier feuillet. Au recto, une très-belle miniature représente l'auteur offrant son livre au prince; 19 autres belles miniatures
et 20 grandes lettres ornées enrichissent ce beau ms.

Cet ouvrage est presque entièrement pris dans Phœbus; l'auteur, Louis de
Gouvis, y a cependant mis du sien. Il y parle de la forêt de Brotonne et du
grand sénéchal de Normandie. (C'est l'auteur du *Bon Chien Souillart*.)

Ce manuscrit, d'une belle et curieuse exécution, est certainement celui
qui fut présenté au duc d'Alençon.

Il a été acheté à la vente Huzard (no 5088 du catal.).

312. (Dominico Boccamazzo.) (A la fin :) Qui finiscono
gli otto libri de M. Dominico Bocca Mazzo quali

narreno de varii et diverse cose apertinenti alli
cacciatori. *In Roma, per M. Gyronima de' Carto-
lari Perosina,* M. D. XLVIII, in-4, mar. bl. coins
ornés, dent. intér. tr. dor. (*Chambolle-Duru.*)

« Ce volume, rare et curieux, n'a pas de titre et ne doit pas en avoir. La
preuve en est fournie par le présent exemplaire, dans lequel le feuillet correspondant à *IV, c'est-à-dire le premier, où devrait exister le titre, est tout
blanc. L'exemplaire de la Bibliothèque impériale est dans le même cas, ainsi
que celui qui a été vendu chez M. Huzard. » (Note de M. J. P.)

313. I quatro libri della caccia di Tito Giovanni
Scandianese, con la demonstratione de' luochi de'
Greci et Latini scrittori. *In Vinegia, appresso Gab.
Giolito de' Ferrari,* 1556, in-4, jolies fig. sur bois,
rel. en vél.

Bel exemplaire de la bibliothèque de R. Heber.

314. LA VENERIE DE JAQUES DU FOUILLOUX, seigneur
du dit lieu, pays de Gastine en Poitou, dediée au
Roy très chrestien Charles neufiesme de ce nom...
plus l'Adolescence de l'autheur. *Poictiers, par les
de Marnefz et Bouchetz frères, s. d.* (1561), in-fol.,
fig. sur bois, mar. fil. doublé de mar. r. large dent.
dos orné à petits fers, tr. dor. Armes. (*Bauzonnet-
Trautz.*)

ÉDITION ORIGINALE, très-rare. Cette édition est sans date, mais le verso du
frontispice porte l'extrait du privilége en date du 23 décembre 1560.
Très-bel exemplaire, grand de marges et rempli de témoins. Les 8 derniers
feuillets, contenant l'*Adolescence de l'auteur,* manquant, on les a pris dans
l'exemplaire de M. Huzard, qui était incomplet dans un autre endroit. Comme
ils n'étaient pas tout à fait assez grands, on les a allongés par le bas fort habilement.
Avec une note de la main de M. Huzard.

315. LA VENERIE DE JAQUES DU FOUILLOUX, dediée au
Roy tres chrestien Charles neufiesme de ce nom,...
plus l'Adolescence de l'autheur. *Poictiers, par les
de Marnefz et Bouchetz frères, s. d.* (1561), pet.
in-fol., fig., mar. v. jansén. doublé de mar. r.
compart. parsemés de ΦΦ, tr. dor. Armes. (*Trautz-
Bauzonnet.*)

ÉDITION ORIGINALE.
Exemplaire précieux, imprimé sur VÉLIN, avec les figures peintes en or
et en couleur. C'est le seul sur vélin qu'on connaisse, et M. Brunet n'en fait
nullement mention dans son *Manuel.*
Il manquait à cet exemplaire le titre, les trois feuillets suivants et les ff.
Aij et Av; ils ont été refaits à l'imitation de l'imprimé, avec une grande perfection, par M. Taforel, et il faut en être prévenu pour s'en apercevoir.

316. La Venerie de Jaques du Fouilloux ... dediée au Roy très-chrestien Charles neufiesme de ce nom; avec plusieurs receptes et remedes pour guerir les chiens de diverses maladies; plus l'Adolescence de l'auteur. *Poictiers, par les de Marnefz et Bouchetz, s. d.* — La Fauconnerie de F. Jean des Franchières, ... recueillie des livres de M. Martino, Malopin, Michelin, et Amé Cassian. Avec une autre fauconnerie de Guillaume Tardif, du Puy en Vellay; plus la Vollerie de messire Artelouche d'Alagona, seigneur de Maraveques; d'avantage un Recueil de tous les oiseaux de proye, servans a la fauconnerie et vollerie, par G. B. (Guill. Bouchet). *Poictiers, par Enguilbert de Marnef et les Bouchetz frères,* 1567, 4 part. — En 1 vol. in-4, mar. bl. fil. tr. dor. Armes et chiffres. (*Bauzonnet.*)

Très-beaux exemplaires de ces deux volumes fort rares, réunis en un.
Le *Du Fouilloux*, sans date, in-4, doit être de 1567. Il n'a pas été indiqué par M. Brunet.
L'édition de *Franchières* présente un texte qui diffère de celui qu'a suivi le premier éditeur (voir le n° 377), et doit avoir été faite d'après un autre ms.

317. La Venerie de Jaques du Fouilloux ... dediée au Roy tres-chrestien Charles neufiesme de ce nom ... plus l'Adolescence de l'auteur. *Poictiers, par les de Marnefz et Bouchetz frères,* 1568, in-4, fig. sur bois, mar. bl. fil. dos orné, doublé de mar. r. dent. à petits fers, tr. dor. Armes. (*Bauzonnet-Trautz.*)

Bel exemplaire, provenant de la vente Huzard.

318. La Venerie et Fauconnerie de Jaques du Fouilloux, Jean de Franchieres, et autres divers autheurs, revuës, corrigées et augmentées par J. D. S. (Jean de Sansicquet, Poitevin), gentil-homme. *Paris, Abel l'Angelier,* 1585, 2 part. en 1 vol. in-4, fig. sur bois, mar. r. fil. à froid, tr. dor. (*Duru.*)

Bel exemplaire de cette édition rare et recherchée, qui contient, à la suite de Du Fouilloux, *Franchières* et les autres fauconniers indiqués sous le n° 316. La planche de dédicace n'a pas été tirée au verso du titre.
Exempl. de M. Huzard.

319. La Chasse royale, composée par le Roy Charles IX, et dédiée au Roy de France et de Navarre
Louys XIII. *Paris, Nicolas Rousset et Gervais Al-
liot,* 1625, in-8, grav. sur le titre, mar. r. riches
et larges dent. dos à petits fers, tr. dor. (*Derome
père.*)

Superbe exemplaire de Gaignat et de Mac-Carthy, acheté à la vente
Huzard. On y a ajouté depuis un second titre, tiré sans la gravure.

320. La Venerie de Jaques du Fouilloux… *A Poictiers, par les de Marnefz,* 1568. *Réimprimé à Bay-
reuth, par Fréd. Elie Dietzel, imprimeur de la cour,*
1754, in-4, fig. de Sc. Kœppel, cart.

Édition tirée à petit nombre, aux frais de l'Électeur de Bavière et pour le
service de sa vénerie. Quoique la moins ancienne de ce livre, c'est certainement une des plus rares. Les figures sont tout à fait différentes de celles des
premières éditions, surtout pour les costumes, qui sont ceux de l'Allemagne
au XVIII° siècle.
Il manque à cet exemplaire le dernier feuillet de la table.

321. La Venerie de Jacques du Fouilloux, précédée
de quelques notes biographiques et d'une notice
bibliographique (par M. Pressac). *Angers, Charles
Lebossé,* 1844, gr. in-8, fig. sur bois, v. f. fil. dos
orné, tr. dor. (*Closs.*)

Un des exemplaires tirés sur papier bleu.

322. New Jagd und Weidwergk. *Francfurt am Mayn,
in Verlegung Sig. Feyerabents,* 1582, 2 part. en
1 vol. in-fol., mar. vert, fil. tr. dor. Armes. (*Simier.*)

Livre orné de belles gravures sur bois de Jost Amman.
L'ouvrage a été pris en grande partie dans la Venerie de Du Fouilloux.

323. Le Plaisir des champs, divisé en quatre parties,
selon les saisons de l'année, par Cl. Gauchet, Damp-
martinois, où est traicté de la chasse. A Monseigneur de Joyeuse, admiral de France. *Paris, Nicolas Chesneau,* 1583, in-4, nombr. fig. ajoutées,
cartes, mar. v. fil. à froid, tr. dor. Armes et chiffre.
(*Bauzonnet-Trautz*).

Première édition, rare. Elle contient plusieurs passages facétieux qui n'ont
pas été reproduits dans la suivante. On a ajouté à cet exemplaire les tables
manuscrites des noms d'hommes et de lieux cités dans l'ouvrage, un plan de la

forêt de Villers-Cotteretz, 18 jolies estampes en taille-douce représentant des scènes de chasse, grav. par Ph. Galle d'après Jean Bol (*Venationis, Piscationis et aucupii typi*, circa 1580), et à la fin du volume une copie très-bien écrite de la notice sur Cl. Gauchet, tirée des Vies des poëtes français, de Guillaume Colletet.

Bel exemplaire.

324. Le Plaisir des Champs, divisé en quatre livres, selon les quatre saisons de l'année, par Claude Gauchet, reveu, corrigé et augmenté .... Dédié à M. le duc de Montbazon, grand-veneur. *Paris, Abel l'Angelier,* 1604, in-4, mar. r. fil. à froid, tr. dor. (*H. Duru.*)

Seconde édition, augmentée d'un *Devis entre le chasseur et le citadin,* avec *l'instruction de la vennerie, volerie et pescherie,* avec plusieurs autres additions et variantes dans le texte.

On a ajouté à l'exemplaire un portrait du duc de Montbason, gravé par Moncornet.

325. La Caccia del sig. Erasmo di Valvasone, ricorretta et di molte stanze ampliata, con le annotationi di M. Olimpio Marcucci. *In Venetia, per Franc. Bolzetta, s. d.* (1602), pet. in-8, fig. v. éc. fil.

326. Le Discours du deduit de la chasse, suivant les quatre saisons de l'année, pour toutes sortes de gibiers, et pour sçavoir à quels oyseaux il fait bon chasser; fait et experimenté par le sieur de Strosse. *Paris, Benoist Chalonneau,* 1603, pet. in-8 de 15 pages, mar. bl. fil. dos orné, tr. dor. Armes. (*H. Duru.*)

Petit livre très-rare, sinon unique, de la première édition. Ce traité a été imprimé une seconde et une troisième fois à la suite du *Guidon des capitaines,* du même auteur (voir le n° 221), et c'est ainsi qu'il est indiqué dans le *Manuel,* qui ne fait pas mention de notre première édition. Il se trouve aussi à la suite des *Ruses innocentes,* édition de 1688.

Exemplaire de M. Huzard, relié depuis la vente.

327. La Muse chasseresse, dediée à la royne-mère-regente, par Guillaume du Sable. *Paris, aux fraiz de l'Autheur,* 1611, in-12, mar. rouge, fil. tr. dor. (*Bauzonnet.*)

Livre rare. Bel exemplaire, grand de marges.

L'auteur se donne le titre d'*un des plus anciens gentils-hommes de la vénerie du Roy;* il ne pouvait en être autrement, car il dit dans son épître à la Royne, Marie de Médicis, qu'il avait servi sous sept rois, c'est-à-dire depuis François Ier.

Exemplaire de Louise-Diane-Françoise de Clermont-Gallerande, veuve, en

1739, de L. de Brancas, duc de Villars, et belle-mère de Lauraguais, père du célèbre amateur.

328. La Caccia d'Alessandro Gatti, poema heroico, nel quale si tratta pienamente della natura, e de gli affetti d'ogni sorte di fiere, co'l modo di cacciarle, et prenderle. *In Londra, appresso Gio. Billio,* 1619, pet. in-8, vél.

Edition dédiée à Jacques Ier.

329. Le Caccie delle fiere armate, e disarmate, et de gl' animali quadrupedi, volatili, et acquatici; opera di Eugenio Raimondi. *In Brescia, per Bartolomeo Fontana,* 1621, in-8, fig. sur bois, vél.

Première édition.

330. Delle Caccie di Eugenio Raimondi, libri quatro; aggiuntovi'n questa nuova'mpressione il quinto libro della Villa. *Napoli, per Lazaro Scoriggio,* 1626, in-4, titre gravé, fig. v. f. fil.

Edition plus complète que la précédente.
Bel exemplaire aux troisièmes armes de J.-Aug. de THOU, provenant de la bibliothèque du prince Radziwill.

331. Delle Caccie di Eugenio Raimondi ..... *In Napoli,* 1626, in-4. fig. vél.

332. Arte de Ballesteria, y Monteria, escrita con metodo, para escusar la fatiga que occasiona la ignorancia; dividida in tres libros; dedic. al S. D. B. Carlos Filippe de Austria, por Alonzo Martinez de Espinar. *En Madrid, en la imprenta real,* 1644, in-4, 1er titre gravé, portr. de D. Carlos et de M. de Espinar, et fig. par Juan de Noort, mar. bl. fil. à froid, tr. dor. Armes et chiffre. (*H. Duru.*)

Bel exemplaire d'un livre très-important.

332 *bis.* Les Particularités de la chasse royale faite par Sa Majesté le jour de la Saint-Hubert et de la Saint-Eustache, patrons des chasseurs, accompagnée de plusieurs seigneurs de marque de la cour. *Paris, Alex. Lesselin,* 1649, in-4, cart.

Pièce rare, renfermant des détails très-curieux.

333. La Venerie royale, divisée en IV parties, qui

contiennent les chasses du cerf, du lièvre, du che-
vreüil, du sanglier, du loup et du renard; avec
le denombrement des forests et grands buissons de
France, où se doivent placer les logemens, ques-
tes et relais pour y chasser. Par messire Robert de
Salnove. *Paris, Ant. de Sommaville*, 1655, in-4,
mar. r. fil. dos orné, tr. dor. (*Chambolle-Duru.*)

Première édition. Bel exemplaire, grand de marges.

334. La Venerie royale, par Robert de Salnove. *Paris,
Mille de Beaujeu*, 1672, 2 t. en 1 vol. in-12, mar.
bl. fil. à froid, tr. dor. Armes et chiffres. (*H. Duru.*)

335. Theatro della Caccia, et trattenimento geniale
della villa, di Giacomo Pacifresio, nel quale si
contiene la maniera et arte d'uccellare, pe-
scare, etc. *In Milano, Francesco Vigone*, 1669,
pet. in-8, fig. sur bois, v. f. fil. tr. dor. (*Duru.*)

336. La Veneria reale, palazzo di piacere e di caccia
ideato d'all A. R. di Carlo Emanuel II, duca di
Savoia, disegnato e descritto dal conte Amedeo di
Castellamonte. *In Torino, per Bartholomeo Za-
patta*, 1674, pet. in-fol., pl. grav. par Tasnière,
v. f. fil.

Ouvrage recherché à cause des 64 estampes gravées d'après les tableaux
de J. Miel et autres artistes, par G. Tasnière, graveur de Turin. La plupart
de ces estampes représentent des parties de chasse où figurent le duc et la
duchesse de Savoie et les personnages de leur cour.

337. Le Parfait Chasseur, pour l'instruction des personnes de qualité ou autres qui aiment la chasse,
pour se rendre capables de cet exercice, apprendre
aux veneurs, picqueurs, fauconniers, et valets des
chiens, à servir dans les grands équipages ...,
par Mr de Selincourt. *Paris, Gabr. Quinet*, 1683.
— Le Véritable Fauconnier, par Mre C. de Morais,
chevalier, seigneur de Fortille. *Paris, Gab. Quinet*, 1683, pet. in-12, fig., mar. r. fil. doublé de
mar. bl. dent. à petits fers, dos orné, tr. dor.
(*Trautz-Bauzonnet.*)

Superbes exemplaires de ces deux ouvrages rares. On y a ajouté plusieurs
jolies gravures anciennes.

338. La Chasse (par Ch. Perrault). A monsieur de Rosieres (épître en vers). *Paris, Vve J.-B. Coignard,* 1691, in-12 de 32 pages, mar. v. fil. à froid, tr. dor. (*Kœhler.*)

339. La Chasse du cerf, divertissement chanté devant Sa Majesté à Fontainebleau le 25° jour d'aoust 1708, mis en musique par Mr Morin. *Paris, Christophe Ballard,* 1709, in-4 obl., musique, mar. vert, tr. dor. (*Chambolle.*)

Volume fort rare.

340. The Gentleman's Recreation, consisting of Horsemanship, Hawking, Hunting, Fowling, Fishing, in three parts (by Ric. Blome). *London, printed for R. Bonwicke,* 1710, in-fol., frontisp., nombr. fig. v. gran. fil. dos orné. (*Rel. angl.*)

341. The Gentleman's Recreation, in four parts, viz, Hunting, Hawking, Fowling, Fishing; whereto is added a perfect Abstract of all the forest laws, etc. *London, printed by J. Wilcox,* 1721, in-8, avec planches, 2 part. en un vol.; caract. goth. v. f. fil. dos orné, tr. dor. (*Duru.*)

342. Les Dons des enfans de Latone : la musique et la chasse du cerf, poëmes (par J. de Serré de Rieux). *Paris, Prault,* 1734, in-8, frontisp. et fig. d'Oudry, grav. par Le Bas, musique, v. f.

A la fin se trouvent : — *Dictionnaire des termes de chasse,* — *Parodies faites par différents auteurs sur les fanfares de M. de Dampierre et quelques autres.* — *Tons de chasse et fanfares à une et deux trompes.*
Exemplaire du prince de SOUBISE et de Patu de Mello.

343. Nouveau Traité de Vénerie, contenant la chasse du cerf, celles du chevreuil, du sanglier, du loup, du lièvre et du renard; avec la connoissance des chevaux propres à la chasse, et des remèdes pour les guérir, lorsqu'ils se blessent; des instructions pour garantir et guérir les chiens de la rage, la manière de dresser les chiens couchans à l'arrêt, etc.; par un gentilhomme de la vénerie du roy (par Antoine Gaffet, sieur de la Briffardière, publ. par P. Clément de Chappeville). *Paris, Mes-*

nier, 1742, in-8, fig. sur bois et musique, mar bl.
jansén. tr. dor. (*Chambolle-Duru.*)

Bel exemplaire.

344. Traité de Vénerie et de Chasse ... (par Goury
de Champgrand). *Paris, Cl.-J.-B. Hérissant*,
1769, 2 part. en 1 vol. in-4, fig. cart. non rog.

345. Traité de Vénerie, par M. D'Yauville, premier
veneur du Roi. *Paris, Impr. royale*, 1788, in-4,
fig. mar. bl. jansén. dent. intér. tr. dor. Armes et
chiffre. (*Chambolle-Duru.*)

Très-bel exemplaire. Des planches tirées de Goury de Champgrand, ont
été ajoutées et coloriées avec soin. On y a ajouté aussi un dessin représentant
une chasse du cerf dans la forêt de Fontainebleau.

346. Le Parfait Chasseur, ou l'Art du valet de limier;
augmenté d'un Traité de Vénerie pour toutes les
chasses, même celle du vol. 2ᵉ édition, revue,
corrigée et considérablement augmentée, par
M. Auguste Desgraviers. *S. l.* (*Paris*), 1810, in-8,
planches, mar. v. fil. à froid, non rog. (*Closs.*)

Exemplaire avec l'*Avant-propos*, qui a été supprimé à cause de l'éloge que
l'auteur y fait du prince de Conti, à qui il avait dédié la première édition de
son livre, publiée en 1784. Il y réclame aussi contre l'édition faite en 1804
sans son consentement, sous le titre : *Essai de vénerie.*

On sait que le prince de Conti institua A. Desgraviers son légataire universel.

347. Recueil des lieux où l'on a accoutumé de mettre
les relais pour faire la chasse au cerf, par Jacques
de Chauffourt, lieutenant-général des eaux-et-fo-
rêts au bailliage de Gisors. *Rouen, David du Petit-
Val*, 1618, in-8, mar. bl. fil. à froid, tr. dor.
(*H. Duru.*)

Bel exemplaire, grand de marges.

348. Ad Christianissimum regem Galliæ : De canibus
et venatione libellus, authore Michaele Angelo
Blondo. *Romæ, apud Antonium Bladum Asulanum*, 1544. — M. Angelus Blondus, de Cognitione hominis per aspectum. *Romæ, apud Ant.
Bladum Asulanum*, 1544. — En 1 vol. pet. in-
4, init. gravées sur bois, v. f. fil. dos orné, tr.
dor. (*Padeloup.*)

Exemplaire de du Fay, de Danty d'Isnard et de Pattu de Mello.

349. Joannis Caii Britanni de Canibus Britannicis
liber unus. De rariorum animalium et stirpium
historia, liber unus. *Londini, per Gulielmum Se-
resium typographum,* anno 1570, pet. in-8, mar.
v. fil. tr. dor. (*Padeloup.*)

Exemplaire de Gaignat, de Gouttard et de M. Huzard.

350. Discours de l'antagonie du chien et du lievre,
ruses et proprietez d'iceux, l'un a bien assaillir,
l'autre a se bien deffendre ; composé par messire
Jehan du Bec, abbé de Mortemer. *S. l.*, 1593.
Réimpr. à Paris par Crapelet, 1850, in-8, mar.
r. jansén. dent. intér. tr. dor. armes. (*Duru.*)

L'un des deux exemplaires imprimés sur VÉLIN de cette réimpression, qui
n'a été tirée qu'à 62 exemplaires, aux frais et par les soins de M. Veinant.

351. L'Ecole de la Chasse aux chiens courans, par
M^r le Verrier de la Conterie,... précédée d'une
bibliothèque historique et critique des Théreuti-
cographes. *Rouen, Nic. et Rich. Lallemant,* 1763,
2 part. en un vol. in-8, fig. sur bois, mar. bl. fil.
à fr. tr. dor. armes et chiffre. (*H. Duru*).

Très-bel exemplaire relié sur brochure. Avec la notice de M. Huzard sur
Belisario Aquaviva, ajoutée.

352. Traité sur l'Art de chasser avec le chien cou-
rant, dédié au maréchal Berthier, prince de Neuf-
châtel, grand veneur de la couronne, par Boisrot
de Lacour. *Clermont, impr. de Landriot,* 1808,
in-8, v. ant. fil. et dent. à froid.

Volume devenu très-rare. On y a ajouté une lettre autographe de Boisrot
de Lacour, relative à l'ouvrage.
Exemplaire de M. Huzard.

353. Traicté et abregé de la Chasse au lievre et du
chevreuil, dedié au Roy Louis tresiesme du
nom,... par messire René de Maricourt, baron de
Moncy (publié d'après les M^{ss}. de la Biblioth. im-
pér. et de la biblioth. Ste-Geneviève, par M. de
Bouis). *Paris, Ve Bouchard-Huzard,* 1858, in-8,
mar. v. fil. doublé de mar. r. dent. à petits fers,
dos orné, tr. dor. (*Trautz-Bauzonnet.*)

Exemplaire imprimé sur VÉLIN, avec quelques blasons et fleurons peints à
la main, en or et en couleur.

354. La Meutte et Venerie pour le chevreuil, de haut et puissant seigneur, messire Jean de Ligne-ville, chevalier comte de Bey... etc... *Nancy, par Anth. Charlot,* 1655, in-4, mar. v. double fil. coins et dos ornés, tr. dor. armes (*Kœhler.*)

Livre d'une grande rareté.

355. La Chasse du loup, nécessaire à la maison rus-tique, par J. de Clamorgan, seigneur de Saane. *Paris, Jacques Du Puys,* 1566, pet. in-4, fig. demi-rel. dos et coins de mar. r. fil.

Première édition de ce traité. Très-rare. Exemplaire provenant de la biblio-thèque du baron Grandjean. Il est taché et les deux derniers feuillets sont rac-commodés. (Voir le n° 181.)

356. Histoire notable de la rage des loups, advenue l'an 1590, avec les remèdes pour empescher la rage, qui survient après la morsure des loups, chiens et autres bestes enragées. Le tout mis en lumiere par Jean Bauhin, D. medecin.... *Imprimé à Montbeliart,* l'an 1591, pet. in-8, portr. gravé sur bois, mar. bl. fil. dos orné, tr. dor. armes. (*H. Duru.*)

Joli portrait de Bauhin, gravé sur bois.

357. Discours de R. P. en Dieu, messire Guillaume Le Blanc, évêque de Grasse, à ses diocésains, touchant l'affliction qu'ils endurent des loups en leur personne et des vermisseaux en leurs figuiers en la présente année 1597. Seconde édition, reveue. *Paris, Jean Richer,* 1599, in-12, mar. v. fil. à fr. tr. dor. (*H. Duru.*)

358. Nouvelle Invention de chasse, pour prendre et oster les loups de la France..... avec trois discours aux Pastoureaux françois, par M. Louys Gruau, prestre, curé de Sauge, diocèse du Mans. *Paris, Pierre Chevalier,* 1613, in-8, plus. pl. grav. sur bois, mar. v. fil. dos orné, tr. dor. (*Kœhler.*)

Livre fort rare. On a ajouté à cet exemplaire un second titre au nom de Laurent Sonnius.

359. La Noble et furieuse Chasse du Loup, compo-sée par Robert Monthois, Arthisien, en faveur de

ceux qui sont portez à ce royal deduict. *A Ath,
chez Jean Maes,* 1642, pet. in-4, avec une pl.,
v. m.

Livre des plus rares. Il manque 3 des feuillets préliminaires.
Exemplaire du marquis de Paulmy.

360. La Noble et furieuse Chasse du Loup, composée
par Robert Monthois, Arthisien, en faveur de ceux
qui sont portez à ce royal deduict. *Paris,
Mme Ve Bouchard-Huzard,* 1863, gr. in-8, avec
une fig. sur bois, mar. r. fil. dos orné, tr. dor.
(*Chambolle-Duru.*)

L'un des deux exemplaires tirés sur VÉLIN FIN (n° 1.)

361. Toxophilus, the schole of shootinge conteyned
in two bookes. (A la fin :) *Londini, in ædibus
Edouardi Whytchurch,* 1545, in-4, 2 part. en 1 vol.
in-4, goth. mar. r. fil. à froid, doublé de mar.
bl. dent. à petits fers, tr. dor. Armes et chiffre.
(*Bauzonnet-Trautz.*)

Livre très-rare. Bel exemplaire de M. Huzard, relié depuis.

362. La Caccia dello schioppo, di Nicola Spadoni,
con settanta quatro documenti per fare un bravo
e valente cacciatore da schioppo. *In Bologna,
per Gioseffo Longhi,* 1673, pet. in-12, 2 gr. pl.
mar. r. fil. à froid, tr. dor. Chiffre. (*H. Duru.*)

363. La Caccia dell'arcobugio del cap. Vita Bon-
fadini, con la prattica del tirare in volo, in aere,
et a borita. *In Milano, per Dionisio Garibaldi,*
1648, pet. in-12, v. ant. fil.

Exemplaire de M. Huzard, avec une note bibliographique sur le livre.

364. La Chasse au fusil, ouvrage divisé en deux
parties (par Magné de Marolles). *Paris, impr. de
Monsieur, et se vend chez Théoph. Barrois,* 1788,
in-8, demi-rel. dos et coins de mar. rouge, fil.
tête dor. non rog. (*Simier.*)

365. La Chasse au fusil, par Magné de Marolles.
Nouvelle édition, renfermant toutes les additions
et améliorations préparées par l'auteur. *Paris,*

Théophile Barrois, 1836, in-8, réglé, mar. r. fil.
dos orné, tr. dor. (*Duru.*)

366. Waidwergk. (A la fin :) *Gedruckt zu Augspurg
durch Haynrich Steyner. S. d.*, in-4, goth. 20 ff.
fig. sur bois sur le titre, mar. r. fil à froid, tr. dor.
(*H. Duru.*)

Traité de la chasse des oiseaux au faucon, aux filets, aux lacets, à la glu,
au tir; de la pêche aux filets, à l'hameçon, etc.; de la chasse du gibier à
poil au moyen des filets, des lacets, des fosses, des piéges, et au tir.
Exemplaire de M. Huzard. Premier livre allemand imprimé sur la chasse.

367. LES RUSES INNOCENTES, dans lesquelles se voit
comment on prend les oyseaux passagers et les
non passagers, et de plusieurs sortes de bestes
à quatre pieds, avec les plus beaux secrets de la
pesche dans les rivieres et dans les estangs; le tout
divisé en cinq livres. Par F. F. F. R. D. G. (F. François Fortin, religieux de Grandmont), dit le Solitaire inventif. *Paris*, *Pierre Lamy*, 1660, in 4,
planches, mar. v. compart. (*Titre troué.*)

Exemplaire de dédicace, aux armes de Camille de Villeroy, archevêque de
Tours et depuis archevêque de Lyon.

368. Les Ruses innocentes, dans lesquelles se voit
comment on prend les oiseaux passagers et les
non passagers, et de plusieurs sortes de bêtes à
quatre pieds, avec les plus beaux secrets de la
pêche dans les rivieres et dans les estangs.... par
F. F. F. R. D. G. (frère F. Fortin, religieux de
Grandmont), dit le Solitaire inventif. *Suivant la
copie de Paris, à Amsterdam, Pierre Brunel,*
1695, in-8, frontisp. et fig. mar. bl. fil. dos orné,
tr. dor. Armes et chiffre. (*Bauzonnet-Trautz.*)

Bel exemplaire. Avec les 8 feuillets de la feuille P, ce qui est très-rare. Il
n'y en a ordinairement que 7.

369. Les Ruses du braconnage, mises à découvert,
ou mémoires et instructions sur la chasse et le
braconnage, par L. Labruyerre. *Paris, Lottin l'aîné,*
1771, in-12, mar. r. fil. coins ornés, tr. dor.
(*Rel. anc.*)

Exemplaire aux armes du maréchal prince de SOUBISE.

370. Les Ruses du braconnage mises à découvert, ou mémoires et instructions sur la chasse et le braconnage, par L. Labruyerre. *Paris, Lottin l'aîné,* 1771, in-12, mar. bl. fil. à froid, tr. dor. armes et chiffres. (*H. Duru.*)

Bel exemplaire, relié sur brochure.

371. Les Ruses du braconnage. In-12, v. f. fil. tr. dor. (*Closs.*)

Manuscrit du XVIIIe siècle, contenant 200 pages. Cet ouvrage, différent du précédent, est également de L. La Bruyerre. C'est ce manuscrit que M. le baron J. Pichon a publié en 1844 sous le titre : *Histoire d'un braconnier* (voir le n° suivant). Il contient : 1° 2 lettres de La Bruyerre datées de Bicêtre, l'une adressée à M. Destimonville, capitaine des chasses du prince de Condé, et l'autre à M. de Louvigny, capitaine des chasses du comte de Clermont ; 2° les questions qui lui furent faites ; 3° ses réponses ; 4° l'histoire de sa vie.

Ce ms. provient de la bibliothèque de M. Huzard.

372. Histoire d'un braconnier, ou Mémoires de la Vie de L. Labruyerre, auteur des Ruses du braconnage (publiés par M^r le baron J. Pichon). *Paris, J. Techener et Potier (imprimé par Crapelet),* 1844, in-8, mar. r. fil. tr. dor. (*Chambolle.*)

B. Fauconnerie.

373. FREDERICI II, IMPERATORIS, DE ARTE VENANDI CUM AVIBUS. Pet. in-fol. mar. vert, doublé de mar. rouge, dent. tr. dor. armes et chiffres. (*Duru.*)

Manuscrit italien du XVe siècle, sur papier, d'une très-bonne écriture.

Ce ms. et un autre du même ouvrage, qui se trouve à la bibliothèque Mazarine, ont une telle similitude qu'il paraît probable qu'ils ont une commune origine. Ils diffèrent tous deux des imprimés en ce qu'ils sont complets et donnent les six livres de la fauconnerie de Frédéric II, au lieu de deux, et en ce qu'ils ne contiennent pas les additions de Mainfroi qui se trouvent dans l'édition publiée par Velserus en 1596. Les deux premiers livres, les seuls que contienne l'imprimé, et encore avec de nombreuses lacunes, sont aussi étendus que les IIIe, IVe, V^e et VIe livres, et représentent à peu près la moitié de l'ouvrage. Il est à remarquer toutefois que les trente premiers chapitres du second livre dans les imprimés ne se trouvent pas dans les deux mss. beaucoup plus complets d'ailleurs.

Notre ms. contient de plus que celui de la bibliothèque Mazarine :

1° Une table des chapitres avec un préambule ;

2° Après l'explicit, quatre pages et demie de recettes pour les maladies des chevaux ;

3° Le Traité de fauconnerie de l'Arabe Moamin, en cinq livres ;

4° Un autre traité de fauconnerie d'un auteur persan (G. Persicus), peut-être Guillinus ou Guicennas cité par Tardif ;

5° Une lettre supposée adressée à l'empereur Théodose par le médecin Grisophe sur la manière de guérir les faucons malades.

Le tout se compose de 261 feuillets. Les neuf premiers contiennent la table des chapitres et un court préambule d'une écriture postérieure à celle du corps du Ms. Ce préambule commence ainsi : « *Cum preambulum ad omnia scibilia...* ». Dans le C très-orné du mot *Cum* est représenté un tout jeune homme coiffé d'une toque rouge et habillé de brocart vert. Au bas de ce même feuillet, dans le centre d'une couronne verte et or, entre deux fers à cautériser les oiseaux, on voit le portrait d'un homme en robe lilas avec une toque de même couleur. Il tient un livre vert ; c'est évidemment l'effigie de l'écrivain, et le propriétaire du livre est le jeune homme représenté dans la lettre C. Ces deux petites miniatures sont très-nettes et très-correctes.

En tête du prologue, une main, qui paraît être la même que celle qui a tracé le préambule, a écrit : *Ad divum Astorum Manfredum secundum Faventie dominum* (Astor Manfredi, deuxième du nom, seigneur de Faenza depuis 1417 jusqu'en 1468, époque de sa mort). C'est probablement pour ce personnage que le ms. a été exécuté.

Il résulte d'autres indications que le ms. a aussi appartenu à Astor Manfredi III, petit-fils d'Astor II, assassiné par César Borgia, à l'âge de 15 ans, et c'est pour ce malheureux prince que le préambule et la table ont été ajoutés.

Ce ms. et celui de la bibliothèque Mazarine sont les seuls, à ce qu'on pense, qui existent maintenant du texte latin de l'empereur Frédéric II.

Voir une notice sur ce ms. dans le *Bulletin du bibliophile*, 1864, d'où cette note a été tirée.

374. Reliqua librorum Friderici II, imperatoris, de arte venandi cum avibus, cum Manfredi regis additionibus;... Albertus Magnus de falconibus, asturibus et accipitribus (edidit M. Velserus). *Augustæ Vindelicorum, apud Joan. Prætorium,* 1596, in-8, mar. v.

Première édition, rare. Exemplaire aux armes de J.-A. de THOU, provenant de la bibl. Huzard.

375. Reliqua librorum Friderici II, imperatoris, de arte venandi cum avibus, cum Manfredi regis additionibus. Accedunt Alberti Magni capita de falconibus, asturibus et accipitribus; quibus annotationes addidit suas Jo. Gottl. Schneider. *Lipsiæ, impensis J. G. Mulleri heredum,* 1788-1789, 2 part., fig. de Schneider, grav. par Grünler. — Observations sur le vol des oiseaux de proie, par M. Huber, de Genève. *Genève, Paul Barde,* 1784, avec fig. dessinées par l'auteur. — En 1 vol. in-4, mar. r. fil. dos orné, tr. dor. (*Closs.*)

376. (GUILLAUME TARDIF, du Puy en Velay.) CEST LE LIVRE DE LART DE FAULCONNERIE et des chiens de chasse. — *Cy finist le livre des oyseaux et chiens. Imprime a Paris ce cinquiesme jour de*

Janvier mil quatre cens quatre vingz et douze, pour Anthoine Verard, libraire, demourant sur le pont Nostre-Dame, pet. in-fol. goth. une fig. sur bois, marque d'Ant. Verard à la fin, mar. r. fil. doublé de mar. bl. large dent. tr. dor. armes. (*Bauzonnet-Trautz.*)

Première édition, de la plus grande rareté.

Superbe exemplaire, provenant de la bibliothèque de M. Huzard, et peut-être le seul connu. Cet exemplaire a été payé, chez M. Huzard, 300 fr., avant la reliure, qui est une des plus belles de Bauzonnet. Il serait porté aujourd'hui, dit M. Brunet, à plus de 1,500 fr. (*Manuel,* V, col. 657.)

377. (FRANCHIERES.) Cest le livre de lart de faulconnerie, lequel frere Jehan de Francieres, chevalier de lordre de Sainct Jehan de Hierusalem.... a extraict et assemble, cest assavoir les livres des troys maistres faulconniers cy apres nommez...... ensemble le deduyt des chiens de chasse comme ci apres ce monstrera et sera traicte en ce present livre. (A la fin du livre de faulconnerie, avant la table :) *Imprime a Paris pour Pierre Sergent...* (Et après la table :) *Cy finist le livre... On les vend a Paris, en la rue Neufve Nostre-Dame, a lenseigne Sainct Nicolas, s. d.* (puis à la fin :) *Cy finist le livre des chiens de chasse, s. d.,* pet. in-4 goth. fig. sur le titre, mar. r. dent. à l'oiseau, doublé de mar. r. même dent., dos orné, tr. dor. (*Trautz-Bauzonnet.*)

Édition rarissime, la plus ancienne de ce livre. !— Bel exemplaire, mais avec quelques mots du dernier feuillet refaits.

378. Libro di M. Federigo Giorgi, del modo di conoscere i buoni falconi, astori, e sparavieri, di essercitarli e farli perfetti, di governarli, et di medicarli. *In Vinegia, appresso Gabr. Giolito de' Ferrari,* 1568. — Tre libri de gli uccelli da rappina di M. Francesco Sforzino da Carcano,.... con un trattato de' cani del medesimo. *In Vinegia, appresso Gab. Giolito,* 1568, in-8, vél. fil. tr. dor.

Beau volume aux premières armes de J.-Aug. de Thou.
Acheté à la vente Huzard.

379. Libro de Cetreria de caça de açor, en el qual por differente stilo del que tienen los antiguos,

que estan hechos, veran (los que a esta caça fue-
ren afficionados), el arte que se ha de tener en
el conoscimiento y caça destas aves, y sus curas,
y remedios... (Por D. Federique de Çuniga.) *En
Salamanca, en casa de Juan de Canova,* 1565,
pet. in-4, mar. bl. fil. à froid, tr. dor. (*H.
Duru.*)

Un des traités les plus rares sur la fauconnerie.

381. L'Autourserie de P. de Gommer, seigneur de
Lusancy, assisté de F. de Gommer, seigneur du
Breuil, son frère. *A Chaalons (sur Marne), chez
Claude Guyot,* 1594, pet. in-8, fig. sur bois, mar.
v. fil. dos orné, tr. dor. Armes. (*Bauzonnet.*)

Edition originale. C'est une des rares impressions faites à Châlons-sur-
Marne au seizième siècle.

382. La Fauconnerie de Charles d'Arcussia, seigneur d'Esparron, de Paillières,... etc... divisée
en trois livres. *Paris, Jean Houzé,* 1599, in-8,
fig. gr. en taille-douce, v. m.

Seconde édition, rare.

383. La Fauconnerie de Charles d'Arcussia, seigneur d'Esparron, de Pallières en Provence, divisée en cinq parties, reveuë, corrigée et augmentee de plusieurs advis..... et de la cinquiesme
partie. *Paris, Jean Houzé,* 1607, fig. et 5 planches d'instruments. — De l'Autourserie et de ce
qui a rapport au vol des oyseaux, par P. de Gommer, seigneur de Lusancy, et F. de Gommer,
seigneur du Breuil. *Paris, Jean Houzé,* 1608, in-8,
fig., mar. bl. fil. à froid, tr. dor. armes. (*H. Duru.*)

Exemplaire grand de marges, provenant de la bibliothèque de M. Huzard,
avec une longue note manuscrite de ce bibliophile. L'*Autourserie*, qui doit être
jointe à cette édition de d'Arcussia, en avait été séparée pour la vente. On l'y
a réunie en faisant relier le volume.

384. La Fauconnerie de Charles d'Arcussia de Ca-
pre, seigneur d'Esparron, de Pallières et du Revest
en Provence.... divisée en cinq parties. *Paris,
Jean Houzé,* 1615, in-4, fig. mar. bl. fil. à froid,
tr. dor. armes. (*H. Duru.*)

Sur le feuillet de garde se trouvent ces mots : *Pour M. Du Perier,* ESPARON,

de la main de *d'Arcussia;* et sur le titre, la signature de *Du Perier.* C'est
probablement le Du Perier, gentilhomme d'Aix en Provence, à qui Malherbe
a adressé les célèbres stances : « *Ta douleur, Du Perier, etc.* »
  Bel exemplaire.

385. La Fauconnerie de Charles d'Arcussia de Ca-
     pre...... divisée en dix parties (avec la Faulcon-
     nerie du roy comme elle étoit en 1615... Discours
     de chasse et lettres de Philoierax à Philofalco).
     Paris, Jean Houzé, 1627, in-4, fig., mar. r. fil. à
     fr. tr. dor. (*H. Duru.*)

Édition la plus complète et la plus belle. Bel exemplaire, avec le portrait
et les armes de l'auteur.

386. The Booke of Falconrie or Hawking..... collec-
     ted out of the best authors, as well Italians as
     Frenchmen, and some English practises with all
     concerning falconrie, published by George Tur-
     berville. *London, printed by Thomas Purfoot,*
     1611. — The noble art of Venerie or Hunting...
     translated and collected for the pleasure of all no-
     blemen and gentlemen (by G. Turberville)... *Lon-
     don, printed by Thomas Purfoot,* 1611, 2 part. en
     1 vol. pet. in-4 goth., fig. sur bois, v. ant. dent.
     à fr. tr. dor. (*Rel. angl.*)

Livre rare.

387. Le Miroir de Fauconnerie, où se verra l'ins-
     truction pour choisir, nourrir et traicter, dresser
     et faire voler toute sorte d'oyseaux, les muer et
     essimer, cognoistre les maladies et accidents qui
     leur arrivent, et les remèdes pour les guérir; par
     Pierre Harmont, dit Mercure. *Paris, Claude Por-
     cheron,* 1620, pet. in-8, fig. v. gr.

Première édition, rare. Figures d'oiseaux ajoutées à l'époque de l'apparition du livre.

388. Le Miroir de Fauconnerie ...; par Pierre Har-
     mont, dit Mercure. *Paris, Cardin Besongne,* 1635,
     pet. in-8, mar. r. fil. à froid, tr. dor. (*H. Duru.*)

Seconde édition, encore plus rare que la première.

389. LA FAUCONNERIE DE FRANÇOIS DE SAINCTE AU-
     LAIRE, sieur de la Renodie en Perigort, gentil-

homme lymosin; divisée en huict parties, avec un bref discours sur la loüange de la chasse et exhortation aux chasseurs; dédiée à M. le duc de Luynes. *Paris, Robert Foüet,* 1619, in-4, vél.

Ouvrage fort rare, dont on ne connaît que quelques exemplaires. Celui-ci est très-beau, grand de marges et fort bien conservé. Sur le feuillet de garde se trouve une longue note biographique sur S.-Aulaire, par M. J. P.

390. Arte da Caça da altaneria, composta por Dieguo Fernandez Ferreira, moço da camara del Rey. *Em Lisboa, na officina de Jorge Rodriguez,* 1616, pet. in- 4, v. f. dos orné. (*Rel. anc.*)

Bel exemplaire, auquel on a joint huit dessins à la plume représentant différentes chasses d'oiseaux, avec une explication manuscrite en regard, en langue portugaise. Ce livre rarissime n'est pas à la bibliothèque de Lisbonne.
Exemplaire du maréchal d'ESTRÉES, de DURIEZ et de M. HUZARD.

391. Latham's faulconry, or the faulcons lure and cure : in two books.... by Simon Latham. *London,* 1658, 2 parties en 1 vol. pet. in-8, fig. sur bois, mar. r. fil. à froid, tr. dor. (*Bauzonnet-Trautz.*)

Ouvrage rare.

392. Traité de Fauconnerie, par H. Schlegel et A. H. Verster de Wulverhorst. *Leiden* et *Dusseldorf, chez Arnz et Comp[e],* 1844-1853, gr. in-fol. titre et planches. (*Dans un carton.*)

Très-bel ouvrage, orné d'un beau frontispice et de 17 gr. planches, gr. par Wolf, et coloriées avec soin.

393. Falknerklee... Le Trèfle de la Fauconnerie, comprenant trois ouvrages inédits sur la fauconnerie, trad. du turc en allemand. *Vienne,* 1840, in-4, gr. pap. vélin, fig. mar. bl. dent. doublé de soie, tr. dor. (*Riche rel. allemande.*)

Belle édition tirée à 300 exemplaires. Elle contient le texte turc à la suite de la traduction allemande.
Exemplaire du roi Louis-Philippe.

---

394. Dello Pescatore di Gasparo Murtola,... con la creatione della Perla et altre rime del medesimo. *In Venetia, appresso Evangelista Deuchino,* 1617, pet in-12, vél.

Exemplaire de M. Huzard, avec une note bibliographique sur ce petit poème rare.

IX. JEUX.

395. La Maison des jeux, où se trouvent les divertissemens d'une compagnie, par des narrations
agréables et par des jeux d'esprit et autres entretiens d'une honneste conversation (par Ch. Sorel).
Paris, Ant. de Sommaville, 1657, 2 vol. in-8,
mar. v. fil. tr. dor. (*Anc. rel.*)

Exemplaire aux armes de la comtesse de VERRUE.

396. Les trente-six Figures, contenant tous les jeux
qui se peurent jamais inventer et representer par
les enfans tant garsons que filles, depuis le ber-
ceau jusques en l'aage viril, avec les amples signi-
fications des dites figures, mises au pied de chacune d'icelles, en vers françois, le tout nouvellement mis en lumière et dirigé par ordre. *Paris,
par Nicolas Prevost,* 1589, in-4 obl., titre gravé,
18 feuillets ou 36 planches sur bois, avec encadrements, mar. r. fil. dos orné, tr. dor. (*Trautz-
Bauzonnet.*)

Livre des plus curieux, où sont représentés, avec les costumes et au naturel, les jeux les plus en usage au XVIe siècle parmi les enfants. La plupart
de ces jeux sont encore ceux d'aujourd'hui. Les 36 planches, qu'entourent des
encadrements, ont au bas de chacune un sixain donnant l'explication du jeu.
M. Brunet ne fait pas mention de ce livre.

BELLES-LETTRES.

I. LINGUISTIQUE.

398. Guido Juvenalis Fr. Augustini Dati. *S. l. n. d.*
pet. in-8 goth., mar. r. fil. à froid, ornem. au
milieu et aux coins des plats, tr. dor. (*Lortic.*)

C'est un recueil d'exercices, thèmes et versions en français, pour apprendre le latin. Ce volume est sans date, sans lieu d'impression et sans nom de libraire, mais il porte la marque de Nicole de La Barre, qui a exercé à Paris de 1497 à 1518. Le *Manuel du libraire* ne mentionne pas ce volume.

Exemplaire grand de marges et bien conservé.

399. Project du livre intitulé : De la Precellence du langage françois, par Henri Estienne. *Paris, Mamert Patisson*, 1579, in-8, mar. v. fil. dos orné, tr. dor. armes. (*Bauzonnet.*)

Superbe exemplaire de M. de la Bédoyère (vente de 1837), sur papier fort et très-grand de marges ; avec un feuillet (ssij) non fendu.

400. Devis de la langue françoise, fort exquis et singulier. Avecques un autre devis, et propos touchant la police et les Estatz; faictz et composez par A. M. (Abel Mathieu), sieur des Moystardières. *Paris, Jean de Bordeaux*, 1572, in-8, mar. v. fil. dos orné, tr. dor. armes. (*H. Duru.*)

401. De l'Excellence de la langue françoise, par M. Charpentier, de l'Académie françoise. *Paris, v^e Billaine*, 1683, 2 vol. in-12, mar. r. compart. à la Du Seuil, dos orné, tr. dor. (*Belle reliure du temps.*)

Bel exemplaire du chevalier d'Enfrenel, avec sa signature sur les titres et ses armes sur papier, collées à l'intérieur de la reliure.

402. Traicté de la conformité du langage françois avec le grec, divisé en trois livres,... duquel l'auteur est Henri Estienne. *Paris, Rob. Estienne*, 1569, in-8, mar. v. fil. dos orné, tr. dor. armes (*Bauzonnet.*)

Très-bel exemplaire, grand de marges, et avec témoins.

403. Etymologicon de l'Hétropolitain (Le Bon), à M. le cardinal de Guise. *Paris, Denis du Pré*, 1571, pet. in-8, mar. r. tr. dor. (*Chambolle.*)

Volume rare. C'est une étymologie des mots français dans l'ordre alphabétique.

Jean le Bon, médecin du roi, avait pris le surnom d'Hétropolitain parce qu'il était natif d'Autreville, près Chaumont en Bassigny.

404. A bien vienne tout. A. B. C... etc... Loraison dominicale, la Salutation angelique, etc. *Imprime a Paris par Nicolas Brusle : pour Guillaume Mer-*

lin, s. d. (vers 1500), in-8, goth. de 8 ff., mar.
r. fil. dos orné, tr. dor. (*Trautz-Bauzonnet.*)

Petit livre destiné aux écoles et devenu par conséquent très-rare.

405. Grammaire générale et raisonnée, contenant
les fondemens de l'art de parler,... etc... (par Cl.
Lancelot et Ant. Arnauld), 3ᵉ édition augmentée.
Paris, Pierre Le Petit, 1676. — Nouvelle Méthode
pour apprendre facilement la langue espagnole.
— Id... pour la langue italienne (par Lancelot).
Paris, Denis Thierry, 1680-1681. Le tout en 1 vol.
in-12, mar. r. fil. dos orné, tr. dor.

Exemplaire aux armes du comte d'HOYM.
Cet exemplaire a appartenu à M. Veinant. La pièce du dos, contenant le
titre, ayant été enlevée, on en a mis une autre avec un titre imitant l'ancien.

406. Grammaire des dames,... avec les moyens de
connaître les expressions provinciales, de les éviter, etc., dédiée à madame la princesse de Lam-
balle, par M. de Prunay. *Paris, Lottin,* 1777,
in-12, pap. de Holl., joli frontisp., mar. rouge,
fil. tr. dor. doub. de tabis, armoiries. (*Rel. anc.*)

Exemplaire aux armes de Mᵐᵉ Berthier de Sauvigny, dont le mari et le
père, J.-Fr. Foulon, furent massacrés, le 22 juillet 1789, sur la place de l'Hôtel-de-Ville.

407. Des Mots à la mode et des nouvelles façons de
parler, avec des observations sur diverses manières d'agir et de s'exprimer, et un discours en
vers sur les mêmes matières (par Fr. de Callière);
quatrième édition, augmentée. *La Haye, Abr.
Troyel,* 1693. — Du bon et du mauvais usage de
s'exprimer; des façons de parler bourgeoises, et
en quoy elles sont différentes de celles de la cour
(par le même). *Suivant la copie à Paris, chez
Cl. Barbin,* 1694, 2 tom. en 1 vol. pet. in-12, mar.
bl. fil. à froid, tr. dor. armes et chiffre. (*Duru.*)

II. RHÉTORIQUE.

Rhéteurs et orateurs.

408. Cy commance le traitie de l'art de Retorique, gr. in-8, demi-rel. mar. viol. n. r.

Manuscrit du XVᵉ siècle, sur papier, contenant 54 feuillets. A la suite du *Traité,* qui est fort peu étendu, se trouve un grand nombre de pièces de vers, ballades, rondeaux, etc., parmi lesquelles on en remarque plusieurs en patois messin.

409. Le Grand et vray Art de plaine rethoricque : utile, proffitable et necessaire à toutes gens qui desirent à bien elegantement parler et escripre. Compile et compose par.... maistre Pierre Fabri, en son vivant cure de Meray, et natif de Rouen, par lequel un chascun... pourra composer toutes descriptions en prose, comme oraisons, lettres, epistres, sermons, etc. *Au Mont Sainct Michel, à Caen, sont à vendre pres les Cordeliers,* 1544. — Le second livre... par lequel chascun... pourra composer toutes descriptions en rithmes, comme chants royaulx, balades, rondeaux, chansons, etc. *Nouvellement imprime en* 1544, 2 part. en 1 vol. in-8 goth., réglé, mar. r. compart. genre Du Seuil, dos orné, tr. dor. (*Bauzonnet.*)

Très-bel exemplaire, grand de marges et parfaitement conservé, d'un livre rare et des plus curieux pour les naïvetés de style qu'on y rencontre, surtout dans le chapitre de *Narration,* dans lequel le bon curé indique crûment les termes *deshonnestes,* dont on ne doit user que par *honneste circonlocution.* (Première partie, feuillet xxxv verso.)

409 *bis*. La Rhétorique françoise d'Antoine Fouquelin de Chauny en Vermandois. A madame Marie, royne d'Escosse. *Paris, André Wechel,* 1557, pet. in-8, mar. bl. tr. dor. (*Chambolle.*)

« Ouvrage curieux à cause de la dédicace à Marie Stuart et des citations nombreuses que l'auteur fait des poëtes de son époque. » (*Brunet, Man. du libr.*)

410. Deux Dialogues de l'invention poétique, de la vraye congnoissance de l'histoire, de l'art oratoire, de la fiction de la fable . . . par Daniel d'Auge

(Champenois). *Paris, de l'impr. de Richard Breton*, 1560, in-8, mar. bl. tr. dor. (*Chambolle.*)

Livre rare, imprimé en caractères de *Civilité*.

410 *bis*. Huit Oraisons de Cicéron (trad. par divers
auteurs). *Paris, Jean Camusat*, 1638, in-4, mar.
r. fil. tr. dor.

Bel exemplaire, aux chiffres et aux armes du comte d'HOYM.

411. C. PLINII PANEGYRICUS liber Trajano dictus, cum
annotationibus Dominici Baudii. *Lugd. Batavorum, ex officina Hackiana*, 1675, in-8, réglé,
frontisp., mar. r. fil. doublé de mar. r. dent. tr.
dor. (*Boyet.*)

Superbe exemplaire, aux armes et au chiffre du comte d'HOYM.
Cet exemplaire a passé successivement à la vente Saint-Mauris, en 1793;
chez Naigeon, chez F. Didot, 1810, et chez M. Gabriel-René B. (Bocher), 1838.

412. Oraison funèbre de Henri de la Tour d'Auvergne, vicomte de Turenne, par Esprit Fléchier. *Paris, Séb. Mabre-Cramoisy*, 1676, in-4, mar. br.
tr. dor. (*Chambolle.*)

Édition originale.

413. Oraison funèbre de M. le premier président de
Lamoignon, prononcée dans l'église de S. Nicolas
du Chardonnet, le 18 février 1679, par E. Fléchier. *Paris, Séb. Mabre-Cramoisy*, 1679, in-4,
mar. br. tr. dor. (*Chambolle.*)

Édition originale.

414. ORAISON FUNÈBRE de très-haut et puissant prince, Louis de Bourbon, prince de Condé, prononcée dans l'église de Nostre-Dame de Paris le 10
mars 1687, par messire Jacq.-Bénigne Bossuet,
évesque de Meaux. *Paris, Séb. Mabre-Cramoisy*,
1687, in-4, vign., mar. n. fil. tr. dor. (*Anc. rel.*)

Édition originale. Précieux exemplaire, en grand papier, aux armes de Bos-
SUET.
On lit sur le feuillet de garde : *Ex libris Bibliothecæ reginæ Navarræ*, et
sur le titre : *Ex dono ill^{mi} ac R^{mi} episc. Meld.* 1704. (Année de la mort de
Bossuet.)

415. Discours prononcé le mardi 1er octobre mil
sept cent soixante-onze, en l'église des Religieuses

carmélites de S. Denys, pour la cérémonie de la prise du Voile de profession de madame Louise-Marie de France, par messire Armand de Roquelaure, évêque de Senlis, premier aumônier du roy. *Paris, Aug.-Martin Lottin*, 1771, in-4, portr. de la princesse ajouté, mar. r. fil. coins ornés, tr. dor. (*Anc. rel.*)

Exemplaire aux armes du comte de Provence (depuis Louis XVIII). Le discours était adressé à la comtesse de Provence qui assistait à la cérémonie.

On a joint à cet exemplaire un joli portrait de Mme Louise-Marie de France, d'après Queverdo, gravé par Lebeau.

III. POÉSIE.

1. *Poëtes grecs et latins.*

416. L'ILIADE d'Homère, traduite en françois, avec des remarques, par madame Dacier. *Paris, Rigaud*, 1711, 3 vol. in-12, réglés, frontisp. et fig. mar. r. dent. doublé de mar. v. dent. tr. dor. (*Boyet.*) — L'Odyssée d'Homère avec des remarques, par madame Dacier. *Paris, Rigaud*, 1716, 3 vol. in-12, réglés, fig., mar. r. dent. doublé de mar. rouge, dent. tr. dor. (*Boyet.*)

Très-bel exemplaire, avec les figures de B. Picart en premières épreuves. Exemplaire de Ch. NODIER et du marquis de COISLIN.

417. Les dix premiers livres de l'Iliade d'Homère, traduictz en vers françois, par M. Hugues Salel... abbé de S. Chéron. *On les vent à Paris, en la boutique de Vincent Sertenas;* (et à la fin :) *Imprimé à Paris, par Jehan Loys*, 1545, in-fol. réglé, fig. sur bois, v. f. fil. tr. dor. (*Rel. anc.*)

Beau volume, orné d'un frontispice et de 40 charmantes vignettes gravées au trait et entourées de bordures en arabesques dans le style des dessins de G. Tory. Très-belles initiales à fond criblé. — Il y a une piqûre de ver sur le bord de la marge du volume.

418. L'Odyssée d'Homère, nouvelle traduction (par La Valletrie). *Suivant la copie imprimée à Paris, chez Cl. Barbin (Holl.)*, 1682, 2 part. en 1 vol. in-12, frontisp. et fig. de Schoonebeek, mar. r. fil. tr. dor. (*Aux armes d'Aubusson de la Feuillade.*)

419. Apologie d'Homère et Bouclier d'Achille (par
Boivin). *Paris, Fr. Jouenne,* 1715, in-12, 2 planches, v. f. fil. tr. dor.

Bel exemplaire de LONGEPIERRE, portant sur les plats et sur le dos les insignes de la Toison-d'Or.

420. Les Idylles de Bion et de Moschus, traduites de
grec en vers françois, avec des remarques (par
Longepierre). *Paris, Pierre Aubouin,* 1686, 2 part.
en 1 vol. in-12, réglé, 2 frontisp., mar. r. jans.,
doublé de mar. v. dent. tr. dor.

Bel exemplaire de LONGEPIERRE, traducteur de l'ouvrage, avec les insignes
de la Toison-d'Or. On y a ajouté un portrait de Longepierre d'après De Troy.

421.   Fragmenta poetarum veterum latinorum,
quorum opera non extant : Ennii, Accii, Lu-
cilii, Laberii, Pacuvii, Afranii, Nævii, Cæcilii, aliorumque multorum : undique a Rob. Stephano....
congesta ; nunc autem ab Henr. Stephano ejus
filio digesta. *S. l. (Parisiis), excudebat Henricus
Stephanus,* 1564, in-8, mar. br. à riches compart.
peints en rouge, vert, blanc, tr. dor.

Belle et riche reliure à mosaïque du xvi° siècle, bien conservée.

422. Titi Lucretii Cari de Rerum natura libri sex.
Lutetiæ Parisiorum, sumpt. Ant. Coustelier, 1744,
2 vol. in-12, frontisp. et fig. de Van Mieris, mar.
v. large dent., doublé de tabis, tr. dor. (*Derome*).

Bel exemplaire imprimé sur VÉLIN, provenant de la bibliothèque de Gout-
tard, et, en dernier lieu, de celle de M. Hurez, ancien imprimeur de Cambray.
(Févr. 1856.)
Charmante reliure de DEROME père.

423. Catulli, Tibulli et Propertii Opera. *Londini,
ex off. Jacobi Tonson,* 1715, in-12, frontisp. par
Du Guernier, v. f. fil. tr. dor. (*Anc. rel.*)

Exemplaire en grand papier, de F. Didot et de Coulon de Lyon.

424. P. Virgilii Maronis Opera. *Lugduni Batavorum,
ex officina Elzeviriana,* 1636, pet. in-12, titre
gravé, réglé, mar. r. dos orné, fil. doublé de
mar. r. dent. tr. dor. (*Boyet.*)

Joli exemplaire de la bonne édition. Hauteur, 120 mill.

425. P. Virgilii Maronis Opera, cum interpretatione et notis Caroli Ruæi. *Parisiis, apud Simon. Bernard,* 1675, in-4, frontisp. gravé par L. Cossin, mar. r. double fil. coins fleurdelisés. tr. dor. (*Bonne reliure ancienne.*)

Bel exemplaire, grand de marges, aux armes de France. Il a appartenu au président de Brosses, qui a écrit une longue note sur les deux premiers feuillets de garde.

426. P. Virgilii Maronis Opera. *Londini, ex officina Jacobi Tonson,* 1715, in-12, frontisp. gr. par Du Guernier, v. f. fil. dos orné, tr. dor. (*Padeloup.*)

Aux armes du comte d'Hoym. Joli exemplaire de J.-J. De Bure.

427. Quintus Horatius Flaccus, accedunt nunc Danielis Heinsii de satyra Horatiana libri duo... cum ejusdem in omnia poetæ animadversionibus longe auctioribus. *Lugd. Batav., ex officina Elzeviriana,* 1629, 2 vol. pet. in-12, premier titre gravé, mar. r. jansén. doublé de mar. r. dent. coins intér. fleurdelisés, tr. dor. (*Anc. rel.*)

Joli exemplaire. Hauteur, 125 mill.

428. Quinti Horatii Flacci Opera. *Londini, ex officina Jacobi Tonson,* 1715, in-12, réglé, frontisp. gravé par Du Guernier, mar. bl. fil. tr. dor. (*Padeloup.*)

Bel exemplaire en GRAND PAPIER, aux armes et aux chiffres du comte d'Hoym.

429. Les Métamorphoses d'Ovide, traduites en vers françois par T. Corneille (à M. le Dauphin). *Paris, Gab. Quinet,* 1669, in-12, frontisp. et fig. grav. par L. Weyen, fleurons grav. sur bois, mar. r. fil. tr. dor. (*Anc. rel.*)

Exemplaire de dédicace, aux armes du DAUPHIN, fils de Louis XIV.

430. Les XXI Epistres d'Ovide translatees du latin en françoys, par monseigneur levesque Dangoulesme (Octavien de Saint-Gelais). *Paris, Galliot du Pre,* 1528, pet. in-8, lettres rondes, vign. sur bois, mar. bleu, fil. tr. dor. (*Anc. rel.*)

Très-joli exemplaire de Méon, de Coulon et du prince d'Essling. Reliure de la fin du xviie siècle. On remarque sur le dos de la reliure de petits soleils et des fleurs de lis, ornements qui semblent indiquer que cet exemplaire est celui de Louis XIV.

431. Traduction des épistres d'Ovide en vers françois (par l'abbé Barin). *Paris, Cl. Barbin,* 1666. — Traduction des élégies amoureuses d'Ovide en vers françois (par le même). *Paris, Cl. Barbin,* 1666, in-12, réglé, mar. vert, dent. doublé de mar. r. dent. tr. dor. (*Jolie reliure de la fin du* xviie *siècle.*)

431 *bis.* La Pharsale de Lucain, ou les guerres civiles de César et de Pompée, en vers françois, par M. de Brébœuf. *Leide, Jean Elsevier,* 1658, petit in-12, premier titre gravé, mar. r. double fil. coins ornés, doublé de mar. r. dent. dos orné, tr. dor. (*Thouvenin.*)

Bel exemplaire, grand de marges. Hauteur, 131 mill. Jolie reliure de Thouvenin.

432. D. MAGNI AUSONII OPERA, Jac. Tollius recensuit, notis varior. et suis animadversionibus illustr. *Amstelodami, Joan. Blaeu,* 1671, in-8, frontisp. gr., mar. r. fil. doublé de mar. r. dent. tr. dor. (*Boyet.*)

Très-belle reliure.

433. Cl. Claudiani quæ exstant, N. Heinsius recensuit. *Lugduni Batavorum, ex officina Elzeviriana,* 1650, 1 tom. en 2 vol. pet. in-12, réglés, mar. bleu, fil. tr. dor. (*Padeloup.*)

Très-joli exemplaire, aux armes du comte d'HOYM. Hauteur, 128 mill. 1/2 (4 p. 9 l. 2/3.)

434. A. Prudentii Clementis quæ exstant, N. Heinsius recensuit. *Amstelod., apud D. Elzevirium,* 1667, pet. in-12, réglé, mar. vert, dos orné, fil. doublé de mar. r. dent. tr. dor. (*Du Seuil.*)

Très-bel exemplaire de Firmin Didot et de Châteaugiron. Hauteur, 131 mill. 1/2 (4 p. 10 l. 1/2.)

435. INCIPIT IERAPIGRA Magistri Ægidii de Corboïlo ad purgandos prælatos. Pet. in-fol. mar. bl. doublé de

mar. r., large dentelle à petits fers, tr. dor. armes
et chiffres. (*Duru.*)

Manuscrit du xiiie siècle, sur vélin, contenant 53 feuillets à deux colonnes. Le texte commence par une grande lettre ornée, en couleur.

Précieux et unique manuscrit de ce poëme jadis très-célèbre de Gilles de Corbeil, médecin de Philippe-Auguste. Avant l'analyse que M. Victor Le Clerc en a donnée dans ces dernières années, dans le tome XXIII de l'Histoire littéraire de la France, cette satire contre les prélats du xiie siècle n'était connue que par un vers de Guillaume Lebreton, auteur de la Philippide, dans lequel il exprime le regret de ne pas avoir le talent du célèbre auteur de la *Ierapigra*. On sait que ce mot est le nom d'une herbe purgative très-employée en fauconnerie. Le titre est donc une plaisanterie médicale. Sur le dernier feuillet on lit, entre autres griffonnages :

> L'an mil ccc xl et quatre
> Verrons la fleur du lis combattre
> Et ne sera ne roy ne pappe.

Je pense qu'il devait y avoir d'autres vers à la suite de ceux-ci

Ce manuscrit provient de cette peu nombreuse mais précieuse collection de mss. qui, de Pithou, avait passé chez MM. Lepelletier de Rosambo. Il a été acheté à la vente de la bibliothèque de Rosny (appartenant à Mme la duchesse de Berry), en 1837, n° 2376 du catalogue.

436. Joannis Aurelii Augurelli Iambicus. *Venetiis, in ædibus Aldi,* 1505, in-8, mar. r. à riches compart. tr. dor.

Belle reliure de la seconde moitié du xvie siècle, dans un parfait état de conservation.

Exemplaire du prince Eugène de Savoie et du baron de Hohendorf, acheté à Vienne où il a été vendu comme double de la bibliothèque impériale de cette ville.

437. Thesaurus Proverbiorum italico-bergamascorum rarissimorum et garbatissimorum, nunquam antea stampatorum, in gratiam melancholiam fugientium, italicæ linguæ amantium, ad aperiendum oculos eruditorum, a Bartolameo (*sic*) Bolla, Bergamasco, viro incomparabili et alegriam per mare et per terram sectante, etc. *Stampatus in officina Bergamascorum, Francofurti, apud Joan. Saurium,* 1605, pet. in-8, mar. bl. fil. dos orné, tr. dor. (*Trautz-Bauzonnet.*)

Ce livre est tellement rare que M. G. Duplessis n'avait pu se le procurer, ni même le voir, pour en parler dans sa *Bibliographie parémiologique.* Il le cite seulement (p. 277, n° 461), d'après *Nopitsch* (*Litteratur der Sprichwörter*), et il ajoute qu'il ne l'a trouvé mentionné par aucun bibliographe italien, ni dans aucun des nombreux catalogues qu'il a consultés. M. Brunet, à qui il était resté longtemps inconnu, mais qui a pu le voir depuis la mort de M. Duplessis, fait remarquer, dans sa dernière édition du *Manuel,* que cet ouvrage diffère de celui du même auteur publié en 1604, et réimprimé en 1670, à la suite d'*Arena,* sous le titre de *Nova novarum novissima,* et il ajoute que les proverbes en partie licencieux qui s'y trouvent sont rangés dans l'ordre alphabétique, et que chaque phrase en italien est accompagnée d'une traduction latine. (*Man.* I, col. 1076.)

2. *Poëtes français.*

A. Introduction. Traités sur la poétique.

438. Recueil de l'origine de la langue et poësie françoise, ryme et romans ; plus les noms et sommaires des œuvres de CXXVII poëtes françois, vivans avant l'an M. CCC. (par Claude Fauchet). *Paris, Mamert Patisson,* 1581, in-4, mar. bl. fil. à froid, tr. dor., armes et chiffres. (*H. Duru.*)

Bel exemplaire, grand de marges.

439. L'Art et science de rhetorique pour rimes et ballades (par Henry de Croy). *Cy finist lart de rethorique de faire rimes et balades, imprime a Paris par Jehan Trepperel, s. d.* (vers 1500), pet. in-4 goth., marque de J. Trepperel sur le titre, mar. bl. jansén. tr. dor. (*Duru et Chambolle.*)

Bel exemplaire, grand de marges.

440. L'Art poëtique du sieur Colletet, où il est traitté de l'épigramme, du sonnet, du poëme bucolique, de la pastorale et de l'idylle, de la poésie morale et sententieuse, etc. *Paris, Ant. de Sommaville,* 1658, 5 parties en 1 vol. pet. in-12, mar. bl. fil. à froid, tr. dor., armes et chiffres. (*H. Duru.*)

441. Dictionnaire des rymes françoises de feu M. Jehan Le Fevre, Dijonnois, chanoine de Langres (publ. par Est. Tabourot, seigneur des Accords, neveu de l'auteur). *Paris, Galiot du Pré,* 1572, pet. in-8, mar. ol. double fil. coins et dos ornés, tr. dor. (*Capé.*)

442. Promptuaire d'unisons (*sic*) ordonné et disposé methodiquement, pour tous ceux qui voudront composer promptement en vers françois,

par Pierre le Gaygnard, seigneur de la Chaume,
avec quelques autres poësies de son invention. *Poictiers, pour Nicolas Courtoys,* 1585, in-8, réglé,
mar. r. tr. dor. (*Chambolle.*)

Volume rare, provenant de la bibliothèque de M. Veinant. A la fin du Promptuaire et avant les poésies, qui occupent 48 pages, se trouve la souscription
suivante : *Limoges, de l'impr. de Hugues Barbou, par Nic. Courtois, 1585.*

B. Anciens poëtes français depuis le premier âge jusqu'à Villon.

443. **Fabliaux et contes** des poëtes françois des xie,
xiie, xiiie, xive et xve siècles, tirés des meilleurs auteurs, publiés par Barbazan. Nouvelle édition, re-
vue et augmentée par M. Méon. *Paris, B. Warée,
impr. par Crapelet,* 1808, 4 vol. gr. in-8, fig.
mar. r. dos orné, fil. tr. dor. (*Closs.*)

Exemplaire en grand papier de Hollande, avec les figures avant la lettre.

444. **Nouveau Recueil de fabliaux** et contes inédits,
des poëtes français des xiie, xiiie, xive et xve siècles, publié par M. Méon. *Paris, Chassériau,*
1823, 2 vol. gr. in-8, fig. de E.-H. Langlois,
mar. r. fil. tr. dor. (*Closs.*)

Exemplaire en grand papier de Hollande, avec les figures avant la lettre,
sur papier blanc et sur papier de Chine, et les eaux-fortes.

445. Nouveau Recueil de contes, dits, fabliaux et
autres pièces inédites des xiiie, xive et xve siècles,
pour faire suite aux collections Legrand d'Aussy,
Barbazan et Méon, mis au jour... par Achille Jubinal. *Paris, Ed. Pannier,* 1839, 2 vol. gr. in-8,
mar. r. fil. tr. dor. (*Closs.*)

L'un des vingt exemplaires tirés sur grand papier de Hollande.

446. Les Poësies du roy de Navarre, avec des notes
et un glossaire françois, précédées de l'histoire des
révolutions de la langue françoise, depuis Charlemagne jusqu'à saint Louis; d'un discours sur
l'ancienneté des chansons françoises et de quelques autres pièces (par Lévêque de la Ravallière).
Paris, Hipp.-Louis Guérin, 1742, 2 vol. pet.
in-8, v. éc. fil.

Bel exemplaire aux armes d'Amelot de Chaillou, secrétaire d'État aux

affaires étrangères sous Louis XV, et membre de l'Académie française. Acheté
à la vente Pixerécourt. — Excellente reliure.

447. OEuvres complètes de Rutebeuf, trouvère du
XIIIe siècle, recueillies et mises au jour pour la
première fois par Achille Jubinal. *Paris, Ed. Pannier,* 1839, 2 vol. gr. in-8, mar. bl. fil. à froid,
armes et chiffres, tr. dor. (*Duru.*)

L'un des vingt exemplaires tirés sur papier de HOLLANDE.

448. LE ROMAN DU RENART, publié d'après les manuscrits de la bibliothèque du Roi, des XIIIe, XIVe
et XVe siècles; par M. D. M. Méon. *Paris, Treuttel
et Wurtz,* 1826, 4 vol. gr. in-8. — Supplément,
variantes et corrections, publiés par P. Chabaille.
Paris, Silvestre, 1835, gr. in-8; ensemble 5 vol.
fig. de Desenne, avant la lettre, mar. r. dos orné,
fil. tr. dor. (*Closs.*)

Bel exemplaire en grand papier de HOLLANDE.

449. LE ROMMANT DE LA ROSE.

> Cy cõmance le rõmant de la rose,
> Ou tout lart damours est enclose.

S. l. n. d., pet. in-fol. goth. à 2 col. fig. sur bois,
mar. bl. fil. à froid, doublé de mar. r. large dent.
tr. dor. armes et chiffres. (*H. Duru.*)

Première et précieuse édition de ce poëme, imprimé à Lyon par Guillaume
Le Roy, vers 1485. Le titre, qui manque presque toujours, est à notre exemplaire.
Sur le titre se trouvent les noms de deux anciens propriétaires du livre :
HESSELIN et LUSSON, 1620. Au-dessous du nom de ce dernier on lit ces mots :
Du lais testamentaire de feu M. Hesselin.
Hesselin (Louis) était médecin ordinaire du roi et conseiller en sa chambre
des comptes. Guillaume Lusson, président en la cour des monnaies, à qui il
légua son Roman de la rose, était le fils de Lusson, son ami, médecin du car-
dinal de Bourbon.
Bel exemplaire, grand de marges.

450 LE ROMMANT DE LA ROSE nouvellement reveu et
corrige oultre les precedentes impressions (par
Cl. Marot). *Paris, Galliot du Pre (impr. par P.
Vidoùe),* 1529, pet. in-8, lettres rondes, fig. sur
bois, réglé, mar. bleu, fil. doublé de mar. citr.
dent. tr. dor. (*Padeloup.*)

Précieux exemplaire aux armes du comte d'HOYM, parfaitement conservé.
Acheté à la vente de M. le comte de la Bédoyère en 1837. Il avait auparavant
figuré chez Bonnemet, la Vallière. Naigeon et F. Didot.

451. LE ROMAN DE LA ROSE, par Guillaume de Lorris et Jehan de Meung; nouvelle édition, revue et corrigée.... par M. Méon. *Paris, P. Didot l'aîné*, 1813, 4 vol. gr. in-8, portr., mar. r. fil. compart. dos orné, doublé de mar. ol. dent. non rog. (*Kœhler.*)

Un des deux exemplaires imprimés sur VÉLIN.

Celui-ci, qui provient de la bibliothèque Cailhava, est orné de 5 dessins à l'encre de Chine, par E.-C. Martin, du portrait de Jehan de Meun, par le même, de deux très-remarquables dessins, par Auguste Flandrin, datés de *Lyon*,1836, et de 4 fac-simile sur vélin, avec peintures, d'un ancien ms. de ce roman.

452. La Fontaine des Amoureux. *Cy fine la fontaine des Amoureux, imprime nouvellement a Paris par Alain Lotrian, s. d.* (vers 1531), pet. in-4 goth. à 2 col., fig. sur bois sur le titre et à la fin, mar. bl. fil. dos orné, tr. dor. (*Duru et Chambolle.*)

C'est le même ouvrage que *la Fontaine des Amoureux de science*, par J. de la Fontaine.

Bel exemplaire.

453. LES FAIS MAISTRE ALAIN CHARTIER, notaire et secretaire du roy Charles VI. (A la fin :) *Imprime en la ville de Paris par honnourable homme maistre Pierre le Caron.... le ve jour de septembre lan mil iiij^c : iiijxx. et noeuf* (1489), pet. in-fol. à 2 col., fig. sur bois, v. f. fil. tr. dor.

Première édition. Bel exemplaire grand de marges et bien conservé, de la première bibliothèque de GIRARDOT DE PRÉFOND.

454. LES FORTUNES ET ADVERSITEZ de feu noble homme Jehan Regnier, escuyer, en son vivant seigneur de Garchy et bailly Daucerre. *Cy finissent les fortunes et adversitez....... lequel a este acheve nouvellement dimprimer le vingt cinquiesme jour de juing lan mil cinq cens xxvi. Et est permis a Jehan de la Garde libraire le exposer en vente...* In-8, goth., fig. sur bois, mar. v. fil. à froid, doublé de mar. r. riches compart. semés du chiffre de M. J. P. tr. dor. (*Bauzonnet.*)

Jean Regnier, seigneur de Guerchy, qui vivait dans la première moitié du XVe siècle, est un de nos anciens poëtes dont les ouvrages sont les plus rares et les moins connus. Il était bailli d'Auxerre et conseiller du duc de Bourgogne,

Philippe le Bon. Il fut mêlé aux guerres civiles du temps. Ayant été chargé d'une entreprise par Philippe, il fut arrêté par le parti du roi et mis en prison. C'est en prison, où il resta à peu près deux ans, qu'il composa ses poésies. Ainsi que l'indique leur titre, le récit de ses *Fortunes et adversitez* lui en fournit le sujet. On y voit que dans sa jeunesse il visita non-seulement une partie de l'Europe, mais encore la Grèce, la Turquie, la Terre-Sainte, l'Arménie, etc. Les troubles de la France le préoccupent beaucoup; il y revient souvent. Si les peintures qu'il en fait ne sont pas d'un style élevé, elles sont au moins simples et naturelles. On trouve aussi dans son recueil des ballades, des lais, des virelais, des chansons, des triolets et des prières en vers où il sollicite tous les saints de le secourir dans sa captivité. Parmi ces diverses pièces on en remarque une du comte de Nevers, datée du château de Montenoison, en l'an 1463.

Jehan Regnier mourut vers 1464. (Voir Goujet, pages 324 à 344.)

Très-bel exemplaire, grand de marges et parfaitement conservé, d'un livre dont on ne connaît que deux ou trois exemplaires.

C. Poëtes français depuis Villon jusqu'à Clément Marot.

455. Recueil des plus belles pièces des poëtes françois, tant anciens que modernes, depuis Villon jusqu'à Benserade (publié par Fontenelle). *Paris, Cl. Barbin,* 1692, 5 vol. in-12, v. f. dos orné, tr. dor.

Première édition du recueil dit de *Barbin*. Bel exemplaire, aux armes du duc d'Aumont.

456. Sensuyt le jardin de plaisance et fleur de rethorique contenant plusieurs beaulx livres, comme le Donnet de noblesse baille au roy Charles VIII, le Chief de joyeusete, avec plusieurs autres en grant nombre.... (A la fin :) *Cy finist... imprime nouvellement a Paris, par la veuve de feu Jehan Trepperel et Jehan Jehannot. S. d.,* pet. in-4 goth. à 2 col., fig. sur bois, mar. r. tr. dor. (*Chambolle.*)

Recueil rare.

457. Les Vigilles de la mort du roi Charles septiesme a neuf pseaumes et neuf leçons, contenans la cronique des faictz advenuz durant la vie du dit feu roy, composees par maistre Marcial de Paris dit Dauvergne, procureur en parlement. *Imprime a Paris par Robert Bouchier, s. d. (marque de Durand Gerlier sur le titre),* in-fol. goth. à 2 col. mar. v. fil. tr. dor. (*Anc. rel.*)

Bel exemplaire, très-bien conservé.

458. Le Grant Blason des faulces amours, fait par frere Guillaume Alexis, religieux de Lire et prieur de Bussi, en chevauchant avec ung gentilhomme entre Rouen et Vernoil au Perche. *Cy finist.... imprime nouvellement a Paris en la rue neufve nostre dame a lenseigne de lescu de France. S. d.,* pet. in-8 goth., de 28 ff. fig. en bois sur le titre, v. f. fil.

Pièce rare, à la suite de laquelle a été relié *le Contreblason des faulces amours* (attribué à Charles de Croy). *S. l. n. d.*, pièce beaucoup plus rare, et dont c'est ici la première édition; malheureusement il y manque le titre. On y a joint aussi : *la Resolution ny trop tost ny trop tard marié*, pièce également fort rare, mais à laquelle il manque aussi le titre et le dernier feuillet en 4 lignes, qui a été refait à la plume.

Ce recueil provient de la vente Soleinne.

459. Le Martilloge des faulces langues tenu au temple de Denger. *Cy finist le martilloge des faulses langues tenu ou Temple de Dangier. Imprime a Paris par Jehan Lambert, le ix jour de juillet milcccc. quatre-vingtz et treze.* Pet. in-4 goth., marque de Jehan Lambert sur le titre, mar. v. fil. dos orné, tr. dor. (*Bauzonnet.*)

Cette pièce rarissime, attribuée à Guill. Alexis, provient d'un recueil qui était chez Colbert (n° 11, 711) et chez le comte d'Hoym (n° 2249) et qui a été divisé en Angleterre.

460. Un Songe fait de Georges de Chasteaulens. In-4, 42 ff., peau de truie, fermoirs et titre sur le plat recto, dans un petit encadrement recouvert de talc. (C'est le titre qui était sur la première reliure de velours *tanné.*) (*Bauzonnet-Trautz.*)

Manuscrit sur vélin, de la fin du XIV° siècle, orné de neuf belles miniatures à fond de damier, curieuses pour les costumes, et avec lettres et bordures en or et couleur.

Ce poëme est complétement inconnu et inédit. M. le baron de Lettenhove, dans son excellente édition de Georges Chastelain, cite *Un Songe fait de Georges Chastelain*, ms. porté dans l'inventaire de la reine de Hongrie (Marie d'Autriche, sœur de Charles-Quint, gouvernante des Pays-bas), au château de Turnehout, qui paraît être le même ouvrage et le même exemplaire que celui-ci, qui est le seul connu. Toutefois, comme dans le quatrain final adressé à un prince qui n'est pas nommé, mais qui pourrait bien être Jean sans Peur, l'auteur fait rimer son nom avec *excellens,* cela ne peut convenir à Chastelain.

461. Chantz royaulx, oraisons et aultres petitz traictez, faictz et composez par feu de bonne memoire maistre Guillaume Cretin.... *On les vend a Paris en la boutique de Galliot du Pre.* (A la fin :) *Imprime a Paris par maistre Simon du bois pour Galliot du pre.... lan mil cinq cens vingt-sept.* Pet. in-8 goth. v. m. fil. dos orné, tr. dor.

Bel exemplaire.

462. LE CHASTEAU DE LABOUR, auquel est contenu ladresse de richesse, et chemin de pouvrete. Les Faintises du monde (par P. Gringore). *Imprime à Paris, pour Galliot du Pré,* 1532. (A la fin :) *Imprime par Antoine Augereau le xvi mai MDXXXII,* in-16, lettres rondes, mar. r. fil. doublé de mar. citr. à compart. dits à la rose, tr. dor. (*Bauzonnet.*)

Superbe exemplaire, grand de marges, et dans une charmante reliure.

463. LES MENUS PROPOS (attribué à Gringore). *Cy finissent les menus propos. S. l. n. d. (Rouen, R. Mace),* pet. in-4 goth. de 12 ff. marque de Robinet Macé sur le titre, mar. bl. fil. dos orné, tr. dor. (*Bauzonnet.*)

Pièce rare, différente des *Menus Propos de Mère Sotte,* par Gringore. Des bibliographes lui attribuent aussi cet opuscule.
Exemplaire de la Vallière. Faisait partie du n° 2904.

464. CONTREDITZ DE SONGECREUX (par Pierre Gringore). *Fin des contreditz de Songecreux contenans plusieurs abuz en chacun estat de ce monde nouvellement imprimez a Paris par Nicolas Couteau imprimeur pour Galliot du Pre libraire et fut acheve dimprimer le second jour du moys de may lan mil cinq cens et trente* (1530). Pet. in-8 goth., avec une fig. sur bois, et la marque de Galliot du Pré à la fin, mar. v. fil. à froid, doublé de mar. r. dent. tr. dor. (*Bauzonnet.*)

Première édition. Bel exemplaire, très-bien conservé.

465. La Cronique des Lutheriens et outre-cuidance d'iceux, depuis Simon Magus jusques a present, et ses complices, et fauteurs Huguenotz, ennemis de la Foy divine et humaine. *Paris, Christofle*

Royer, 1585, in-8 de 20 ff., mar. bl. filets, coins ornés, tr. dor. (*Kœhler.*)

« Cet ouvrage en vers n'est autre chose que le Blason des hérétiques de P. Gringore, avec quelques changements et une petite addition à la fin. » (*Man. du libr.* I, col. 1863.)

466. Le Temple dhonneur et de vertus, compose par Jehan Le maistre (Le Maire) discipse (*sic*) de Molinet, a lhonneur de feu monseigneur de Bourbon. *Imprime a Paris le vi° jour davril mil cinq cens et quatre, par Michel Le Noir,* in-4, goth. mar. r. fil. tr. dor. (*Anc. rel.*)

Cet ouvrage, mêlé de prose et de vers, est une déploration de la mort du sire de Beaujeu, Pierre second, fils de Charles 1, duc de Bourbon et mari d'Anne de France, fille de Louis XI, à laquelle l'ouvrage est adressé.
Première édition, très-rare.
Exemplaire du baron d'Heiss, catal. de 1785.

467. Le Labirynth de fortune et sejour des trois nobles dames, compose par lacteur des Renars traversans et loups ravissans surnomme le Traverseur des voies perilleuses (Jehan Bouchet). *Et sont a vendre a Paris, en la rue Sainct Jacques, et a Poictiers, par Enguilbert de Marnef, et a limprimerie par Jacques Bouchet imprimeur. S. d.* (vers 1522), in-4 goth., v. f. fil. tr. dor. (*Rel. du* xvi° *siècle.*)

Précieux exemplaire, admirablement conservé, dans sa première et belle reliure, aux armes de Cl. GOUFFIER, duc de ROUANNOIS, grand écuyer de France, avec son chiffre, deux épées, marque de sa dignité, et sa devise : *Hic terminus hære* (sic pour *hæret*).
Cl. Gouffier était fils d'Artus de Gouffier, seigneur de Boisy, grand maitre de France, dont la mort, arrivée en mai 1519, est déplorée par J. Bouchet dans une pièce de vers placée en tête du *Labirynth de Fortune.* (Voir, pour un manuscrit qui a appartenu à Cl. Gouffier, le n° 293.)

468. Les Angoysses et remedes damours, du Traverseur en son adolescence (Jehan Bouchet). *On les vend a Poictiers au Pelican.* (Et à la fin, avant le privilége :) *Imprime a Poictiers le huystiesme jour de janvier M.D.XXXVI, par Jehan et Enguilbert de Marnef freres,* pet. in-4 goth., avec une fig. sur bois, mar. r. fil. dos orné, dent. intér. tr. dor. (*Duru et Chambolle.*)

Très-bel exemplaire, grand de marges et parfaitement conservé.

469. Epistres morales et familières du Traverseur (Jean Bouchet). *Poictiers, Jaques Bouchet.... et Jehan et Enguilbert de Marnef*, 1545, 2 part. en 1 vol. in-fol., mar. r. fil. à froid, tr. dor. (*H. Du-ru.*)

Très-bel exemplaire, de la bibliothèque de Colbert, relié depuis, aux armes et au chiffre du marquis de Coislin.

Volume rare et curieux ; les deux parties, l'une pour les *Épîtres morales*, l'autre pour les *Épîtres familières*, ne sont pas toujours réunies. Les dernières sont surtout intéressantes. On y remarque l'*Epistre de Rabelais à Jean Bouchet, avec la reponse*; l'*Epistre à Messieurs de justice*; l'*Épistre à gens de metier et arts mechaniques* (barbiers, peintres, orfévres); l'*Épistre aux imprimeurs*, dans laquelle J. Bouchet donne la liste de ses ouvrages, etc.

470. LA NEF DES FOLLES selon les cinq sens de nature compose selon levangille de monseigneursainct Mathieu des cinq vierges qui ne prindrent point duylle avecques eulx pour mectre en leurs lampes. *Et sont a vendre au pellican devant Saint Yves a Paris.* (A la fin :) *Imprime nouvellement a Paris, par Petit Laurens, pour Geoffroy de Marnef, libraire demeurant a Paris. S. d.* (marque de G. de Marnef sur le titre). Pet. in-4, goth. fig. sur bois, mar. n. fil. à froid, doublé de mar. r. riches compart. tr. dor. (*Bauzonnet-Trautz.*)

Ouvrage en prose et en vers, traduit du latin de Josse Bade par Jean Droyn. Précieux exemplaire imprimé sur VÉLIN.

471. LES OEUVRES DE MAISTRE ROGER DE COLLERYE homme tres savant natif de Paris.... secretaire de feu monsieur Dauxerre, lesquelles il composa en sa jeunesse, contenant diverses matieres plaines de grant recreation et passe-temps, desquelles la declaration est au second feullet (*sic*). *On les vend a Paris en la rue neufve nostre Dame a lenseigne Faulcheur* (*sic*), (marque de Pierre Roffet), 1536, pet. in-8, lettres rondes, mar. citr. compart. incrustés de mar. v. et r. dorés à petits fers, doublé de mar. r. dent. à petits fers, tr. dor. (*Bauzonnet-Trautz.*)

Petit volume d'une rareté insigne et que M. Brunet déclare « presque introuvable ».

C'est un des poëtes français les plus originaux de la fin du XVe siècle et du commencement du XVIe.

« Sa vie est fort ignorée... Il resta dans une médiocrité voisine de la misère… Où d'autres n'auraient trouvé que tristesse, il puisait par moment, et pour narguer la fortune, des rimes pleines de verve et de franche gaieté… Il est vraiment poëte; il ne cherche pas, ainsi qu'un grand nombre de ses contemporains, son inspiration dans les règles de *bien dire*, mais dans ses sentiments; voilà pourquoi il émeut. Il a son style à lui… Il est simple, naturel, expressif, et non cherché, tourmenté.» (*Biographie générale*, XLII, col. 503.)

L'abbé Lebeuf a fait sur ce poëte une intéressante notice sous le titre *Réveil de Roger Bontemps*, insérée dans le Recueil de dissertations de l'abbé Lebeuf, publiée par M. le baron J. Pichon. *Paris*, 1843.

Cet exemplaire a été acheté à la vente de la bibliothèque de M. de Soleinne.

L'exemplaire, parfaitement conservé, est revêtu d'une charmante reliure à mosaïque d'une admirable exécution et dont le modèle, fourni par Padeloup, se trouve dans ce catalogue sous le n° 29.

472. HISTOIRE DE PALAMON ET ARCHITA (poëme, par Anne de Graville). In-4, 96 ff., mar. vert, coins à petits fers, tr. dor., armes. (*Bauzonnet.*)

Précieux manuscrit sur vélin, portant sur le deuxième feuillet les armes de Claude de France, première femme de François Ier. L'écu, entouré d'une cordelière, est placé au milieu d'un grand G formé par quatre hermines héraldiques et posé lui-même sur un champ lilas semé de G et d'hermines. Toute la page est encadrée d'une riche cordelière.

En regard, et au verso du premier feuillet, est une dédicace de 18 vers, à la reine, commençant ainsi :

> Si j'ay emprins, ma souveraine dame.

Au bas, sur un listel, est écrit :
J'en garde un léal, anagramme bien connu d'Anne de Graville.

Anne de Graville, fille du célèbre amiral de Graville, dame d'honneur de Claude de France, aimait beaucoup les livres. On voit cités dans le catalogue du duc de la Vallière beaucoup de manuscrits qui lui avaient appartenu et qui portaient, outre l'anagramme ci-dessus, sa devise, représentant une chantepleure avec ces mots : *Musas natura lacrimas fortuna,* allusion aux chagrins qu'elle avait eus par l'opposition de son père à son mariage avec son cousin, Pierre de Balsac, et qui ne cessa que par l'intervention du prieur des Célestins de Marcoussi. Il reste encore, rue Saint-Antoine, passage Charlemagne, une portion de l'hôtel qu'elle habita et qui était bâti sur l'emplacement de celui qui, connu sous le nom de Porc-Épic, avait successivement appartenu à Hugues Aubriot et à Jean de Montaigu.

On ne connaît qu'un autre manuscrit du poëme de Palamon et Archita : c'est celui de l'Arsenal. Le nôtre, qui est écrit avec élégance et orné d'un grand nombre de lettres en or et couleur, provient de Lamoignon, de Richard Heber et de la vente Crozet.

473. FABLES ET EMBLÈMES EN VERS. In-4, mar. vert, tr. dor. (*Bauzonnet-Trautz.*)

Manuscrit du commencement du XVIe siècle, sur vélin, composé de 24 feuillets et orné de 18 miniatures encadrées de couronnes de laurier, de lierre, etc., et en regard desquelles se trouve une fable en vers.

Ce ms. a été exécuté pour LOUISE DE SAVOIE, mère de François I, dont le portrait et les armes sont peints sur le premier feuillet.

L'auteur est Pierre Sala, Lyonnais, écrivain de la chambre du roi, cité dans la Bibliothèque de Du Verdier comme auteur d'un abrégé du roman de Tristan, qui n'a point été imprimé (V, 343), et dont un exemplaire se trouvait dans la biblioth. du roi Louis-Philippe (n° 1303 du catal.). Il est aussi mentionné dans les *Lyonnais dignes de mémoire*. Son nom se trouve dans une pièce de vers acrostiches occupant le dix-huitième feuillet du volume. Le dernier feuillet contient les vers suivants écrits en lettres d'or :

> Jey deffendu et deffendray d'offense
> Ma noble fleur et mes fleurons de France,
> Et par l'effort de mes puissans escus
> Leurs adversiers seront enfin veincus ;
> Soit en derrier, de front ou de costez,
> Toujours seront de mes escuz heurtez
> Pour ce qu'ilz sont de lassus preeliz
> Pour preserver les nobles fleurs de liz.

D. Poésies anonymes de la fin du xve siècle et du commencement du xvi^e

474. Sensuit lart et science de bien parler et de soy taire moult utile a sçavoir et entendre a toute personne. *Nouvellement imprime a Rouen, s. d.* (*vers* 1510), pet. in-4 de 6 ff. goth. mar. ol. fil. à froid, tr. dor. (*Kœhler.*)

Sur le titre se voit la marque de *Robinet Macé*.
Exemplaire de La Vallière. Faisait partie du recueil n° 2904.

475. Laventurier rendu a dagier conduit par Advis, traictant des guerres de Bourgongne. Et la journée de Nanci. Avec la vie et testament de maistre Enguerrant de Marigny qui fist faire le palais de Paris et l'eglise de nostre Dame Descouys pres de Rouem (*sic*) et plusieurs aultres choses dignes de memoire. Imprime nouvellement (en vers de huit syllabes). (A la fin:) *Imprime nouvellement a Paris* (1510), pet. in-4 goth., 32 ff. à 2 col., 15 fig. sur bois, mar. r. compart. dos orné, tr. dor. (*Niedrée.*)

Ce livre, dont le titre fait assez connaître l'intérêt qu'il présente, est tellement rare qu'on n'en connaît guère d'autre exemplaire, après le nôtre, que celui de la Bibliothèque impériale. C'est l'exemplaire de M. de Bock, le seul dont parle M. Brunet (I, col. 581).

Le feuillet F1, qui manquait, a été refait à la plume à l'imitation de l'imprimé.

Le nom de l'auteur, Jean de Margny (Marigny), est indiqué dans son épitaphe placée à la fin du livre. Il descendait d'Enguerrand de Marigny.

On lit ces vers au verso du frontispice :

> A sy regarder on sçaura
> Pour qui ce livre fait on a.
> . . . .
> Il fut fait pour ung Bourguignon
> Le duc Charles prince de nom.

Ce duc Charles ne peut être que Charles le Téméraire, le seul duc de Bourgogne du nom de Charles. Comme ce prince était mort alors, l'auteur veut sans doute dire qu'il a fait ce livre à son intention, et que c'est un hommage à sa mémoire. Jean de Marigny était attaché à Charles le Téméraire. Il fait dans son poëme le récit des *Guerres de Bourgogne,* et notamment de la *Journée de Nancy,* à laquelle il assistait.

La date de la composition de l'ouvrage (1510) est exprimée de cette manière au recto du dernier feuillet :

> Prens les quatre piedz d'ung hetel (M)
> Et les quatre fers d'ung cheval (CCCC)
> Et onze signes accomplis (XXXXXXXXXXX)
> Que on fait devant les ennemis
> Et vous sçaurez pour vérité
> Quand ce livre fut composé (1510).

Cette date de 1510 se retrouve au recto du deuxième feuillet, où l'auteur donne son âge :

> Soixante ans au monde fut mis
> Jusque l'an mil cccc et dix.

Ce doit être aussi à peu près l'époque de l'impression du livre.

476. CHRESTIENTÉ CONTRE L'EMPEREUR. In-4, v. brun, dent. à froid, tr. dor. (*Rel. du temps.*)

Manuscrit de la première moitié du XVIe siècle, sur papier, très-bien écrit. Au bas du premier feuillet, on lit ces mots : *De l'Escriture de dam*lle *Geneviefve Laudier.* MAHON.

C'est un poëme contenant plus de 5,700 vers, dans lequel *Chrestienté* se plaint des maux que lui font souffrir les infidèles, les hérétiques et surtout les différends entre les princes chrétiens. En faisant une espèce de revue des événements du temps, elle accuse l'empereur Charles-Quint d'être la cause de tous ses malheurs, et elle justifie François Ier des torts qu'on pouvait lui reprocher. Henri VIII, roi d'Angleterre, est aussi l'objet de ses invectives. .

477. Les Complaintes et epitaphes du roy de la Bazoche. *S. l. n. d.,* pet. in-8 goth. de 12 ff. fig. en bois sur le titre, mar. r. fil. tr. dor. (*Anc. rel.*)

Pièce en vers de dix syllabes, de la plus grande rareté. Cet exemplaire, peut-être unique, provient de la bibliothèque du duc de la Vallière, et en dernier lieu de celle de M. de Soleinne. (No 2889 du catal.) Il était chez la Vallière, relié avec plusieurs autres opuscules qu'on a enlevés du recueil et remplacés par du papier blanc, en laissant la présente pièce dans l'ancienne reliure.

478. LE COURROUX DE LA MORT contre les Angloys donnant procsse et courage aux Françoys. *S. l. n. d.,* pet. in-4 goth. de 4 ff., mar v. fil. à froid, doublé de mar. r. à compart. tr. dor. (*Kœhler.*)

Seul exemplaire connu.

Pièce imprimée au commencement du XVIe siècle, sous le règne de Louis XII, et qui paraît avoir été faite pour exciter le courroux des Français contre les Anglais, à un moment où ceux-ci menaçaient la France de la guerre. C'est un dialogue entre la Mort et l'Anglais. L'auteur, qui parle sous le nom de la Mort, est très-animé contre les Anglais, et il n'est sorte d'invectives qu'il ne leur adresse.

Exemplaire NON ROGNÉ, au chiffre de M. Ad. Audenet. — Légers raccommodages à la marge des deux premiers feuillets.

479. LE DEBAT DE LA NOIRE ET DE LA TASNÉE. Le traicté et debat d'entre le gris et le noir. Plusieurs ballades et rondeaux. In-4, mar. doublé de mar. r. bleu, parsemé de ΦΦ dans des quadrilles à petits fers, tr. dor. fermoirs de vermeil, armes. (*Bauzonnet.*)

Manuscrit sur vélin, très-beau et très-frais, exécuté au XVᵉ siècle et contenant 73 feuillets, trois jolies miniatures à mi-page et plusieurs lettres ornées. Il provient de Méon et de M. de Soleinne, après le décès duquel il a été acheté à l'amiable.

Le *Débat de la Noire et de la Tannée* est un dialogue entre deux dames, nommées l'une la *Tannée* et l'autre la *Noire*, à cause de la couleur de leurs habits. Malheureuses toutes les deux dans leurs amours, chacune d'elles exagère son martyre, qu'elle prétend être plus grand que celui de sa compagne; sur quoi, ne pouvant s'accorder, elles conviennent de s'en remettre au jugement de deux princesses alors fort estimées, la duchesse d'Orléans (qui était en ce temps-là Marie de Clèves, femme de Charles d'Orléans, père de Louis XII), et la comtesse d'Angoulême (Marguerite de Rohan, femme de Jean, comte d'Angoulême, surnommé le Bon, aïeul de François Iᵉʳ).

Cette pièce a été réimprimée par les soins de M. de Bock, en 1825, chez F. Didot, d'après une édition du XVIᵉ siècle très-incorrecte et présentant des lacunes, puis dans le *Recueil des poésies françaises des* XVᵉ *et* XVIᵉ *siècles*, tome V.

Le *Débat d'entre le gris et le noir*, resté inédit jusqu'à présent, est écrit avec facilité et une certaine élégance. A la suite des deux débats se trouvent plusieurs ballades et rondeaux. La première de ces ballades et trois des rondeaux sont insérées dans les œuvres de Ch. d'Orléans sous le nom de Simonet Caillau, ce qui a fait supposer à M. Anatole de Montaiglon (*Recueil des poésies françaises des* XVᵉ *et* XVIᵉ *siècles, Paris, Jannet*, 1856, tom. V, pages 258-263) que ce poëte pourrait bien être l'auteur du *Débat de la Noire et de la Tannée*.

Sur le dernier feuillet, qui servait anciennement de garde, on lit, d'une écriture du XVᵉ siècle : « Je prometz sur ma foy à vous, Madame, que dès incontinent que seray au Mans feray faire vostre livre et le vous envoyray.

« G. de Luxembourg. »

Cette signature et la mention du Mans conviennent parfaitement à Guillemette de Luxembourg, mariée à A. de Sarrebruck, comte de Braine. C'est à cette époque la seule personne de la maison de Luxembourg dont le nom commence par un G.; elle avait d'ailleurs bien des motifs pour aller au Mans. Isabeau de Luxembourg, sa tante, était comtesse du Maine, et son père, Thibaut, entré dans les ordres après la mort de sa femme, était évêque du Mans.

480. Le Debat des heraulx darmes de France et dangleterre. *Cy finist le debat des heraulx darmes de france et dangleterre aultrememen dit passetemps nouuellement imprime a Paris, s. d.*, pet. in-4 goth. à 2 col. titre gravé sur bois, mar. ol. fil. à froid, tr. dor. (*Bauzonnet.*)

Pièce fort rare et très-intéressante ; les hérauts y énumèrent les avantages des deux pays. Le titre a été refait à l'imitation de l'imprimé.

481. SENSUYT LE DEBAT ET PROCES DE NATURE et de jeunesse a deux personnages : cest assavoir : jeunesse, nature, avec les joyeulx commandemens de la table et plusieurs nouveaulx dities. *S. l. n. d.* (vers 1520), pet. in-8 goth. de 8 ff. avec 2 fig., mar. bl. compart. tr. dor. (*Bauzonnet.*)

Seul exemplaire connu de ce volume, d'une conservation parfaite et grand de marges. Il provient de la bibliothèque de M. A. Veinant (vente de 1855), où il a été payé 405 fr.

482. Les Demandes joyeuses. *Cy finissent les demandes joyeuses par maniere de recreation, imprimees a Rouen pour Robinet Mace. S. d.* (vers 1500), pet. in-4 goth., fig. sur bois sur le dernier f.; marque de Robinet Macé sur le titre, mar. v. large. dent. à petits fers, dos orné, tr. dor. (*Bauzonnet.*)

Bel exemplaire, très-grand de marges, de M. Hibbert et de Rich. Heber.

483. Dyalogue du mondain et du celestin, avec le Dit des pays. *S. l. n. d.*, pet. in-8 de 4 ff. goth. mar. bl. doublé de mar. citr. dent. tr. dor. (*Kœhler.*)

Joli exemplaire, provenant de la vente de R. Heber, relié depuis. Il faisait partie du recueil porté sous le n° 3713, partie I.

484. L'Estat du lendit. *S. l. n. d.*, pet. in-8, 8 ff. lettres rondes, fig. sur bois sur le titre, mar. bl. dent. à petits fers, tr. dor. (*Bauzonnet.*)

Pièce en vers sur la célèbre foire dite du *Lendit*, qui se tenait et qui se tient encore près de Saint-Denis. Cette pièce, de toute rareté, faisait partie du recueil placé sous le n° 2621 de la *bibliothèque Heber*, recueil qui, depuis la vente, a été divisé.
Exemplaire grand de marges.

485. RECUEIL DE PIECES JOYEUSES. *Nouvellement imprime lan* 1522. Pet. in-8, mar. vert, fil. tr. dor. dos orné. (*Anc. rel.*)

Sous ce titre ms. sont réunies les pièces suivantes en vers et en prose :
1. Sensuit le sermon des frappe culz, nouveau et fort joyeulx, avec la responce de la dame sus Je me repens de vous avoir aymee (en vers). *S. l. n. d.* 4 ff. goth. — 2. Sermon joyeux dung despucelleur de nourrisses (en vers). *S. l. n. d.*, 4 ff. goth. — 3. Sensuit le traicté des eaues artificielles, les vertus et proprietes dicelles (en prose). *Paris, à l'enseigne de l'écu de France. S. d.*, goth., fig. sur bois sur le titre et à la fin, 39 ff. — 4. Le Gouvernement de mesnaige, selon la doctrine sainct Bernard (en prose). *Paris, s. d.*, 4 ff. goth. fig. sur bois sur le titre. — 5. La Doctrine du père au filz (en vers). *Paris, s. d.*

4 ff. goth. fig. sur bois sur le titre. — 6. **Le Doctrinal des bons serviteurs** (en vers). *S. l. n. d.* 4 ff. goth. fig. sur bois sur le titre et à la fin. —

> 7. *Les erreurs du peuple commun*
> *Qui pronostiquent la famine*
> *De l'an mil cinq cent vingt et ung*
> *Comme le sage determine.*

(En vers.) *S. l. n. d.* 7 ff. goth. fig. sur bois sur le titre. — 8. **Le Chemin de lospital et ceux qui en sont possesseurs** (en vers). *Paris, par la veufve feu Jehan Trepperel et Jehannot. S. d.*, 8 ff. goth. fig. sur bois sur le titre. — 9. **Le Baptesme de Monseigneur le Daulphin de France** (en prose). *S. l. n. d.* (1518), 4 ff. goth. — 10. **La Bénédiction du pape** (en prose). *S. l. n. d.* 4 ff. goth. fig. sur bois sur le titre et à la fin. — 11. **Coppie des lettres nouvelles du camp du Roy nostre sire**, avec lordre et conduite de son armee et des villes et chasteaulx prinses au pays de Henault. *S. l. n. d.* 4 ff. goth. fig. sur bois. — 12. **Lepistre et ordonnance du camp de Monseigneur d'Alençon**, ayant la charge du roy nostre sire et aussi les noms des capitaines estans en la compagnie du dit seigneur (en vers). *S. l. n. d.* 4 ff. goth. fig. sur bois à la fin. — 13. **La Replique de bourgoys de Mezieres** faicte contre le conte de Nansot et son armee. Item comme les bourgoys de Mezieres ont donne louenge au noble Roy de France et aux bons capitaines et protecteurs de la dicte ville de Mezieres (en vers). Item une belle balade. Item une chanson nouvelle sur le chant : *Il n'est chance qui ne retourne. S. l. n. d.* 4 ff. goth. — 14. **Chanson de la folle entreprise des Henoyers** dessus le chant : cy conge prens de mes belles amours. Item plus aultre chanson nouvelle des Flamans Henouyers et Brebansons sur le chant de : *A vous belle je me complains.* Item plusieurs chansons nouvelles du comte de Nansot. *S. l. n. d.* 4 ff. goth. fig. sur bois sur le titre. — 15. **Le Pater Noster des Flamans Henouyers et Brebansons.** *S. l. n. d.* (en vers), 4 ff. goth. — 16. **Lave Maria des Espaignols.** *S. l. n. d.* 4 ff. goth. fig. sur bois. — 17. **La Rescription du roy de Portugal**, envoyee a notre sainct pere le pape des gestes faictz en la mer Rouge et de la paix, paction, convenance et alliance commencee par luy avec prebstre Jehan Roy de Ethiopie (en prose). *Escript a Lysbonne le huytiesme jour de may de lincarnation*, 1521, 4 ff. goth. — 18. **Les Lettres du roy de Hongrie** envoyees a Leon pape dixiesme de ce nom. *Escript a Budes par nous Loys roy de Hongrie le deuxiesme jour de juillet lan mil cinq cens vingt et un* (en prose). 3 ff. goth.

Ce recueil des plus précieux, et composé presque entièrement de pièces introuvables, provient de la bibliothèque du duc de la Vallière, n° 3071 de son catalogue. Il avait d'abord appartenu à Gaignat; il n'est pas dans le catalogue de la vente, mais on le trouve dans son catalogue ms. rédigé par De Bure, sous le n° 1013, avec ces mots : *Changé pour un autre.* — Il y a une légère piqûre de ver dans la marge du fond, aux numéros 3, 4, 5 et 6.

La pièce n° 10, *la Bénédiction du pape* (Léon X), a été faite à l'occasion du baptême du dauphin, fils de François 1er, dont le pape était le parrain.

486. La Resolucion damours. *Cy finist la resolucion damours. S. l. ni d.*, pet. in-4 goth. de 8 ff. mar. bl. fil. dos orné, tr. dor. (*Bauzonnet.*)

« Pièce licencieuse, imprimée à Paris vers la fin du xv⁴ siècle, avec les caractères de P. Le Caron. » (*Man. du libr.*, tom. IV, col. 1218.)

487. Le Resveur avec les resveries. *S. l. n. d.*, pet. in-8 goth., fig. sur bois sur le titre, sign. A.-E iv, mar. v. fil. à froid, tr. dor. (*Duru.*)

Cette pièce, non mentionnée dans le *Manuel du libraire*, faisait partie du recueil porté sous le n° 256 du catalogue du baron d'Heiss, *Paris, De Bure,* 1785, et où se trouvaient aussi *le Rousier des Dames* (Catal. Veinant, 1860, n° 364), et *la Forêt de tristesse* (Cat. Cigongne, 1861, n° 534). Il est à remarquer que les exemplaires cités ici de ces trois pièces sont les seuls connus jusqu'à présent.

488. SENSUIVENT LES TENEBRES DU CHAMP GAILLART, composees selon l'estat du dict lieu, et se peuvent chanter ou lire à plaisir.... *Imprime a Paris, par Nicolas Buffet, s. d.,* pet. in-8, lettres rondes, de 4 feuillets, mar. bl. fil. tr. dor. (*Bauzonnet.*)

Pièce rarissime. La rue du *Champ-Gaillard* était ainsi nommée parce qu'elle était habitée par des femmes de mauvaise vie. Dans cet opuscule, un habitué du *Champ-Gaillard,* après y avoir dépensé tout son argent et perdu sa santé, énumère les tribulations auxquelles on s'expose en suivant son exemple.

L'exemplaire est très-grand de marges et parfaitement conservé.

489. Les Soixante huict Huictains, cy devant appelez la Danse Macabrey, par lesquels les Chrestiens de tous estatz sont stimulez et invitez de penser à la mort. *Paris, Jaques Varangles,* 1589, pet. in-8, réglé, mar. r. jansén. dent. intér. tr. dor. (*Chambolle-Duru.*)

Rare. Bel exemplaire. On remarque deux têtes de mort dans le fleuron du titre.

490. Le Songe de la Pucelle. (A la fin :) *Ch. Baron scrip.* 1802. Pet. in-4, mar. bl. fil. dent. à froid, doublé de soie rose, tr. dor. (*Bozérian.*)

Charmant manuscrit sur vélin, composé de 16 pages encadrées de filets rouges, et parfaitement exécuté en écriture bâtarde rouge et noire ; sur le titre se trouve une jolie vignette dessinée à la plume.

491. Le Premier (second et troisième) Livre des visions d'Oger le Dannoys au royaulme de Fairie. *Paris, en l'imprimerie de Denys Janot (pour Ponce Roffet),* 1542, pet. in-8, mar. r. fil. tr. dor. (*Trautz-Bauzonnet.*)

Bel exemplaire, avec témoins, d'une pièce fort rare.

492. La Vray disant Advocate des dames. *S. l. n. d.* (vers 1520), pet. in-8 goth. de 16 feuillets, vign. sur bois sur le titre, mar. bl. compart. tr. dor. (*Rel. angl.*)

Petite pièce des plus rares. Le nom de l'auteur, *Laurens Belin,* se trouve dans un acrostiche qui termine le volume. Lenglet du Fresnoy, qui l'attri-

buait à Jehan Marot, l'a donnée avec les œuvres de ce poëte dans son édition
des trois Marot, publiée à la Haye en 1731, 6 vol. in-12. Dans la dédicace de
cette édition au comte d'Hoym, Lenglet du Fresnoy s'exprime ainsi : « J'ai
l'obligation à votre recherche et à votre goût, Monseigneur, de m'avoir fait
acheter l'unique exemplaire que je connoisse de la *Vray disant advocate des
dames* trente ou quarante fois au-delà de sa valeur. » L'explication de ce passage se trouve au tome V, page 278, où l'on voit que Lenglet du Fresnoy avait
fait acheter à la vente de l'abbé Brochart, en 1729, l'exemplaire de cette
pièce qui s'y trouvait. Le grand seigneur et l'homme de lettres s'étaient disputé
le précieux volume, et la victoire était restée à l'homme de lettres moyennant
40 livres.

Exemplaire au chiffre de M. Ad. AUDENET. — Une partie de la marge de
devant a été raccommodée au dernier feuillet.

E. Poëtes français depuis Clément Marot jusqu'à Ronsard.

493. DISCOVRS ET RECVEIL DE PLVSIEVRS COQS-A-L'ASNE,
épistres, superscriptions, épigrammes, oraisons,
echos, odes, huictains, depuis 1525 jusques à
1569 et 1577, in-4, mar. bl. tr. dor. (*Duru.*)

Manuscrit sur papier, contenant 101 feuillets, d'une jolie écriture cursive
du XVIe siècle.

C'est un recueil de poésies qui ne paraissent pas avoir été imprimées. Entre
autres pièces satiriques qui s'y trouvent, on remarque : *Epistre de Pasquille
de Rome aux jeuneux de Paris; les Crottes de Paris; le Pasquil des filles
de la Royne.*

De la bibliothèque et au chiffre de M. L. T. (Léon Tripier.)

494. Le Puy du souverain amour tenu par la deesse
Pallas, avec l'ordre du nuptial banquet faict a
l'honneur d'un des siens enfans, mis en ordre par
celuy qui porte en son nom tourne le vray perdu
ou le vray prelude (par Pierre Duval). *De l'imprimerie de Jehan Petit; on les vent à Rouen, chez
Nicolas de Burges, s. d.,* pet. in-8, mar. v. compart. à la Du Seuil, dos orné, tr. dor. (*Rel. anc.*)

Réunion de pièces de poésies composées par différents auteurs sur le sujet
du *Souverain amour.* Ces auteurs sont : Jehan Couppel, G. Durand, Marie et
Madeleine Du Val, Jean Fère, P. Gaultier, Cl. Herbert, Geoffroy, J. Le Prevost, J. Spallart, etc.

Exemplaire de VIOLLET-LE-DUC. Le dos est orné de soleils couronnés.

495. HECATOMPHILE. Ce sont deux dictions grecques
composees, signifiant centiesme amour, sciem-
ment appropriées a la dame ayant en elle autant
damours que cent autres dames en pourroient
comprendre, dont a present est faicte mention.
Tournee de vulgaire italien (de L. B. Alberti) en

langaige françoys. Ensemble LES FLEURS DE POÉSIE FRANÇOISE, et autres choses solatieuses; reveus nouvellement. *On les vend en la rue neufve nostre Dame... par Pierre Sergent,* 1539, pet. in-8, nombr. vign. sur bois, mar. bl. riches compart. à petits fers, dos orné, tr. dor. (*Bauzonnet-Trautz.*)

Charmant exemplaire, grand de marges et rempli de témoins.
Ce livre, orné de jolies figures sur bois, est des plus rares. C'est moins pour l'*Hécatomphile* (ouvrage en prose) qu'il est recherché, que pour les *Fleurs de poésie françoise*, à la suite desquelles se trouvent les *Blasons des diverses parties du corps féminin*, qui occupent les feuillets 55 à 79, et dont quelques-unes sont représentées en figures. On y trouve les pièces les plus piquantes du recueil de Blasons de Méon, celles notamment qui ont nécessité des cartons aux pages 53 à 64.

496. Le Recueil de Poésie françoise, prinse de plusieurs poëtes, les plus excellentz de ce règne. *Paris, Ve François Regnault,* 1555, in-16, mar. bl. fil. doublé de mar. r. dent. à petits fers, tr. dor. chiffre (*Kœhler.*)

Petit volume fort rare, renfermant plusieurs pièces très-singulières, notamment celle du feuillet Evij.
Joli exemplaire de Méon et de R. Heber.

497. LE RECVEIL DE TOVT SOVLAS et plaisir, et parangon de poësie, comme epistres, rondeaux, balades, epigrammes, dizains et huictains; nouvellement composé. *Paris, Jean Bonfons.* 1563, in-16, vign. sur bois, mar. bl. fil. compart. dits à la rose, doublé de mar. r. dent. à petits fers (*Bauzonnet.*)

Livret des plus rares et des plus intéressants.
Exemplaire de Bignon, très-bien conservé (1837), relié depuis la vente.

498. Blasons, poésies anciennes, recueillies et mises en ordre par D. M. M*** (Méon). *Paris, P. Guillemot,* 1807, in-8, mar. bl. fil. à froid tr. dor. (*Kœhler.*)

Exemplaire NON ROGNÉ, avec les cartons des pages 53 à 64 et 145 à 148. On a ajouté à la fin le *Blason des basquines et vertugalles, Lyon, B. Rigaud,* 1563 (publ. par M. Jér. Pichon et imprimé par Pinard en 1833; tiré à 50 exemplaires).

499. Traductions de latin en françoys, imitations et inventions nouvelles, tant de Clement Marot que d'autres des plus excellens poëtes de ce temps.

Rouen, Pierre Cornier, 1553, in-16, mar. bl. jansén. doublé de mar. r., larg. dent. à petits fers, semée de couronnes et de fleurs de lis, tr. dor. (*Chambolle-Duru.*)

Très-joli exemplaire.

Ce petit volume, provenant de la bibliothèque de M. d'Hienville, mort victime de la révolution, contient beaucoup de pièces (dont quelques-unes fort libres) de plusieurs poëtes désignés seulement par des initiales.

S. R. signifie sans doute Saint-Romard, poëte inconnu à Du Verdier et à La Croix du Maine, nommé ff. D 8, et qui a donné 25 pièces dans ce volume. C. C. C. doit désigner Cl. Collet, Champenois; L. J., Lyon Jamet; G. C., Gabriel Chapuis; L. D., Louis Des Mazures.

500-501. L'ADOLESCENCE CLEMENTINE. Ce sont les OEuvres de Clement Marot, nouvellement imprimees avecque plus de soixante nouvelles compositions, lesquelles jamays ne furent imprimees, comme pourrez veoir a la fin du livre. M. D. XXXV. *On les vend a Lyon, en la maison de Françoys Juste, demourant devant Nostre Dame de Confort.* (A la fin) : *Acheve dimprimer le sixiesme jour de febvrier par Françoys Juste...* 1535, etc., etc. (Marque de Fr. Juste.) — La Suyte de ladolescence Clementine augmentee. M. D. XXXV. *Lyon, Fr. Juste.* Marque de F. Juste. — Le premier livre de la Metamorphose d'Ovide, translatee de latin en françoys par Clement Marot. M. D. XXXIIII. *On les vend a Lyon en la maison de Fr. Juste.* — Recueil des OEuvres de Jean Marot.... contenant rondeaux, epistres, vers epars, chants divers. M. D. XXXV. *On les vend a Lyon en la maison de Fr. Juste.* (A la fin la marque de Fr. Juste.) 4 part. en 1 vol. pet. in-8, allongé, caract. goth. mar. r. fil. doublé de mar. bleu, dent. à petits fers, dos orné, tr. dor. (*Bauzonnet-Trautz.*)

Superbe exemplaire, le seul connu, et celui d'après lequel M. Brunet a donné la description de cette édition. (*Man.* III, col. 1448.)

502. LES OEUVRES DE CLEMENT MAROT. *La Haye, Adr. Moetjens,* 1700, 2 vol. pet. in-12, mar. r. dos orné, fil. tr. dor. (*Padeloup.*)

Très-bel exemplaire aux armes du comte d'HOYM. Très-grand de marges; hauteur, 133 mill. 1/2.

503. Le Printemps de l'humble esperant, aultrement dict Jehan Leblond, seigneur de Branville, ou sont comprins plusieurs petitz œuvres semez de fleurs, fruict et verdure qu'il a composez en son jeune aage fort recreatifz, etc. *On les vent a la grant salle du Palles ... en la boutique de Arnoul Langelier*, 1536, pet. in-8, lettres rondes, mar. v. fil. tr. dor. (*Koehler.*)

Volume très-rare. Bel exemplaire de Ch. Nodier et d'Aimé Martin.

504. Le Mirouer de prudence, par maistre Jehan Cabosse. (En vers.) *Nouvellement imprimé à Paris,* 1541. (Marque de Denis Janot, à la fin.) — Traicte du tres hault et excellent mistere de l'incarnation du Verbe divin, extrait du vieil et nouveau Testament, demonstrant le chemin de l'æternelle fœlicité (par le même). *Paris, Denis Janot,* 1541 (marque de Denis Janot à la fin), vign. sur bois, pet. in-8, mar. bl. coins et dos ornés, tr. dor. (*Chambolle-Duru.*)

Le second ouvrage, qui est en prose, est orné de 20 jolies petites figures sur bois représentant la vie de. J.-Ch., qui se retrouvent dans le volume placé sous le n° 513 ci-dessous. M. Brunet ne fait pas mention du premier, qui est un ouvrage de morale en vers. Il y a en tête un dixain de dédicace à *Jehan d'Estourmel, escuyer de M. le Daulphin.*

Exemplaires grands de marges.

505. Le Papillon de Cupido, inventé et composé par maistre Jehan Martin, seigneur de Choysi, Disjonnoys. *A Ylon (Lyon) chés Thibauld Payen,* 1543, pet. in-8, v. gr. fil. tr. dor.

Petit poëme satirique des plus rares (voir le catal. Veinaut, 1860, n° 399, où un exemplaire a été vendu 355 fr.).

L'exemplaire est bien conservé, sauf qu'il est un peu trop rogné en tête.

506. Recveil des OEvvres de fev Bonaventvre Des Periers (contenant le Lysis de Platon, trad. du grec, et les poésies de l'auteur, publ. par Ant. du Moulin). *Lyon, par Jean de Tournes,* 1544, in-8, réglé, mar. r. fil. doublé de mar. r. dent. tr. dor. (*Boyet.*)

Précieux exemplaire d'un poëte fort rare, aux armes du comte d'Hoym. Acheté chez Pixerécourt.

507. Discours de la Court (en vers), presenté au
Roy, par M. Claude Chapuys, son libraire (bibliothécaire). *On les vend a Paris . . . . . par Andre
Roffet,* 1543. (A la fin :) *Imprimé à Rouen pour
Claude Le Roy et Nicolas Le Roux* . . ., pet. in-8,
mar. r. fil. dos orné, tr. dor. (*Trautz-Bauzonnet.*)

Bel exemplaire, grand de marges.
Volume rare et curieux. On y trouve de nombreux détails et renseigne-
ments sur les choses et les personnes de la cour de François 1er.
Fr. Gentillet a copié et pour ainsi dire réimprimé cet ouvrage. Il n'a guère
changé que les noms des courtisans qui n'étaient plus les mêmes en 1558.
(Voir le n° 527.)

508. La Complainte de troys gentilz hommes françoys, occiz et mortz au voyage de Carignan : bataille et journee de Cirizolles, par Françoys de Sagon. *De l'imprimerie de Denys Janot (Paris),*
1544, pet. in-8 de 44 ff. (avec la marque de Denis
Janot au verso du dernier f.), mar. v. fil. tr. dor.
(*Padeloup.*)

Pièce des plus rares.
C'est un recueil de chants funèbres, rondeaux, dizains, etc., sur la mort de
trois jeunes gentilshommes tués à la bataille de Cerisolles (les seigneurs d'A-
cyer, de Chemans, fils du garde des sceaux Errault de Chemans, et de Barbezieux).
Exemplaire de Lauraguais (avec son *ex libris* sur papier), de Delaleu, du
baron d'Heiss (catal. 1785) et de R. Heber.

509. L'Oraison de Mars aux dames de la court, ensemble la response des dames à Mars, par Cl. Co-
let de Rumilly en Champagne, nouvellement reveuë et corrigée . . . . . plus y sont adjoustées de
nouveau aucunes autres œuvres dudit autheur.
Paris, Chrest. Wechel, 1548, in-8, mar. r. fil. à
froid, doublé de mar. r. riches dent. à petits fers,
tr. dor. (*Bauzonnet.*)

Bel exemplaire, grand de marges, d'un volume unique, provenant du recueil
vendu chez Picard, Courtois et R. Heber (n° 1632, partie I).

510. Exhortation à prier Dieu, de saint Jean Crisos-
tome, traduite de græc en rithme françoyse par
Pierre Riverain Vandosmoys, avecq' la louange
de parfaite oraison, et autres petitz œuvres spiri-
rituelz, traduitz de latin en françoys, par le dit

autheur. *Paris, Est. Groulleau,* 1547, pet. in-8, fig. sur bois, mar. r. fil. tr. dor. (*Anc. rel.*)

Exemplaire du duc de la Vallière.

Avec de jolies figures sur bois comme on en rencontre dans les livres d'Est. Groulleau.

511. Opuscules d'Amour, par Heroet, La Boderie, et autres divins poëtes. *Lyon, par Jean de Tournes,* 1547, in-8, mar. r. fil. à froid, doublé de mar. r. riche dent. à petits fers, tr. dor. (*Charmante reliure de Bauzonnet.*)

Volume rare. Très-bel exemplaire, grand de marges, provenant d'un recueil vendu chez Picard (1780), Courtois (1819) et R. Heber (n° 1632, partie 1).

512. Les Blasons domestiques, par Gilles Corrozet, nouvelle édition, publiée par la Société des Bibliophiles françois. *Paris, Ch. Lahure,* 1865, pet. in-16, fig. sur bois, mar. r. fil. dos orné, tr. dor. (*Chambolle-Duru.*)

513. La Tapisserie de l'Église chrestienne et catholique : en laquelle sont depainctes la Nativité, Vie, Passion, Mort, et Resurrection de Notre Sauveur et Redempteur Jesus Christ. Avec un huictain soubz chacune histoire, pour l'intelligence d'icelle. *Paris, de l'imprimerie d'Estienne Groulleau,* 1551, in-16, nombr. fig. sur bois, mar. r. tr. dor. (*Rel. anc.*)

Petit livre orné de 190 charmantes figures sur bois très-délicatement gravées. Les huitains placés au-dessous sont de Gilles Corrozet.

« Toutes les compositions des planches qui ornent ce volume sont aussi remarquables par leur mérite que par la finesse du burin de l'artiste qui en a si bien conservé le dessin.... Si plusieurs de ces compositions ne sont pas de J. Cousin, elles en sont tout à fait dignes... » (*Essai sur l'Hist. de la gravure sur bois, par M. A. Didot,* col. 162.)

Ce petit volume est si rare que M. Didot n'a pu voir, pour le décrire, que l'exemplaire de la Bibliothèque impériale, lequel, dit-il, est dans un triste état, rogné à la lettre, etc. Celui-ci est assez grand de marges et bien conservé sauf quelques mouillures. La reliure, sur le plat de laquelle se trouve un chiffre composé des lettres H et D, est un peu fatiguée.

514. Les Rithmes et poesies de gentile et vertueuse dame D. Pernette dv Gvillet, Lyonnoise. Avec le Triumphe des Muses sur Amour : et autres nouvelles compositions. *Paris, de l'impr. de Jeanne de Marnef,* 1546, in-16, lettres ital., 79 ff. non

chiffrés, avec la marque de Jeanne de Marnef au verso du dernier feuillet, mar. citr. fil. tr. dor. (*Bauzonnet.*)

Ce petit livre est d'une rareté insigne; mais l'exemplaire est malheureusement rogné de près en haut et de côté, et la lettre est souvent enlevée.

515. MARGUERITES DE LA MARGUERITE des princesses, tres illustre royne de Navarre. *Lyon, par Jean de Tournes*, 1547, 2 vol. in-8, fig. sur bois, mar. v. fil. coins et dos ornés, tr. dor. (*Bauzonnet.*)

Superbe exemplaire, grand de marges et bien conservé.

516. LA COCHE (ou le Debat d'Amour, poëme, par Marguerite d'Angoulême, reine de Navarre). In-4, 44 ff. mar. rouge janséniste, doublé de mar. bleu, riches compartiments à petits fers dorés en plein, tr. dor. Chiffre sur le dos. (*Bauzonnet-Trautz.*)

Précieux manuscrit sur vélin, exécuté à Paris en 1541 et enrichi de onze charmantes miniatures.

Ce poëme se trouve dans le tome II des *Marguerites de la Marguerite*, p. 265 et suiv.

Un extrait des comptes de la reine de Navarre, retrouvé par M. le comte de la Ferrière dans les archives du château de Couterne, appartenant à la famille de Frotté, fait reconnaître dans ce manuscrit celui pour lequel la reine de Navarre fit payer, en 1541, 50 écus d'or à Adam Marcel, son chapelain, pour le rembourser des frais qu'il avait faits à Paris pour le faire écrire, enluminer de onze histoires à la devise de la reine, et relier en velours blanc.

Les onze *histoires*, ou miniatures, sont décrites dans un manuscrit qui était chez le duc de la Vallière (tome II, p. 337 et suiv.). Ces descriptions étaient, sans aucun doute, celles destinées à faire connaître au miniaturiste les intentions de la reine, et elles sont des plus circonstanciées.

Nous donnerons comme exemple la onzième, qui s'applique à la plus curieuse miniature.

« Cy endroit est la onzième et dernière histoire, qui contient comment la royne de Navarre baille son livre à Madame la duchesse d'Estampes, toutes deux estans en une chambre fort bien tapissée et parée. La dicte dame d'Estampes ayant une robe de drap dor frize fourrée dhermyne mouchetée, une cotte de toylle dor incarnat esgorgetée, et dorée avec force pierreries. La Royne de Navarre tant en cette hystoire que les autres est habillée à sa façon accoustumée, ayant un manteau de veloux noir couppé ung peu sous le bras, sa cotte noire assez a hault collet fourree de martres, attachée desplingues par devant, sa cornette assez basse sur la teste et apparest ung peu sa chemise froncée au collet. »

La devise de la reine, dont il est parlé dans le compte, est: *Plus vous que moy.* Cette devise est répétée à chaque miniature.

Les armoiries qui figurent en tête de ce volume ne sont pas celles de la duchesse d'Étampes, comme l'a cru M. Le Roux de Lincy, qui a décrit avec soin ce ms. dans le tome I, p. CLXXXVII de son édition de l'Heptaméron, mais celles du comte de Vertus, beau-frère de la duchesse d'Étampes. Cette dame aimait beaucoup la comtesse de Vertus, sa sœur, et le duc d'Étampes prétendait qu'elle l'avait ruiné pour enrichir cette sœur chérie. Le roi lui-même (Henri II) consentit à déposer, en 1556, dans une enquête ouverte à ce sujet.

Il paraît néanmoins très-probable que ce manuscrit est celui offert par la reine de Navarre à la duchesse d'Étampes, dont les armes auront été recouvertes ultérieurement par celles du comte de Vertus, à qui il aura été donné par sa belle-sœur.

Une miniature, celle qui représente la *coche* ou voiture, a un peu souffert, et il y a un petit trou au bas de la robe de la duchesse d'Étampes dans la XIe et dernière.

517. LE TOMBEAV DE MARGVERITE DE VALOIS, royne de Navarre; faict premièrement en disticques latins par les trois sœurs princesses en Angleterre (Anne, Marguerite, Jane de Seymour). Depuis traduict en grec, italien et françois par plusieurs des plus excellents poëtes de la France (J. P. de Mesmes, J. du Bellay, Baïf, Denizot). Avecques plusieurs odes, hymnes, cantiques, épitaphes, sur le mesme sujet (par Ronsard, Macrin, N. Bourbon, Daurat, Ch. Sainte-Marthe, le tout publ. par N. Denizot). *Paris, Mich. Fezandat,* 1551, in-8, mar. v. coins et dos ornés, tr. dor. (*Bauzonnet.*)

Volume rare. Très-bel exemplaire, grand de marges.

518. Elégie de feu Vatable, lecteur en hebreu pour le Roy en l'Université de Paris. Avecq' l'epitaphe d'iceluy; par Medard Bardin, chanoyne d'Oyssery en Brie. *Paris, Estienne Groulleau,* 1547, pet. in-8, de 4 ff., fig. sur bois, dem.-rel. v. f. (*Trautz-Bauzonnet.*)

Pièce rare.

519. EVVRES DE LOVISE LABÉ, Lionnoize; revues et corrigees par ladite dame. *Lion, par Jean de Tournes,* 1556, in-8, mar. r. fil. doublé de mar. bl. dent. à petits fers, tr. dor. (*Charmante reliure de Bauzonnet-Trautz.*)

Très-bel exemplaire, provenant de la bibliothèque Soleinne, relié depuis la vente.

520. Le Temple de Chasteté, avec plusieurs épigrammes, tant de l'invention de l'autheur que de la traduction et l'imitation de Martial et autres poetes latins. Ensemble plusieurs petits œuvres poetiques... le tout par François Habert d'Yssoul-

dun. *Paris, Mich. Fezandat,* 1549, in-8, mar. r.
fil. tr. dor. (*Anc. rel.*)

Bel exemplaire du duc de LA VALLIÈRE.

521. Les Quatre Livres de Caton pour la doctrine
des mœurs, traduitz de vers latins en rithme françoise, par François Habert, avec les épigrammes
moralisez et plusieurs autres petites œuvres, reveu
et diligemment corrigé. *A Thurin, par Jean l'Es-
pieier* (sic), 1550, in-16, mar. r. dos et coins fleurdelisés, tr. dor. (*Chambolle-Duru.*)

Édition rare, non mentionnée par M. Brunet.

522. Les Quatre Livres de Caton, pour la doctrine
de la jeunesse, par F. H. (Habert). *Paris, impr.
de Phil. Danfrie et Richard Breton,* 1559, in-8,
mar. bl. tr. dor. (*Chambolle-Duru.*)

Imprimé en caractères de *civilité.*

523. Les Dicts des sept sages de Grece, traduicts
du grec en vers latins par le poëte Ausone, et
depuis mis en rithme françoise, par François Habert : joints autres dicts des sept sages, traduicts
par Erasme, plus une eglogue sur la naissance de
monseigneur le Dauphin, touchant son institution
puerile; avec autres petits œuvres. *Lyon, George
Poncet,* 1554, in-16, mar. r. coins ornés, tr. dor.
(*Chambolle-Duru.*)

524. Les Epistres heroïdes, pour servir d'exemple
aux chrestiens, reveues et amplifiées, et depuis
presentées à Madame la duchesse d'Estouteville,
comtesse de S. Paul, par Françoys Habert de
Berry. *Paris, Mich. Fezandat,* 1560, pet. in-8,
mar. r. fil. tr. dor. (*Anc. rel.*)

Exemplaire du duc de la Vallière. Reliure de La Ferté.

525. Les Disputes de Guillot le Porcher et de la
bergere de Sainct-Denys en France contre Jean
Calvin, predicant de Genesve, sur la verité de
nostre saincte foy catholique et religion chrestienne; ensemble la genealogie des heretiques et
les fruits qui proviennent d'iceux (par Artus Dé-

siré). *Paris, Pierre Meunier, s. d.* (vers 1559), in-16, mar. r. riche dentelle, dos orné, tr. dor. (*Niedrée.*)

Aux armes de M. le marquis de Coislin.

526. Les Regrets et Complainctes de Passepartout, et Bruict qui court sur la memoire renouvellée du trespas et bout de l'an de feu tres noble et venerable personne maistre Françoys Picart, docteur en theologie, et grand doyen de Sainct-Germain de l'Aucerroys (en vers). *Paris, Pierre Gaultier,* 1557. — Les Regrets, complainctes et lamentations d'une damoiselle, laquelle s'estoit retirée à Genesve pour vivre en liberté, avec la conversion d'icelle estant à l'article de la mort (en vers). *Paris, Pierre Gaultier,* 1558. — La Complaincte de Paix et de son ami Bontemps (en vers). *Paris, Hierosme de Gourmont,* 1558, pet. in-8, mar. r. dent. tr. dor. (*Derome.*)

Trois pièces rares, dont l'auteur est ARTUS DÉSIRÉ. La demoiselle dont il est parlé dans la deuxième pièce est Mme Budé.
Exemplaire de Ch. NODIER et de Pixerécourt.

527. Le Discours de la court, avec le plaisant recit de ses diversitez (par F. Gentillet). *Paris, de l'impr. de Phil. Danfrie et Richard Breton,* 1558, pet. in-8, de 39 ff. marque à la fin, v. éc. fil.

Livre rare, écrit en vers; l'auteur, François Gentillet, Dauphinois, parle non-seulement de la cour en général telle qu'elle était sous Henri II, des charges dont il nomme les titulaires, mais aussi des emplois les plus infimes, des laquais, des muletiers, etc. Cet ouvrage est à peu près entièrement pris dans celui de Cl. Chapuis. (Voir le n° 507.)
Imprimé en caractères dits de *civilité.* Bel exemplaire de Coulon, du prince d'Essling (1839) et de M. Taylor (1848).

528. L'Amie rustique et autres vers divers, par Berenger de la Tour d'Albenas en Vivarez. *Lyon, de l'impr. de Robert Granjon,* 1558, pet. in-8, mar. citr. dent. à petits fers, dos orné, tr. dor. (*Bauzonnet.*)

Imprimé en caractères de *civilité.*
Très-bel exemplaire, provenant de la bibliothèque de l'abbé Barré, curé de Monville, près de Rouen.

529. LE BLASON DES BASQUINES et vertugalles, avec la belle remonstrance qu'ont faict quelques dames

quand on leur a remonstré qu'il n'en fallait plus porter. *Lyon, Benoist Rigaud,* 1563, pet. in-8 de 8 ff., mar. bl. plats semés de chiffres, tr. dor. (*Bauzonnet.*)

Seul exemplaire connu ; parfaitement conservé.
Une réimpression a été publiée par les soins de M. le baron J. Pichon, chez Pinard, en 1833, et tirée à 50 exempl. (Voir le n° 498.)

F. Depuis Ronsard jusqu'à Malherbe.

530-31. Recueil de pièces de vers de divers auteurs. 1 vol. in-4, mar. r. fil. tr. dor. (*Duru.*)

100.

Remontrance au peuple françoys, de son devoir en ce temps envers la majesté du Roy, à laquelle sont adjoustez troys eloges de la paix, de la tresve et de la guerre (par G. des Autels). *Paris, André Wechel,* 1559. — Hymne à la louange de Monseigneur le duc de Guyse, par J. de Amelin. *Paris, Fédéric Morel,* 1558. — Hymne sur la naissance de François de Lorraine, filz de Monseigneur le duc Guyse, par Scevole de Sainte-Marthe. *Paris, Féd. Morel,* 1560. — Proëme sur l'histoire des François et hommes vertueux de la maison de Medici (par A. Grevin). *Paris, Rob. Estienne,* 1567. — Les Plaisirs de la vie rustique, extraicts d'un plus long poëme composé par le sieur de Pyb. (Pybrac). *Paris, Féd. Morel,* 1578. — Sylva, cui titulus veritas fugiens, ex R. Bellaquei gallicis versibus latina facta, a Fl. Christiano Aurelio. *Lutetiæ, ex offic. Rob. Stephani,* 1561. — Tumbeau de tres-haulte, tres-puissante et tres-catholique princesse Madame Elisabeth de France, royne d'Espagne, en plusieurs langues, recueilli de plusieurs sçavans personnages de France. *Paris, Rob. Estienne,* 1569. — Le Tumbeau de messire Gilles Bourdin, chevalier, seigneur d'Assy,... en plusieurs langues. *Paris, Rob. Estienne,* 1570. — Remigii Bellaquei poetæ Tumulus. *Lutetia, apud Mamertum Patissonium, ex off. Rob. Stephani,* 1577. — Larmes et regretz sur la maladie et trespas de Monseigneur François de France (duc d'Anjou), filz et frère de Roys; plus quelques lettres funèbres, par J. de la Jessée. *Paris, Féd. Morel,* 1584.

Pièces rares.

532. Recueil de pièces de vers, en latin et en français, sur la mort de plusieurs grands personnages, 1559-92 (12). 1 vol. in-4, mar. v. (*Aux troisièmes armes de J.-A.* DE THOU.)

170.

Henrici II, Gallorum regis christianiss., Epitapha. Julii Cæsaris Scaligeri funus. Mellini Sangelasii epicedium, autore Auger. Ferrerio, Tolosæ medico. *Parisiis, apud Feder. Morellum,* 1559. — Larmes sur le trespas de Monseigneur René de Lorraine, et de Madame Louyse de Rieux, marquis et marquise d'Elbeuf, ensemble le tombeau de Monseigneur François de Lorraine, duc de Guyse et pair de France, par R. Belleau. *Paris, Gabr. Buon,* 1566.— Epitaphes sur le tombeau de... Anne de Montmorency, pair et connestable de France, par J. Dorat, poëte latin, P. de Ronsard et autres,... en diverses langues. *Paris, Ph.-G. de Rouille,* 1567. — Tombeau de... Madame Elisabeth de France, royne d'Espagne, en plusieurs langues. *Paris, Rob. Estienne,* 1569. — Epitaphes et regrets sur le trespas de Monsieur Thimoleon de Cossé,

comte de Brissac. *Paris, Gabr. Buon*, 1569. — Sillacii Castræi belli musa-
rumque muneribus instructissimi... Le Tombeau du seigneur de la Chastre...
gravé d'inscriptions de divers poëtes. *Paris, Rob. Estienne*, 1569. — Le
Tombeau de messire Gilles Bourdin, seigneur d'Assy,... en plusieurs langues.
Paris, Rob. Estienne, 1570. — Tumulus rever. dom. Claudii Espencæi,
sacræ theologiæ doctoris, Joanne Aurato auctore. *Lutetiæ, apud Joannem
Bene natum*, 1571. — Le Tombeau de... Marguerite de France, duchesse de
Savoie, ensemble celui de... François premier de ce nom, et de messieurs ses
enfans (et Estrennes au roy Henry III, envoyées à Sa Majesté au mois de
décembre), par P. de Ronsard. *Paris, Gabr. Buon*, 1575. — Tumuli duo :
primus D. Margaritæ Bussuleæ Sauserninæ... alter Heliodori Tyardæi Bis-
siani. *S. l. n. d.* (1592). — In obitum Renati Brochardi propprætoris Picta-
vici... B. Irlandi carmen. *Pictavii, ex officina Bochetorum*, 1586. — Paramy-
thicum ad ampliss. V. Philip. Huraltum Chevernium, Franciæ cancellarium,
in mortem Annæ Thuanæ, dilectiss. uxoris. *S. l. n. d.* (1584.)

Pièces rares.

Le volume est traversé de part en part par une piqûre de ver.

533. LES OEUVRES DE PIERRE DE RONSARD, prince des poëtes françois. *Paris, Nicolas Buon,* 1609, un gros vol. in-fol., titre gravé, mar. v. fil. tr. dor.

Superbe exemplaire en grand papier, aux troisièmes armes de J.-Aug. de
THOU.

Exemplaire de Renouard, Solar et Double.

534. Les Odes de P. de Ronsard, gentilhomme vandomois, au roy Henri II. *Paris, Gabr. Buon,* 1587, 2 tomes en 1 vol. pet. in-12, réglé, mar. v. fil. tr. dor.

Exemplaire aux armes de HENRI III, avec la devise : *Spes mea Deus,* et la
tête de mort.

Ce sont les tomes 2 et 3 des œuvres. Le titre du tome 3 a été enlevé.

535. Les Mimes, enseignemens et proverbes de Jean-Antoine de Baïf. *Paris, par Mamert Patisson, chez Rob. Estienne,* 1581, pet. in-12, vél.

Première édition, contenant deux livres. Bel exemplaire, grand de marges.

536. LES OEUVRES POÉTIQUES DE REMY BELLEAU, redi-gées en deux tomes, reveues et corrigées. *Paris, Gilles Gilles,* 1585, 2 tom. en 3 vol. in-12, ré-glés, mar. r. fil. dos orné, tr. dor. (*Bauzonnet-Trautz.*)

Superbe exemplaire, très-grand de marges (151 mill.), le plus grand connu.
Il provient de la bibliothèque de M. de Soleinne. La reliure a été faite
depuis.

537. LES AMOURS D'OLIVIER DE MAGNY, Quercinois, et quelques odes de luy. Ensemble un recueil d'aucunes œuvres de monsieur Salel, abbé de Sainct-Chéron. *Paris, Est. Groulleau,* 1553, pet. in-8, mar. bl. fil. dos orné, tr. dor. (*Bauzonnet-Trautz.*)

Olivier de Magny est un des poëtes de l'époque de la Renaissance qu'on rencontre le plus difficilement, et c'est un de ceux que l'on recherche le plus. Il ne manque ici, pour faire la collection complète de ses ouvrages, que le volume des *Odes*, qui, quoique rare, l'est encore moins que les trois volumes que nous avons, et surtout que les *Gayetez* et les *Soupirs.*

Les trois volumes sont très-beaux.

538. LES GAYETEZ D'OLIVIER DE MAGNY, à Pierre Paschal, gentilhomme du bas païs du Languedoc. *Paris, Jean Dallier,* 1554, pet. in-8, mar. bl. fil. doublé de mar. r. dent. à petits fers, dos orné, tr. dor. (*Bauzonnet-Trautz.*)

539. LES SOUPIRS D'OLIVIER DE MAGNY. *Paris, Jean Dallier,* 1557, pet. in-8, mar. v. fil. à froid, tr. dor. (*Bauzonnet-Trautz.*)

540. Les OEuvres poétiques d'Amadis Jamyn, reveues, corrigées et augmentées. *Paris, Robert le Mangnier,* 1579, in-12, mar. r. tr. dor. (*Chambolle-Duru.*)

Bel exemplaire, grand de marges.

541. Les OEuvres de Scevole de Sainte-Marthe. *Paris, Mamert Patisson,* 1579, in-4, v. b.

Aux armes de CAUCHON et d'HESSELIN, avec la signature de Louis Cauchon, dit Hesselin, sur la garde, et la date de 1629.

542. Les OEuvres de Jan de la Péruse, avec quelques autres diverses poësies de Cl. Binet B. *Lyon, par Benoist Rigaud,* 1577, in-16, réglé, mar. bl. fil. dent. à froid, dos orné, tr. dor. (*Simier.*)

Outre les poésies de La Péruse, parmi lesquelles figure *Médée,* tragédie, et celles de Cl. Binet, ce volume contient un petit roman intitulé : *Pitoyable Histoire du prince de Albanie, infortuné d'amour, traduict d'espagnol en françois par le S. P. P.* (Voir le n° 678.)

543. Palinodie d'Estienne d'Acier, de Bar-sur-Aube (à M. Mammes Tardy de Langres). *Imprimé à Paris,* 1562, pet. in-8 de 7 ff. v. f. fil. tr. dor. (*Simier.*)

Pièce en vers écrite à propos d'une satire que l'auteur avait faite contre un docteur Bonnet, et dont il se repentait.

20.

544. Nicodie, ou Hymne de victoire à très-victorieux prince Henry de Vallois, duc d'Anjou... sur les defaites et victoires par lui obtenues de Dieu contre les huguenots rebelles... par Paschal Robin du Fausz, Angevin. *Angers, R. Piquenot,* 1570, pet. in-8, 16 ff. cart.

Pièce rare.

80.

545. La Renommée de Ch. de Navyère, G. (gentilhomme) Sedanois, sus les receptions à Sedan, mariage à Mesiere, couronnement à Saindenis, et entrées à Paris du Roy (Charles IX et de la Reyne Elisabeth); poëme historial divisé en 5 chants. *Paris, Mathurin Prevost,* 1571, pet. in-8 de 8 ff. prél. et de 48 ff. chiff., portr., mar. r. tr. dor. (*Chambolle.*)

Poëme rare.

10 f.

546. La Vie, faictz, passion, mort, resurrection et ascension de Nostre–Seigneur Jesus-Christ, selon les quatre Sainctz Evangelistes.... (en 8 livres) mis en vers françois héroïques, par Michel Foucqué, prestre et vicaire perpétuel de Sainct-Martin à Tours. *Paris, chez Jehan Bien né,* 1574, in-8, mar. brun; tr. dor. (*Chambolle.*)

Poëme rare.

36.

547. Les Quatrains du S. de Pybrac,... contenans preceptes et enseignemens utiles pour la vie de l'homme,... avec les Plaisirs de la vie rustique, extraits d'un plus long poëme, composé par ledit S. de Pybrac. *Lyon, par Benoist Rigaud,* 1591, pet. in-8, mar. bl. fil. tr. dor. (*Bauzonnet.*)

Les *Plaisirs du gentil-homme champêtre,* par N. R. P. (Nic. Rapin), sont imprimés à la suite.

1000.

Barcel

548. (LES QUATRAINS DE PYBRAC en françois, en latin et en grec.) Ex VIDI FABRI PIBRACII gallicis, latina et græca tetrasticha, authore Florente Christiano, a Guillelmo Le Gangneur Andegavensi descripta, ordinario cameræ Regis secretario (vers 1594). In-4 obl. mar. oliv. riches compart. à petits fers, tr. dor. (*Rel. du* xvi*e siècle.*)

Précieux manuscrit d'une remarquable exécution, écrit en or, azur et autres couleurs, et avec de jolis ornements à la plume. Le français est en *gothique* et le latin en *italique.* Les lettres grecques ne le cèdent pas en beauté aux autres caractères. En tête du volume se trouve une lettre de Le Gangneur, dans laquelle il offre à M. Lasnier, sieur de Leffreture, conseiller du roi, ce *petit labeur de sa plume pour intérêts de sa dette.* En regard, on voit un très-beau portrait de l'auteur, qui doit être de Thomas de Leu. Le Gangneur, Angevin, célèbre calligraphe et écrivain du roi Henri IV, a publié plusieurs volumes sur la calligraphie, qui sont très-rares et recherchés aujourd'hui (voir le nº 262).

Ce volume est revêtu d'une charmante reliure de l'époque, entièrement couverte sur les plats de compartiments à petits fers, aussi riches qu'élégants, et au centre desquels, dans une couronne de laurier, se trouve le chiffre de Le Gangneur, d'un côté en lettres romaines et de l'autre en lettres grecques. Cette reliure est d'une conservation parfaite.

549. Les Premieres OEuvres de Philippes Des-Portes, reveues, corrigées et augmentées... *Paris, Mamert Patisson,* 1583, pet. in-12, mar. br. compart. tr. dor. (*Rel. du* xvi*e siècle.*)

Bel exemplaire, dont la reliure est très-bien conservée.

550. LES PREMIÈRES OEUVRES DE PHILIPPE DES-PORTES, dernière édition, reveue et augmentée. *Paris, Mamert Patisson,* 1600, in-8, mar. v.

Superbe et précieux exemplaire de la plus belle édition de ce poëte, aux secondes armes de J.-A. de THOU.
Exemplaire de Ch. NODIER, qui l'avait acquis à la vente Coulon, de Lyon, « au prix énorme, dit-il, de 168 fr. », revendu chez lui 180 fr.

551. Les CL Pseaumes de David, mis en vers françois, par Philippes Des-Portes, abbé de Thiron, avec quelques cantiques, hymnes et autres œuvres et prières chrestiennes. *Paris, V*e *Mamert-Patisson,* 1604, pet. in-12, mar. r. fil. ornem. au milieu des plats, tr. dor. (*Anc. rel.*)

552. Les deux Premiers Livres des Foresteries de J. Vauquelin de la Fresnaie. *Poitiers, par les de Marnefs et Bouchetz frères,* 1555, pet. in-8, v. gr. dent. tr. dor. (*Rel. anc.*)

Ces poésies, excessivement rares, ne se trouvent pas dans le Recueil des poésies de Vauquelin de la Fresnaye publié en 1605.

553. Pour la Monarchie de ce royaume contre la division. A la Royne mere du Roy, par J. Vau-

quelin de la Fresnaye (en vers). *Paris, Federic Morel,* 1567, pet. in-8 de 11 ff., mar. tr. dor. (*Chambolle-Duru.*)

Bel exemplaire, grand de marges. Rare.

554. Les Diverses Poesies du sieur de la Fresnaye Vauquelin. *Caen, par Charles Macé,* 1605, in-8, mar. v. fil. à froid, doublé de mar. r. dent. à petits fers, tr. dor. armes et chiffre. (*Bauzonnet.*)

Magnifique exemplaire, en grand papier, de la plus belle conservation. (179 mill.)

Ce volume est aussi rare que recherché. Il l'était déjà du temps de Segrais, qui nous en donne la raison dans ses Mémoires. « Ses parents, dit-il en parlant de Vauquelin, s'étant attachés à retirer tous les exemplaires qu'ils ont pu rencontrer, ses œuvres sont devenues si rares que j'ai eu de la peine à les trouver. »

555. Poëmes et Anagrames composez des lettres du nom du Roy et des Roynes, ensemble de plusieurs princes et gentils hommes et dames de France; dedyez au cardinal de Ferrare, par le Sylvain de Flandres. *Paris, Guill. Julian,* 1576, in-4, mar. v. fil. tr. dor. (*Kœhler.*)

Bel exemplaire, grand de marges, de Ch. Nodier.
Le Sylvain de Flandre est Alex. Van den Bussche.

556. Les OEuvres et Meslanges poetiques de Pierre Le Loyer, Angevin; ensemble la Comédie Nephelococugie, ou la Nuée des Cocus, non moins docte que facétieuse. *Paris, pour Jean Poupy,* 1579, pet. in-12, mar. bl. fil. doublé de mar. r. dent. à petits fers, tr. dor. (*Bauzonnet.*)

Très-rare. Très-bel exemplaire, grand de marges (140 mill.), de cette édition, la seule complète, des poésies de Le Loyer.

557. Les Nouvelles Recréations poétiques de Jean le Masle, Angevin, contenant aucuns discours non moins recreatifs et plaisants que sententieux. Au premier est traité des louanges du droit; au second, de l'origine et excellence de la noblesse, et au troisième de l'origine des Gaulois, ensemble des Angevins et Manceaux. *Paris, pour Jean Poupy,* 1580, pet. in-12, mar. bl. fil. tr. dor. armes. (*Bauzonnet.*)

Très-rare. Grand de marges (140 mill.).

558. La Boutique des Usuriers, avec le recouvrement et abondance des bleds et vins, composé par Claude Mermet, notaire ducal de Sainct-Rambert, en Savoye. *Paris, pour Noel le Coq, 1575, jouxte la copie imprimée à Lyon,* petit in-8 de 16 pages, mar. r. fil. à froid, tr. dor. (*Duru.*)

Opuscule curieux et rare. En tête se trouve une *Complainte de l'auteur, ayant demeuré cinq jours à Lyon pour faire imprimer cecy, sur ce que le dit Lyon a avallé tout son argent en un petit morceau.*

559. Description de l'origine et première fondation de l'ordre sacré des Chartreux, naïfvement pourtraicte au cloistre des Chartreux de Paris; traduicte par V. P. frère François Jary, prieur de Nostre Dame la Prée lez Troyes. *Paris, Guill. Chaudière,* 1578, in-4, mar. r. fil. à froid, tr. dor. (*Kœhler.*)

Avec le poëme latin original à la suite : *Anagraphe de origine Cartusiani ordinis, versibus hexametris descripta in minore claustro Cartusiæ Parisiensis. Par.,* 1578.

560. Les Premières OEuvres poëtiques de ma Damoiselle Marie de Romieu, Vivaroise, contenant un brief discours, que l'excellence de la femme surpasse celle de l'homme..... *Paris, pour Lucas Breyer,* 1581, pet. in-12, mar. bl. fil. tr. dor. (*Bonne reliure de Chamot.*)

Poésies rares. Charmant exemplaire du baron d'Heiss (cat. 1785) et de M. de la Bédoyère (1837).

561. Les Premieres OEuvres poétiques de Joachim Blanchon, au tres chrestien Henri III. *Paris, Thomas Perier,* 1583, pet. in-8, portr. mar. r. fil. dos orné, tr. dor. (*Chambolle-Duru.*)

562. LES PREMIERES OEUVRES POETIQUES DE FLAMINIO DE BIRAGUE, gentilhomme ordinaire de la chambre du Roy, au tres chrestien roy de France et de Pologne. *Paris, Thomas Perier,* 1585, pet. in-12, réglé, mar. r. fil. doublé de mar. bl. dent. à petits fers, tr. dor. (*dans un étui, dos de mar. v.*) armes. (*Bauzonnet.*)

Imprimé sur VÉLIN. Exemplaire UNIQUE, parfaitement conservé.

563. Epismasie à Monseigneur le duc de Guyse, premier pair et grand maistre de France, par le sieur de la Vallettrie. *Paris, Marc Orry,* 1588, in-4, 10 ff. réglés, portr. du duc de Guyse, mar. r. fil. tr. dor. (*Anc. rel.*)

Exemplaire imprimé sur vélin, le seul connu également. Le portrait du duc de Guise, placé au verso du titre, est peint en or et en couleur.

M. Brunet n'en cite qu'un exemplaire vendu successivement chez Gaignat, La Vallière et chez Mac-Carthy. Il était relié en maroquin rouge comme celui-ci ; c'est certainement le même.

564. Sonnets contre les escrimeurs et duellistes, par l'abbé de S. Polycarpe. *Paris, Jamet Mettayer,* 1588, pet. in-4 de 10 feuillets, réglé, vélin fleurdelisé, tr. dor.

Exemplaire de la reine Louise de Vaudemont, femme de Henri III, à ses armes et parsemé de fleurs de lis. La reliure est un peu fatiguée.

Les livres aux armes de cette princesse sont rares.

565. Les Amours de Christofle de Beau-Jeu, baron... et seigneur de Jeaulges ; ensemble le premier livre de la Suisse, composé par le mesme autheur (en vers). *Paris, Didier Millot,* 1589, in-4, vél.

Dans le premier livre de *la Suisse,* l'auteur raconte l'histoire de Guillaume Tell. Son poëme était en 12 livres, mais il n'en a publié que le premier.

Bel exemplaire.

566. OEuvres chrestiennes de feu dame Gabrielle de Coignard, vefve à feu monsieur Mansencal, sieur de Miremont, président en la cour de Parlement de Tholose. *Tournon, Jacques Faure, libraire en Avignon,* 1595, pet. in-12, mar. bl. fil. tr. dor. (*H. Duru.*)

Volume peu commun.

567. L'Amour philosophe (attribué à N. Rapin). *S. l. n. d.* (vers 1600), gr. in-16 de 16 feuillets, mar. v. fil. tr. dor. (*Rel. anc.*)

Exemplaire de M.-J. Chénier et ensuite de Pixerécourt.

Cet opuscule a été imprimé sous le nom de Rapin dans le tome premier des Muses ralliées de Despinelle, 1599. On le trouve aussi à la suite des Amours du grand Alcandre. Cette première édition, dont on ne connaît pas un autre exemplaire, a dû paraître avant 1599, Gabrielle d'Estrées y étant nommée comme étant encore vivante. La dame pour qui ce petit poëme a été fait, et que l'auteur appelle *sa saincte,* était dans un couvent qui avait pour abbesse une *Diane* de la maison de Gondy. C'est donc à tort qu'on a cru qu'il s'appliquait à Marie de Beauvilliers, abbesse de Montmartre.

568. Les Premières OEuvres du sieur de la Roque, de Clermont en Beauvoisis, reveues et augmentées par l'autheur. *Rouen, Raphaël du Petit-Val,* 1600, 6 part. en 1 vol. pet. in-12, mar. v. tr. dor. (*Chambolle.*)

Sous ce titre sont réunies les diverses pièces suivantes, imprimées séparément : *Les Amours de Philis,* 1600. — *Les Amours de Caristée,* 1599. — *Continuation de l'Angelique d'Arioste,* 1599. — *Les Heureuses Amours de Cloridan,* 1599. — *Les Amours de Pirame et Thisbée,* 1600. — *La Chaste Bergère,* 1599.

569. Les Pescheries de Christophle de Gamon, divisées en deux parties où sont contenus les plaisirs inconnus de la mer et de l'eau douce. *Lyon, par Thibaud Ancelin,* 1599, pet. in-12, mar. r. fil. à froid, doublé de mar. v. à compart. tr. dor. (*Kœhler.*)

Bel exemplaire de Mac-Carthy, relié depuis; très-rare.

570. Le Jardinet de poésie de C. D. G. (Christ. de Gamon). *Lyon, Cl. Morillon,* 1600. — La Muse divine de Christofle de Gamon. *Lyon, Cl. Morillon,* 1600, 2 part. en 1 vol. pet. in-12, portr. de Gamon gravé sur bois, tr. dor. (*Chambolle-Duru.*)

571. Les Abeilles et leur estat royal, par Pierre Constant, Lengrois. *Paris, Philippes du Pré,* 1600, pet. in-8 de 24 feuillets, mar. r. fil. tr. dor. (*Jol. rel. ancienne.*)

Exemplaire unique sur *papier bleu* (devenu gris avec le temps), provenant des ventes La Vallière, Mac-Carthy et Huzard.

572. Les OEuvres chrestiennes de Claude Hopil, Parisien. *Lyon, par Thibaud Ancelin,* 1604, pet. in-12, mar. r. fil. dos orné, tr. dor. (*Rel. anc.*)

573. Discours joyeux en façon de sermon, faict avec notable industrie par deffunct maistre Jean Pinard lors qu'il vivoit trottier semiprebendé en l'église de S.-Estienne d'Aucerre sur les climats et finages des vignes dudict lieu. Plus y est adjousté de nouveau le Monologue du bon vigneron sortant de la vigne et retournant le soir en sa maison; reveu, corrigé et augmenté. *A Aucerre, Pierre Valard,* 1607, pet. in-8, mar. v. fil. tr. dor. (*Anc. rel.*)

Exemplaire aux armes de Jean Armand, marquis de JOYEUSE, né le 14 avril 1718, colonel du régiment de Ponthieu en 1741.

Volume excessivement rare et dont une réimpression, faite sur cet exemplaire, a été donnée chez Crapelet en 1851 par les soins de M. Veinant.

Sur la garde du volume se trouvent des notes de Haillet de Couronne, dans lesquelles est cité un passage de l'histoire d'Auxerre par Lebœuf, où le *Monologue du bon vigneron* (en vers) est attribué à Louis de Charmoy.

574. Le Tombeau des Yvrongnes, contenant les fatalles traverses et divers accidens des nez escarlattez. A monsieur du Haut-Mont, gentilhomme angevin, par Philippe Pistel. *Caen, Jaques Mangeant,* 1611, pet. in-8, réglé, mar. bl. jansén. coins ornés, doublé de mar. r. dent. tr. dor. (*Chambolle-Duru.*)

Pièce inconnue jusqu'ici, non mentionnée dans le *Manuel.*

575. L'Hercule Guespin, ou l'Himne du vin d'Orleans, à M. d'Escures... intendant des turcies et levées de Loyre et Cher, par Simon Rouzeau, d'Orléans. *Orléans, Saturnin Hotot,* 1605, pet. in-4, 6 ff. prél. et 31 pages, v. m.

Exemplaire de Méon.

Édition originale de ce petit poëme, très-rare. Une réimpression faite par L. Perrin, de Lyon, a été publiée dans ces derniers temps à Orléans, chez H. Herluison.

G. Depuis Malherbe jusqu'à nos jours.

a. Poésies de divers genres.

576. Poésies de Malherbe, avec un discours sur les obligations que la langue et la poésie françoise ont à Malherbe, et quelques remarques historiques et critiques (par Le Fevre de Saint-Marc). *Paris, Jos. Barbou,* 1757, in-8, pap. fort, portr. v. f. fil. tr. dor.

577. Mélanges poétiques, ou continuation de l'Ile Fleurie, par Rob. Angot, sieur de l'Eperonière,

avocat au presidial de Caen. *S. l.*, 1614, in-4 de
36 pages. — Le Tombeau de Jean-Bapt. de Vassi,
sieur du Gast, recueilli de divers auteurs, par R.
A. S. D. L. (le même) à Mme de la Forest, sa
mère). *S. l.*, 1612, 18 pages. — Les Amours so-
litaires d'Arlanges, à M. de la Fresnaye, Vauquelin (par le même). *Suivant l'exemplaire imprimé à
Paris*, 1611, 51 pages; in-4, vél. fil. plats ornés,
tr. dor.

Ces poésies d'Angot sont restées inconnues à M. Brunet et à M. Frère,
auteur du *Manuel du bibliogr. normand*, et par conséquent elles doivent être
de la plus grande rareté. M. Brunet indique le *Prélude poétique*, du même
auteur, d'après Goujet, et nous savons par celui-ci que ce recueil renferme
l'Isle fleurie, ou les Premières Amours d'Euridice, en 88 sonnets, suivis de
12 élégies; or, les *Meslanges poetiques*, première partie de notre recueil, sont
annoncés sur le titre comme étant la *continuation de l'Isle fleurie*.

A la suite de ces *Meslanges* se trouvent 32 pages (1 à 32), contenant 4 satires, dont une adressée à Courval Sonnet, et plusieurs autres pièces.

La plupart de ces poésies sont relatives à la Normandie ou adressées à des
Normands.

Le volume porte sur le titre un *ex dono* de l'auteur. (Voir le n° 623.)

578. Les Traverses du sieur de Resneville et ses
OEuvres poétiques. *Paris, Toussainct du Bray*,
1624, in-8, mar. br. tr. dor. (*Chambolle.*)

Volume rare et curieux. *Les Traverses*, où se trouve le récit d'aventures
arrivées à Resneville, sont en prose. Les poésies occupent les pages 60 à 263.

579. Les OEuvres de M. Honorat de Beuil, chevalier, seigneur de Racan. *Paris, Ant.-Urbain Coustelier*, 1724, 2 vol. in-12, mar. r. fil. tr. dor.
(*Anc. rel.*)

580. Dernières OEuvres et Poésies chrestiennes de
messire Honorat de Bueil, chevalier, seigneur de
Racan, tirées des pseaumes et de quelques cantiques du Vieux et Nouveau Testament. *Paris,
Pierre Lamy*, 1660, in-8, mar. r. riches compart.
et dos à petits fers, tr. dor.

Exemplaire précieux qui a appartenu à Mme de Brèche, fille de Racan,
avec cette inscription de sa main sur le premier feuillet de garde. « Ce livre
apartiens a Madame de Brcche, fille de lauteur. qui demeure rue de la
Harpe, vis a vis le colége de Bayeux; ceux qui loront après moy pris Dieu pour
mon cher père et pour moy. »

La reliure, qui est du temps et bien conservée, est ornée de très-riches
compartiments à petits fers dans le style de Le Gascon.

Exemplaire du marquis de Bruyères Chalabre. (Cat. 1833, n° 562.)

581. Les OEuvres de monsieur Maynard. *Paris, Aug. Courbé,* 1646, in-4, v. f. fil. (*Rel. anc.*)

Exemplaire de J.-B. Colbert, marquis de SEIGNELAY, fils du grand COL-
BERT, avec sa signature sur le titre et à la fin du volume, et une note de sa
main sur Maynard au verso du dernier feuillet, avant la table.

Le portrait de Maynard, placé ordinairement en tête du volume, n'est pas
dans cet exemplaire.

582. La Seconde Partie du livre intitulé les Poësies et Rencontres du sieur de Neuf-Germain, poëte hétéroclite de Mgr frère unique de Sa Majesté. *S. l. (Paris),* 1637, in-4, vél.

Cette deuxième partie est plus rare que la première.

Bel exemplaire, grand de marges, portant sur les plats l'estampille des Minimes de la Place Royale.

583. L'Uranie de messire Nicolas Bourdin, cheva-
lier, seigneur de Villennes, ou la traduction des quatre livres des Jugemens des Astres, de Claude Ptolomée, prince des sciences celestes. *Paris, Cardin Besongne,* 1640, pet. in-12, mar. v. fil. compart. et dos semés de fleurs de lis, tr. dor.

Reliure du temps bien conservée.

584. Poésies diverses de monsieur Colletet, contenant des sujets héroïques, des passions amoureu-
ses, et d'autres matières burlesques et enjouées. *Paris, Louis Chamhoudry,* 1656, pet. in-12, mar. bl. tr. dor. (*H. Duru.*)

585. Les OEuvres du sieur de Saint-Amant. *Paris, Rob. Estienne, pour François Pomeray,* 1629, in-4. — Le Passage de Gibraltar, caprice héroï-
que du sieur de Saint-Amant. *Paris, Toussainct Quinet,* 1648. — Moyse sauvé, idylle héroïque du même. *S. l. n. d.* — La Seine extravagante. *S. t. n. l. n. d.* — Dernier Recueil de diverses poésies du sieur de Saint-Amant. *Rouen et Paris, Ant. de Sommaville,* 1658. — La Généreuse, seconde idylle héroïque du même. *Rouen et Paris, Ant. de Sommaville,* 1658. — La Rome ridicule, caprice du même. *S. l. n. d.* — Le tout en 1 vol. in-4, mar. r. fil. tr. dor.

Recueil d'éditions originales partielles de Saint-Amant.

Bel exemplaire, aux armes de la comtesse de VERRUE. A l'intérieur se

trouvent celles sur papier de Balth.-Henry de Fourcy, abbé de S. Wandrille.
Acheté à la vente de M. Ch. Giraud.

586. Poésies de Malleville. *Paris, Nicolas Bessin,*
1659, pet. in-12, v. f.

Aux armes du comte d'Hoym.

587. OEuvres chrestiennes de Godeau. *Paris, Jean
Camusat,* 1635, pet. in-12, mar. citr. dent. riches
compart. et dos à pet. fers, tr. dor. (*Le Gascon.*)

588. Les Portraits parlans, ou Tableaux animés du
sieur Chevillard (chanoine de l'église d'Orléans). *Orléans, Claude Verjon,* 1646, in-8, 13 fig. grav. par
Moncornet, Mariette, Boudan et autres, mar. r.
jansén. dent. intér. tr. dor. (*Hardy-Mennil.*)

La plupart des pièces qui composent ce recueil sont adressées à des personnes d'Orléans, ecclésiastiques et autres.

589. Les Rimes redoublées de M. Dassoucy. *Paris,
Cl. Nego,* 1671, pet. in-12, frontisp., mar. citr.
compart. à petits fers, tr. dor. (*Rel. du temps.*)

Bel exemplaire d'un volume rare.
En face du titre se trouve une gravure où l'on voit la Samaritaine présentant un placet au roi *sur la perte de son Jacquemart et le débris de la musique
de ses cloches,* sujet de la première pièce du recueil.

590. OEuvres diverses du sieur D*** (Boileau-Despréaux), avec le traité du Sublime ou du merveilleux dans le discours, traduit du grec de Longin
(par le même). *Paris, Louis Billaine,* 1674, in-4,
frontisp., et fig. réglé, mar. r. tr. dor.

Première édition sous le titre d'*OEuvres,* et où parurent pour la première
fois *l'Art poétique, le Lutrin* (4 chants) et autres ouvrages.
Exemplaire réglé, grand de marges, auquel on a ajouté quatre dessins
originaux pour le *Lutrin.* M. Guillaume de Besançon, à qui il a appartenu, y a
joint 4 ff. mss. contenant les variantes de la première satire. Il s'y trouve aussi
une note bibliogr. sur l'édition par le P. Fr.-X. Laire.
Voici ce que ce dernier dit des quatre dessins à l'encre de Chine,
signés *Watelé :* « Quant aux dessins originaux, ils ne sont pas à
mépriser, mais ils sont un peu lourds, un peu froids et sans finesse. La composition n'est pas sans mérite, et je les crois originaux du temps de Boileau.
Ils ont le style général de l'école, et les têtes ne sont pas sans expression. On
ignore qui était ce *Watelé.* »

591. OEuvres diverses du sieur Boileau-Despréaux,
avec le Traité du sublime ou du merveilleux dans
le discours, traduit du grec de Longin. *Paris,*

Denys Thierry, 1701, in-4, frontisp. gravé par Landry, 2 fig. grav. par Chauveau, et portr. de Boileau gravé par Drevet, ajouté, réglé, mar. r. compart. à la Du Seuil, dos orné, tr. dor.

Dernière édition publiée du vivant de Boileau et que dans sa préface il donne comme son *édition favorite*.

Bel exemplaire aux armes de l'abbé de THOU, en qui s'est éteinte la famille des DE THOU. C'est probablement le dernier volume sur lequel aient été apposées ces célèbres armoiries.

592. OEUVRES diverses du sieur BOILEAU-DESPRÉAUX, avec le Traité du sublime ou du merveilleux dans le discours, traduit du grec de Longin. *Paris, Denys Thierry*, 1701, 2 vol. in-12, réglés, frontisp. et fig., mar. citr. doublé de mar. r. dent. tr. dor.

Édition publiée en même temps que celle ci-dessus.
Exemplaire aux armes et au chiffre de M^mo de CHAMILLART.

593. OEuvres de Nicolas Boileau-Despréaux, avec des éclaircissemens historiques donnez par lui-même (et publ. par Brossette). *La Haye, Isaac Vaillant*, 1722, 4 vol. in-12, frontisp. et fig. de B. Picart, mar. r. fil. coins ornés, doublé de mar. vert, large dent. tr. dor. (*Derome*.)

Édition estimée et recherchée.
Bel exemplaire réglé, dans une jolie reliure très-bien conservée.

594. OEuvres d'Etienne Pavillon, considérablement augmentées. *Amsterdam, Zacharie Chatelain*, 1750, 2 vol. pet. in-12, mar. r. fil. tr. dor. (*Anc. rel.*)

595. POÉSIES DE MADAME DES HOULIÈRES. *Paris, Vve Séb. Mabre-Cramoisy*, 1688. — Poésies de Madame Des Houlières. Seconde partie (publ. par Mlle Des Houlières). *Paris, J. Villette*, 1695; 2 part. en 1 vol. in-8, réglé, portr. gravé par Van Schuppen, ajouté, mar. r. dent. tr. dor. (*Anc. rel.*)

Éditions originales des deux parties. Précieux exemplaire, aux armes et au chiffre de Mme de CHAMILLART. Il a été acheté à la vente de R. Heber.

596. Poësies de madame Des Houlières. *Paris, Jean Villette*, 1694, 2 part. en 1 vol. in-8, réglé, por-

tr. gravé par Van Schuppen, mar. r. fil. tr. dor. (*Boyet.*)

Seconde édition.
Exemplaire du duc de LA VALLIÈRE et ensuite de M. J.-J. DE BURE.

597. OEuvres diverses du S^r D***, avec un recueil de poësies choisies de M^r de B*** (Blainville). *Amsterdam, Frisch et Bohm*, 1714, 2 tomes en 1 vol. in-12, frontisp., mar. r. fil. tr. dor. (*Titre raccommodé.*)

Aux armes de Mme la comtesse de VERRUE.
A la fin du tome 2 se trouvent *Rome ridicule*, de Saint-Amant ; *Paris ridicule*, de Cl. Le Petit, et *Madrid ridicule*.

598. Recueil de pièces en vers, adressées à S. A. S. Monseigneur le duc de Vendosme, et de plusieurs essais de poësies diverses (par Palaprat, secrétaire du duc de Vendôme), avec une lettre à M. B., P. M. D. M., contenant quelques légères observations sur une devise. *Paris, Pierre Ribou,* 1711, in-12, réglé, mar. r. jansén. tr. dor. doublé de tabis (*Rel. anc.*)

599. OEuvres diverses de M^r (J.-B.) Rousseau. *Londres, Jacob Tonson et J. Watts,* 1723, 2 vol. in-4, frontisp. par L. Chéron, mar. bl. fil. tr. dor. (*Padeloup.*)

Bel exemplaire, aux armes et aux chiffres du comte d'HOYM.
Il a figuré aux ventes Lefèvre d'Allerange et Ch. GIRAUD.

600. ODES, CANTATES, épîtres et poésies diverses de J.-B. Rousseau. *Paris, P. Didot l'aîné*, an VII, 2 vol. in-18, mar. bl. fil. dos orné, tr. dor. (*Bauzonnet.*)

Exemplaire imprimé sur VÉLIN.

601. Amusemens philosophiques et littéraires de deux amis (par Turpin de Crissé et Jean de Castillon, de Toulouse). *Paris, Desaint et Saillant,* 1756, in-12, mar. r. fil. doublé de moire bleue, tr. dor.

Aux armes de Mme de POMPADOUR.
Ce livre, qui a appartenu à Mme de Pompadour, et qui est à ses armes, lui a été offert par l'un des auteurs (Jean de Castillon), dont ce livre contient la

dédicace en vers, écrite de la main de l'auteur. (*Note écrite sur la garde du volume.*)

602. Pensées chrétiennes sur tous les mystères et fêtes de l'année, avec la manière de deviner les pensées qu'une personne aura retenues (en vers), dédiées à M^g du Vivier de Lorry, évêque de Tarbes (par l'abbé Forest, chanoine régulier de l'abbaye de Saint-Martin-ès-Aires). *Troyes, J.-J. Le Febvre,* 1770, 2 part. en 1 vol. in-8, mar. r. fil. dos orné, tr. dor. (*Rel. anc.*)

Exemplaire de dédicace aux armes de monseigneur du Vivier de Lorry, évêque de Tarbes.

603. Poësies de Mme la comtesse de Bussy. 1779, in-4, mar. r. fil. dos orné, tr. dor.

Aux armes du ministre Amelot. Manuscrit d'environ 120 pages d'une belle écriture.

Dans une pièce de vers adressée à Voltaire, qui venait de rentrer à Paris, en 1778, Mme de Bussy lui rappelle que, comme elle habitait dans son enfance chez Mme du Châtelet, le grand poëte la prenait sur ses genoux et lui faisait réciter des vers qu'il avait faits pour la marquise.

b. Poëmes, fables, contes.

604. La Pucelle, ou la France délivrée, poëme héroïque, par M. Chapelain. *Suivant la copie imprimée à Paris (Holl., Elzevier),* 1656, pet. in-12, frontisp. et fig., mar. r. fil. doublé de mar. v. dent. à petits fers, dos orné, tr. dor. (*Bauzonnet-Trautz.*)

Très-joli exemplaire, grand de marges. H. 128 mill.

605. Les Fastes, ou les Usages de l'année, poëme en seize chants, par Le Mierre. *Paris, P.-Fr. Gueffier,* 1779, in-8, mar. r. fil. coins et dos ornés, tr. dor. (*Rel. anc.*)

Un des trois exemplaires en papier de Hollande. Celui-ci a appartenu à Mérard Saint-Just, qui y a fait mettre ses armes et qui a ajouté de sa main, en tête du volume : *Lettres à un ami sur le poëme des Fastes et Épîtres à M. Lemière* (39 pages).

606. Les Saisons, poëme (par Saint-Lambert). *Amsterdam,* 1769, in-8, frontisp. et fig. de Le Prince et de Gravelot, vign. de Choffard, mar. v. fil. tr. dor. (*Anc. rel.*)

607. Zélis au bain, poëme en quatre chants (par le
marquis de Pezay). *Genève (Paris,* 1763), 4 estampes,
8 vignettes et culs-de-lampe. — Lettres de Bar-
nevelt dans sa prison (par Dorat). *Paris, Séb.
Jorry,* 1763, 1 estampe, 1 vignette et 1 cul-de-
lampe. — Lettre d'Alcibiade à Glicère (par de
Pezay). *Paris, Séb. Jorry,* 1764, 1 estampe et
5 vignettes et culs-de-lampe. — Le Pot-pourri
(par Dorat); suivi d'une épître (par de Pezay).
Paris, 1764, 2 estampes et 4 vignettes et culs-de-
lampe. — Lettres de Zeila, jeune sauvage, à Val-
cour (par Dorat). *Paris,* 1764, 1 estampe, 1 vignette et 1 cul-de-lampe. — L'Hôpital des fous,
trad. de l'anglais de G. Walsh (par Dorat). *Paris,* 1765, 1 estampe, 1 vignette et 1 cul-de-lampe.
— Lettres de l'abbé de Rancé à un ami, par Bar-
the. *Paris, Duchesne,* 1765, 1 estampe, 1 vignette et 1 cul-de-lampe. — Lettre de Caïn à
Néhala. *Paris,* 1765, 1 estampe, 1 vign. 1 cul-de-
lampe. — Les trois Frères et Combabus, contes
en vers, suivis de Floricourt (par Dorat). *Amsterdam,* 1765, 2 est. in-8, gr. pap. v. m. (*Aux armes du duc de Duras.*)

Ce recueil contient 14 estampes (grandes figures), 13 vignettes (têtes de
pages) et 14 culs-de-lampe gravés d'après les dessins d'Eisen, qui figurent au
nombre de ses plus gracieuses compositions.

608. Le Tableau de la Volupté, ou les quatre parties du jour, poëme en vers libres, par M. D. B.
(Du Buisson). *Cythère, au Temple du Plaisir
(Paris),* 1771, pet. in-8, v. f. fil. tr. dor. (*Rel.
anc.*)

Un frontispice, 4 jolies estampes et 8 vignettes et culs-de-lampe, gravés
par Longueil, d'après Eisen.

609. Origine des Grâces (poëme en prose), par Mademoiselle D*** (Dionis). *Paris,* 1777, in-8, frontisp. et 5 charmantes gravures d'après Cochin. —
Adonis (imité du cavalier Marin, par Fréron et le
duc d'Estouteville). *Paris, Musier,* 1775, in-8,
frontisp., figure, vignette et cul-de-lampe, d'après
Eisen ; mar. r. fil. tr. dor. (*Rel. anc.*)

610. FABLES CHOISIES, mises en vers, par M. de la Fontaine. *Paris, Denys Thierry,* 1668, in-4, fig. de Chauveau dans le texte, mar. r. fil. dos orné, tr. dor. (*Trautz-Bauzonnet.*)

Bel exemplaire de l'ÉDITION ORIGINALE.

611. FABLES CHOISIES, mises en vers, par M. de la Fontaine, et par lui reveuës, corrigées et augmentées. *Paris, Denys Thierry et Cl. Barbin,* 1678-1694, 5 vol. in-12, fig. à mi-page, mar. r. fil. dos orné, tr. dor. (*Duru et Chambolle.*)

Très-bel exemplaire de l'édition originale des quatre parties réunies, et la seule complète publiée par la Fontaine. Les tomes 3 et 4 sont avec les cartons. Le tome V est du troisième tirage, sous la date de 1694.

Au bas du titre du tome premier, se trouve cette mention manuscrite : « Je suis à Mme la comtesse du Bois de la Motte, je coûte 1 ℔ 5 s. 6 d. en « 1752. » Et sur le feuillet de garde, à la fin du même volume : « Je suis « sorty de la bibliothèque de M. l'abbé de Genlis, à Péronne en Picardie. »

612. Fables choisies, mises en vers, par J. de la Fontaine, nouvelle édition, gravée en taille-douce, les figures (d'après Monnet et Bardin) par Fessard, le texte par Montulay; dédiées aux Enfans de France. *Paris,* 1765-1775, 6 vol. in-8, mar. v. fil. tr. dor. (*Derome.*)

Très-bel exemplaire.

613. Fables de la Fontaine. *Paris, Didot l'aîné,* 1787, 6 vol. in-18, pap. vélin, fig. de Simon et Coiny, cart. non rogné.

614. Fables choisies, mises en vers, par Mʳ de la Fontaine, avec un nouveau commentaire par M. Coste. *Paris,* 1743, 2 vol. pet. in-12, frontisp. par B. Picart, mar. r. fil. tr. dor. (*Padeloup.*)

Jolie édition et bel exemplaire de Ch. NODIER.

615. Esope en belle humeur, ou dernière traduction et augmentation de ses fables, en prose et en vers (par J. Chrisost. Bruslé de Montpleinchamp). *A Brusselle, Fr. Foppens,* 1700, 2 tomes en 1 vol. pet. in-8, frontisp. et fig. d'Harrewyn, mar. r. fil. à fr. tr. dor. Armes. (*H. Duru.*)

Bonnes épreuves.

Cet exemplaire est un de ceux dont les planches, à partir de la page 55, ont été regravées avec des changements. Ces nouvelles planches, bien mieux exécutées que les anciennes, portent, comme celles du tome 2, le nom de Harrewyn.

616. Contes et Nouvelles en vers de M. de la Fontaine. *Lyon, Cl. Bourgeat,* 1672, 2 part. — Contes et Nouvelles en vers de M. de la Fontaine. Troisième partie. *Paris, Cl. Barbin,* 1671, in-12 ; les 3 parties en 1 vol. in-12, vél.

Cette édition des deux premières parties des Contes, imprimée à Lyon, est très-rare, et M. Brunet n'en parle pas ; mais ce qui est plus rare, ou du moins d'un bien plus grand intérêt, c'est la première édition de la troisième partie qui se trouve ici.
L'exemplaire est grand de marges et bien conservé.

617. Contes et Nouvelles en vers, de la Fontaine. *Amsterdam (Paris),* 1745, 2 vol. in-12, frontisp. fig. à mi-page, mar. r. fil. dos orné à petits fers, tr. dor. (*Chambolle-Duru.*)

Édition peu connue ; elle est ornée de jolies figures à chaque conte, qui rappellent les grandes planches de Lancret.

618. Contes et Nouvelles en vers, par M. de la Fontaine. *Amsterdam (Paris) Barbou,* 1762, 2 vol. in-8, portr. de la Fontaine et d'Eisen, gravés par Ficquet, fig. d'Eisen, vign. et culs-de-lampe par Choffard, mar. r. fil. doublé de tabis, tr. dor. (*Rel. signée sur le titre : Derome, rue des Chiens.*)

Bel exemplaire de l'édition dite des *Fermiers généraux ;* bonnes épreuves des figures ; jolie et fraiche reliure bien conservée.

619. Contes mis en vers, par un petit cousin de Rabelais (par d'Aquin de Chateaulyon). *Londres et Paris, Ruault,* 1775, fleuron sur le titre et une estampe d'après Eisen. — Anacréon citoyen (par Dorat). *Amsterdam et Paris, Monory,* 1774, in-8, v. f. fil. (*Rel. anc.*)

c. Satires, épigrammes, poésies gaillardes et burlesques.

621. Les Satyres et autres œuvres du sieur Regnier. *Leyde, Jean et Daniel Elzevier,* 1652, pet. in-12, mar. r. fil. tr. dor. (*Trautz-Bauzonnet.*)

Exemplaire grand de marges (127 mill.). Le bas du feuillet du titre, y compris la date, coupé pour enlever un nom, a été remis très-habilement.

622. Le Parnasse satyrique des vers de Theophile, sur les affaires de ce temps. *S. l. n. d.*, pet. in-12, v. f. fil. dos orné, tr. dor. (*Thouvenin.*)

Ce volume n'a aucun rapport avec le *Parnasse satyrique* de Théophile. Il contient les XVI satires de Cl. d'Esternod publiées sous le titre : *l'Espadon satyrique.* M. Brunet ne parle pas de la présente édition, qui doit être fort rare.

623. Les Nouveaux Satires et exercices gaillards de ce temps, divisés en neuf satires, auxquels est adjoustée l'Uranie, ou Muse celeste, par R. Angot, sieur de l'Esperonière. *Rouen, Michel l'Allemant,* 1637, pet. in-8, mar. r., plus. fil. tr. dor. (*Anc. rel.*)

« Ces satires, dit Viollet-le-Duc, placent dignement Rob. Angot sur la ligne des Vauquelin de la Fresnaye, des Courval-Sonnet et des Auvray, ses compatriotes et ses contemporains. »

Volume des plus rares. Exemplaire de Ch. Nodier.

Pour d'autres poésies du même auteur, voir le n° 577.

624. Le Tableau de la vie et du gouvernement de messieurs les cardinaux Richelieu et Mazarin, et de monsieur Colbert, représenté en diverses satyres et poësies ingénieuses; avec un recueil d'épigrammes sur la vie et la mort de monsieur Fouquet.... *Cologne, Pierre Marteau (Holl.),* 1694, pet. in-12, mar. r. fil. tr. dor. (*Derome.*)

Joli exemplaire de Pixerécourt.

625. Lettre de la signora Foutakina à Messer Julio Mazarini, touchant l'armement des bardaches pour donner secours à Son Eminence, en vers burlesques. *S. l. n. d.*, in-4, 4 ff. cart.

Une des mazarinades les plus rares.

626. Satires du sieur D*** (Boileau-Despréaux). *Paris, Louis Billaine,* 1666, in-12, frontip. grav., mar. r. fil. dos orné, tr. dor. (*Trautz-Bauzonnet.*)

Très-bel exemplaire de l'Edition originale.

627. Satyres sur les femmes bourgeoises qui se font appeler Madame, avec une distinction qui sépare les véritables d'avec celles qui ne le sont que par le caprice de la fortune, la bizarrerie et la vanité du siècle, par le chevalier D*** (le chev' d'Hé-

nissart). *Paris, Damien Beugnié,* 1713, in-8,
front. et 10 fig., v. m.

Bel exemplaire du chancelier de Pontchartrain.

Satires très-curieuses sur les mœurs du temps, et à propos desquelles M. de
Gaillon a écrit un article très-intéressant dans le *Bulletin du Bibliophile,*
année 1857, pages 515 à 527.

On lit la note ms. suivante à la fin de la table, en face de l'approbation et du
privilége : « Cette approbation et ce privilége n'ont jamais été donnés pour ce
livre-cy, tel qu'il est. Ils ont été donnés pour un livre qui portoit le même
titre, et du même auteur, mais qui étoit purgé de tout ce qui se trouve d'in-
solent, de mauvais et d'impertinent dans celui-ci, que l'auteur a eu la har-
diesse et la témérité de mettre à l'impression sous la même approbation et le
même privilége. Ce qui estant venu à la connoissance de M. le chancelier,
l'auteur a été mis à la Bastille et tous les exemplaires saisis chez l'imprimeur
mis au pilon, à la réserve d'un très-petit nombre demeurez ès mains de
M. d'Argenson (alors lieutenant-général de police). »

Le présent exemplaire est évidemment celui qui a servi à l'instruction du
procès, car il porte la note suivante au bas du titre : « *Paraphé suivant notre
procès-verbal de ce jourd'hui, 12 avril 1713.* » Le CHEVALIER D'HENNIS-
SART.

Les exemplaires qu'on rencontre ordinairement, et qui sont ceux sans doute
qui avaient échappé à la saisie, ont, ou un nouveau titre avec la rubrique de
La Haye, chez H. Frick, 1713, ou l'ancien, mais dont on a enlevé la partie
inférieure, contenant le nom de *Paris,* celui du libraire et la date.

628. Satire sur le luxe et la vanité des femmes et
des filles au sujet des modes, de leurs coëffures,
guêpes, fard, postiches, boute en train jardinières,
tatez-y, coiffures à la culbute... et autres modes
sans borne... etc. (en vers). *S. l., impr. de la Ve
Garnier, s. d.* (1724). — Satire nouvelle; réponse
des femmes à celle qui a été faite sur les dogui-
nes, bagnolettes et oreilles de chien; contre les
mœurs et les modes des hommes.... *S. l., impr.
Ve Garnier, s. d.* (1724). — Satire nouvelle;
l'Homme déguisé, ou le véritable portrait et caractère des faux amis et des femmes qui trompent
leurs maris. *S. l., imp. Ve Garnier, s. d.* (1724),
pet. in-8, mar. bl. fil. dos orné, tr. dor. (*Trautz-
Bauzonnet.*)

Pièces rares. On y a ajouté deux anciennes planches représentant des
modes de 1726.

629. La Maltote des cuisinières, ou la manière de
bien ferrer la mule. *Paris, Guill. Valleyre,* 1713,
pet. in-8 de 12 pages, une fig. ajoutée, mar. citr.
fil. dos orné, tr. dor. (*David*).

Pièce curieuse et rare.

630. Diverses petites Poésies du chevalier d'A-ceilly (de Cailly), premier volume (seul publié). *Paris, imprimées chez André Cramoisy, 1667, et se donnent au Palais,* pet. in-12, mar. bl. fil. à froid, tr. dor. (*H. Duru.*)

Édition originale, rare, surtout avec le premier titre où on lit : « *Se donnent au palais.* » Ces mots, qui n'étaient qu'une plaisanterie, ayant été pris au sérieux par quelques amateurs, on fit un nouveau titre, dans lequel ils furent supprimés. On voit dans une des pièces du recueil que le volume se vendait 30 sous.

> Pour trente sols l'abandonner,
> Ce n'est pas vendre, c'est donner·

631. Nouveau Recueil des plus beaux enigmes de ce temps, composez sur divers sujets serieux et enjoüez, avec leurs explications naturelles et morales (par La Charnays, G. Colletet, Carneau, célestin, etc., publ. par Fr. Colletet). *Paris, J.-B. Loyson,* 1659, pet. in-12, mar. r. fil. à froid, tr. dor. (*H. Duru.*)

632. Les Satyres bastardes et autres OEuvres folastres du cadet Angoulevent.

> Quiconque aura le mal de rate,
> Lisant ces vers gais et joyeux,
> Je veux mourir s'il ne s'esclatte
> De rire et ne pleure des yeux.

Paris, Anthoine Estoc, 1615, pet. in-12, mar. r. fil. à froid, doublé de mar. bl. dent. tr. dor. (*Bauzonnet.*)

Très-rare. C'est un de ces livres dont on ne connaît que deux ou trois exemplaires. Le dernier qui ait passé en vente, celui de M. de Chaponay (janvier 1863), a été porté à 455 fr.

Ces poésies ne sont pas, comme on pourrait le croire, d'Angoulevent, prince des sots (Nic. Joubert). Le libraire Estoc, en prenant le nom d'un bateleur à la mode, a voulu, dit Ch. Nodier, se débarrasser de la responsabilité d'un mauvais livre. « C'est, ajoute-t-il, comme les *Muses gaillardes* et les *Muses folâtres,* un recueil de pièces empruntées à une pléiade d'écrivains spirituels qui florissaient alors, tels que Regnier, Sigogne, Motin, Berthelot, d'Esternod, etc. »

Voir sur Angoulevent, prince des sots, les numéros 103 à 105.

633. Lettres de M. de V* (Voltaire), avec plusieurs pièces de différents auteurs.** *La Haye, Pierre Poppy (Rouen),* 1739, in-12, v. gr. fil.

Exemplaire aux armes de Mme de Pompadour. Il porte sur le titre la signature de *Beauchamps*, l'auteur des *Recherches sur le Théâtre*, dont Mme de Pompadour avait acheté la bibliothèque.

Le volume ne contient qu'une lettre de Voltaire, la 26e sur les Anglais, où il est traité de l'âme. Les pièces qui sont à la suite sont presque toutes des poésies *légères*. Il s'y trouve plusieurs contes tels que celui de Piron : *le Nez et les Pincettes*, etc.

Ce volume provient de la bibliothèque du prince S. Radziwill.

634. Chronique scandaleuse, ou Paris ridicule, de C. Le Petit. *Cologne, Pierre de la Place (Holl., Elzev.)*, 1668, pet. in-12, mar. bl. fil. dos orné, tr. dor. (*Chambolle-Duru.*)

Édition fort rare. Joli exemplaire, très-grand de marges, 131 mill,

H. Chansons, Noëls et Cantiques, depuis le treizième siècle.

634 *bis*. Anthologie françoise, ou chansons choisies, depuis le 13e siècle jusqu'à présent (publ. par Monet). *S. l. (Paris)*, 1765, 3 vol. — Chansons joyeuses, mises au jour par un ane-onyme, onissime (par Collé). *Paris, Londres et Ispahan*, 1765, 2 part. en 1 vol. — Ensemble 4 vol. in-8, portr. par Cochin, grav. par de Saint-Aubin, fig. de Gravelot, mar. r. fil. tr. dor. (*Padeloup.*)

Bel exemplaire de MÉON.

635. Choix de Chansons, à commencer de celles du comte de Champagne, roi de Navarre, jusque et compris celles de quelques poëtes vivans. Dédié à Mme la comtesse de la Guiche, (par Moncrif). Nouvelle édition. *S. l.*, 1757, in-12, musique, mar. r. fil. tr. dor. (*Padeloup.*)

636. RECUEIL DE CHANSONS notées, italiennes et françoises. Pet. in-4, rel. en velours.

Manuscrit précieux de la fin du quinzième siècle, sur vélin, avec miniatures, fleurons, lettres ornées et encadrements.

Ce volume, relié en bois, couvert de soie rouge, est taillé en forme de cœur ; il renferme soixante et douze feuillets, en y comprenant les quatre feuillets de la fin, restés blancs et seulement réglés en rouge pour recevoir la notation musicale, et aussi quatre feuillets du commencement qui ne sont pas chiffrés comme les autres. Les trois premiers de ces feuillets contiennent une table alphabétique des chansons, écrite à la même époque que le reste du volume : le quatrième est rempli, au recto, par une grande miniature ; au verso, par le commencement des paroles et de la musique.

Les chansons italiennes sont au nombre de treize ; les autres, qui sont en français, ne manquent pas d'une certaine facilité de composition ; celle-ci, par exemple, qui se trouve au fº 29 vº :

> Cent mil escus quand je vouldroye,
> Et paradis quand je morroye,
> Plus ne sçauroie souhaitier,
> Sinon user de mon mestier
> Aucune fois quand je pourroye.
>
> De rien je ne me soussyroye,
> Mais les dames festoieroye
> Si je avoye pour moy aidier
> Cent mille escus.

Au verso se trouve notée la musique de la première partie, intitulée : *Contra tenor ;* au recto, celle de la deuxième partie, intitulée : *Tenor.* D'après l'avis de personnes très-compétentes, ce volume est très-curieux au point de vue de l'histoire musicale.

Chaque page est ornée de lettres tournures, d'arabesques, de fleurons, de petites miniatures élégantes et variées. La première miniature se trouve au recto du quatrième feuillet supplémentaire ; elle représente une femme vêtue d'une robe noire, rouge et or par le bas, qui se promène au milieu d'un jardin ; elle est percée d'une flèche que vient de lui décocher un petit Amour placé dans le ciel, tout en haut de la miniature. A gauche de cette femme et dans le ciel, sur une roue de Fortune, on voit une autre femme, appuyée sur une épée, qui se regarde dans un miroir ; elle est vêtue d'une robe mi-partie noire et rouge-violette, semée d'or ; elle a deux grandes ailes, l'une est d'or, l'autre est noire. Au-dessous de cette femme sont des armoiries surmontées d'un chapeau. La seconde miniature, au bas du folio 3 vº, représente un seigneur vêtu de rouge et une dame vêtue de noir qui se promènent en se donnant le bras ; la dame paraît être la même que celle qui est représentée dans la première miniature ; elle parle au seigneur, qui l'écoute d'un air assez contristé. Les petites miniatures qui décorent les marges de chaque page sont très-singulières : on y voit des oiseaux, des chimères, des insectes, des singes qui chantent ou sont à cheval sur des instruments de musique, des chimères qui jouent du tambourin ou de la flûte, des guerriers, de jeunes couples qui se promènent, etc., etc.

A tous égards, ce livre est aussi curieux par le contenu que singulier par la forme. Ajoutons que la conservation en est parfaite.   L. R. DE L.

Ce volume paraît avoir été fait à l'époque de Charles VIII. C'est sans doute l'œuvre d'un seigneur italien attaché à la cour de France. Il y a, aux feuillets 53 et 54, une chanson qui indique que l'auteur avait séjourné à Dijon.

> Adieu, Dijon, où je me suis deduit,
> Esperant grace de ma chere maistresse,
> Le departir de vous tant fort me blesse,
> Pour la grant joye dont jay trouve largesse,
> Jouer, galler, tout le jour et la nuit,
> Faire grant chere, toujours menant grand bruit,
> Mais maintenant puisqu'il faut que je cesse,
> Adieu, Dijon....

Ce ms. provient de la bibliothèque de M. Chedeau, dont la vente a été faite en 1865 (nº 587 du catal.). Il a été payé 2,016 fr.

637. RECUEIL DES PLUS BELLES CHANSONS DE CE TEMPS mis en trois parties, dont la première contient les chansons musicales et d'amours; la seconde et tierce parties contiennent les chansons rustiques et de la guerre, avec la desploration de Venus. *Lyon, par Jean d'Ogerolles,* 1559, in-16, mar. r.

fil. compart. dits à la rose, doublé de mar. bleu, dent. à petits fers, tr. dor. (*Bauzonnet*).

Charmant exemplaire, bien conservé et grand de marges, d'un recueil rare et des plus curieux. On y remarque : Chanson d'une dame de Paris et d'un jeune moine ; d'une religieuse, laquelle regrette mariage ; des chansons sur le mariage du Dauphin (François II), sur *la prinse de Calais et de Guines*, etc.

C'est aussi dans ce recueil que se trouve la *chanson nouvelle* (satirique) de la belle cordière de Lyon (Louise Labbé).

638. RECUEIL DE CHANSONS, fait pour damoiselle Marie Coppin. Pet. in-fol. mar. vert, tr. dor. armes et chiffre. (*Duru.*)

Manuscrit du seizième siècle, sur papier, contenant 71 feuillets.

On lit sur le premier feuillet : « Ce livre appartient à damoyselle Marie Coppin, fille de Jean Coppin, escuyer, seigneur de la Laie, et de dame Anne de Mailly. » Après les chansons sont les généalogies dûment certifiées par notaires des familles de Coppin et de la Laie. Avec les blasons des familles Coppin et Mailly.

On y trouve une chanson importante sur la duchesse d'Étampes.

639. RECUEIL DE PLUSIEURS BELLES CHANSONS SPIRITULLES (*sic*), faictes et composees contre les rebelles et perturbateurs du repos et tranquilité de ce royaulme de France, avec plusieurs autres chansons des victoires qu'il a pleu à Dieu de donner à nostre très chrestien roy Charles IX de ce nom. Par Christofle de Bourdeaux. *Paris, pour Magdeleine Berthelin, s. d.*, in-16, mar. v. fil. à froid, tr. dor. (*Kœhler.*)

Exemplaire de M. Veinant (vente de 1855). C'est un recueil de chansons historiques de divers auteurs, qui ont pour sujets les guerres civiles et les troubles religieux qui affligèrent le règne de Charles IX. Nous citerons, entre autres chansons, celles relatives au massacre de Vassy, à l'assassinat du duc de Guise par Poltrot, à la mort du prince de Condé, tué à Jarnac. Celles qui concernent les chefs des protestants et entre autres le massacre du chevalier du Guet, connu sous le nom du *Nez d'argent*, à Paris, ne sont pas moins intéressantes.

L'exemplaire a été un peu trop rogné en quelques endroits. Cet exemplaire est le seul connu.

640. Recueil des plus belles chansons de ce temps, tant musicales que rurales, anciennes et modernes. *A Orléans, par Eloy Gibier*, 157., in-16, mar. bl. compart. tr. dor. (*Bauzonnet.*)

Charmant exemplaire de CH. NODIER, qui l'avait acheté à la vente Audenet.

641. RECUEIL ET ESLITE de plusieurs chansons joyeuses, honnestes et amoureuses, partie non encore

veües, et autres , colligées des plus excellents
poëtes françois, par J. W. *Anvers, Jean Waes-*
berge, 1576, in-16, mar. r. fil. doublé de mar. bl.
dent. à petits fers, dos orné, tr. dor. (*Bauzonnet-*
Trautz.)

Les lettres **J. W.** qui sont sur le titre désignent, comme éditeur, le libraire
J. Waesberge, qui a signé l'épitre dédicatoire, plutôt que Walcour, de qui
est la table du Recueil, et qui a mis son nom au bas d'un sonnet placé en
tête. C'est au nom de Walcour qu'il faut chercher ce livre dans le *Manuel*.

Ce volume contient une chanson curieuse sur les amours de M. de Montmorency avec Mlle de Piennes.

642. Recueil de plusieurs excellentes Chansons
qu'on chante à présent, traittant partie de la
guerre, partie de la Saincte Union, selon les oc-
currences de ce temps, composées sur divers
chants fort récréatifs; dédié à tout le peuple catholique. *Paris, Nicolas Bonfons,* 1590, in-16, mar.
v. fil. dos orné, tr. dor. (*Trautz-Bauzonnet.*)

Recueil fort rare de chansons historiques, composées en partie en faveur
de la Ligue. On remarque, au feuillet 35, celle écrite à la louange de Jacq.
Clément, l'assassin de Henri III.

Exemplaire de M. Veinant (vente 1855).

— Titre refait, ce défaut n'avait pas été annoncé à la vente.

643. Le Cabinet, ou Trezor des nouvelles chansons,
recueillies des plus rares et excellents esprits modernes. *Paris, Godefroy de Billy,* 1602, pet. in-
12, mar. r. fil. tr. dor. (*Thouvenin.*)

Exemplaire de **Ch. Nodier**, avec ses écussons sur la reliure.

On trouve dans ce recueil la *courante du Roy* (Henri IV): «Vous me jurez,
bergère (page 42); *la chanson de Madame sœur du Roy*: « J'aime en ce vil-
lage » (page 209); celles des *Drôles* (page 234).

644. Le Trésor et Cabinet des plus belles et récréa-
tives chansons de nostre temps, avec plusieurs
beaux airs de cour, nouvellement inventez, par
les plus excellens musiciens.... *Paris, Fleury Bour-*
riquant, s. d., pet. in-12, mar. bl. fil. dos orné,
tr. dor. (*Bauzonnet-Trautz.*)

Exemplaire de **Ch. Nodier** (nº 544 du Cat. de 1844). Il était alors relié en
veau et réuni à *l'Eslite des chansons*, qui suit.

645. L'Eslite des Chansons plus belles et amoureuses de nostre temps, recueillies de plusieurs autheurs, tant de Paris, Roüen, que de Lyon, et

autres lieux circonvoisins. *Paris, Fleury Bourriquant, s. d.* pet. in-12, mar. bl. fil. dos orné, tr. dor. (*Bauzonnet-Trautz.*)

Exempl. de Charles Nodier. (*Voir* la note qui précède.)

646. La Lyre d'Apollon, en poësies meslées et les mieux choisies de ce temps; composées par un Zelandois, et amateur d'icelles, en chançons, airs, rondeaux, estrennes et épitaphes... etc... deuxième édition, de nouveau reveuë, corrigée et augmentée. *Middelbourg, chez Pieter Van Goetthem,* 1657, pet. in-16 obl. vél.

Joli exemplaire. Petit recueil rare, où se trouvent des pièces assez piquantes.

647. Libertez d'André de Rosiers, sieur de Beaulieu, X^e, XIe, XIIe, XIV° XVe et XVI° livres. *Paris, Rob. Ballard,* 1660-1672, pet. in-8, cart.

648. Vers amoureux et Chansons à boire. In-4, parchemin.

Manuscrit de la seconde moitié du dix-septième siècle, sur VÉLIN. L'écriture, en bâtarde, est d'un habile calligraphe qui n'est guère inférieur à Jarry. Le volume est orné de douze jolis dessins à la plume et au trait calligraphique, représentant des dames en riche toilette et des bouffons italiens. En tête, et comme frontispice, se trouve une belle miniature où l'on voit une très-jolie femme vêtue à l'antique, assise près d'un buisson de roses et avec une couronne à la main, qu'elle vient de tresser. Un Amour, descendant du ciel, lui présente un lis.

649. Nouveau Recueil de Chansons choisies. *La Haye, Jean Neaulme,* 1735-1743, 8 vol. in-12, musique, v. m. fil. dos orné.

Bel exemplaire, aux armes de Mme DE POMPADOUR.

650. Festin joyeux, ou la Cuisine en musique, en vers libres. *Paris, Lesclapart,* 1738, in-12, fig. et musique, mar. citr. fil. tr. dor. (*Chambolle.*)

651. Premier (et deuxième) Recueil de chansons avec accompagnement de harpe, de violon, de clavecin; gravé par Mlle Vendôme chez M. Moria. *Paris,* 1763, 2 part. en un vol. in-fol. mar. v. riches dent. tr. dor. doublée de moire. (*Aux armes de Mesdames.*)

652. Le Passetems agréable et divertissant, ou le plaisir des filles, lequel se peut jouer sur toutes

sortes d'instruments. 2 part. — La Volière. —
Les Petits Riens lyriques. 3 part. — La Boutique
du peintre, ou les portraits. — Tribut de la toilette. (*Paris*). Mlle Monnet, *s. d.* 8 part. en un vol.
in-8, mar. citr. tr. dor. (*Chambolle-Duru.*)

Recueil de chansons, musique et paroles, entièrement gravées, avec frontispice à chaque partie.

10. 653. (Recueil de chansons). Le Printemps.—L'Hiver.
S. l. n. d., 2 vol. in-8, 2 fig., musique, mar. r. compart. tr. dor. (*Anc. rel.*)

Texte gravé par de Saint-Aubin.

30. 654. Les A-propos de société, ou Chansons de
M. L****. (Laujon.) *S. l.* 1776, 2 vol. — Les
A-propos de la folie, ou chansons grotesques, gri-
voises et annonces de parade (par le même). *S. l.*,
1776, 1 vol. — Ensemble : 3 vol. in-8, titres gravés, fig. et vign. de Moreau, mar. citr. fil. (*Anc.
rel.*)

---

120. 655. Chanson nouvelle composee sur les dix commandemens de Dieu, extraicte de la saincte Escripture. *S. l. n. d.*, pet. in-4, goth. de 4 ff., fig. sur
bois, au recto et au verso du titre et à la fin, mar.
br. tr dor. (*Chambolle.*)

Pièce protestante; rare, non indiquée par M. Brunet.

300. 656. NOELZ NOUVEAULX imprimez nouvellement. *On
les vend a Paris..., en la maison de Jehan Olivier,*
s. d., pet. in-8, goth. de 8 ff. mar. bl. dent. à petits
fers, tr. dor. (*Bauzonnet-Trautz.*)

Ces noëls faisaient partie, ainsi que les sept numéros suivants, du fameux
Recueil de noëls porté dans le cat. de La Vallière, en 3 vol., sous le n° 3081.
Ce recueil entier était chez Méon (n° 1896 de son catal.), où il fut acheté
par Chardin. Depuis, il s'est trouvé dans la biblioth. de M. de Soleinne, mais
n'a point figuré au catalogue. Vendu à l'amiable, c'est alors qu'il fut brisé
et que toutes les pièces furent reliées séparément par Bauzonnet.

200. 657. Chançons joyeuses de Noel
         Tres doulces et recreatives,
         Singulieres suppellatives,
         Et sont faictes dassez nouvel.

S. l. n. d., pet. in-8, goth. de 8 ff. mar. bl. dent. à petits fers, tr. dor. (*Bauzonnet-Trautz.*)

Ces noëls faisaient aussi partie du recueil de La Vallière, 3081 (n° 2).

658.   Chantzons sainctes pour vous esbatre
         Elegantement exposees
         Par ung prisonnier composees
         Cest an mil cinq cens vingt et quatre.

J. D. Org. *S. l. n. d.* (1524), pet. in-8, goth. de 8 ff., mar. bl. dent. à petits fers, tr. dor. (*Bauzonnet-Trautz.*)

Recueil de La Vallière, 3081 (n° 3).

Ces Chansons saintes de J. D. Org. sont évidemment de Jean Daniel, organiste, auteur des *Noëls* portés sous les n°s 660 et 662.

659. Noelz nouveaulx fais par les prisonniers de la Conciergerie sur les chans des chançons qui sensuyvent. *S. l. n. d.*, pet. in-8 goth. de 4 ff., 2 fig. sur bois, mar. bl. dent. à petits fers, tr. dor. (*Bauzonnet-Trautz.*)

Recueil La Vallière, 3081 (n° 4).

660. Sensuyvent plusieurs (six) Noelz nouveaulx. Titulus : Chansons nouvelles de Nouel, Composees tout de nouvel, Esquelles verrez les pratiques De confondre les heretiques. Jo. Daniellus organista. *S. l. n. d.* (vers 1520), pet. in-8, de 8 ff. goth. mar. bl. dent. à petits fers, tr. dor. (*Bauzonnet-Trautz.*)

Recueil La Vallière, 3081 (n° 5).

661. Les Grans Noelz nouveaulx, composez sur plusieurs chansons tant vieilles que nouvelles, en françoys, en poytevin et en escossois. (A la fin :) *On les vend a Paris... Jaque Nyverd, s. d.* pet. in-8 goth., de 24 ff., mar. bl. dent. à petits fers, tr. dor. (*Bauzonnet-Trautz.*)

Recueil La Vallière, 3081 (n° 6).

662.   Noels joyeulx plain de plaisir.
         A chanter sans nul desplaisir...

Johannes Danielis, org. *S. l. n. d.*, pet. in-8

goth. de 12 ff. mar. bl. dent. à petits fers, tr. dor.
(*Bauzonnet-Trautz.*)

Recueil La Vallière, 3081 (n° 7).

663.   Noelz nouveaux faitz soubs le titre
       Du plat d'argent dont maint se courousse
       Ung soit au couvent et chapitre
       Des confreres de plate bource.

*On les vend en la rue Sainct Jaques a lensei-
gne S. Martin par Jehan Olivier, s. d.,* pet. in-8
goth. de 16 ff. demi-rel. mar. v.

Recueil La Vallière, 3081 (n° 8). C'est ce volume et non le 656, comme
cela est dit par erreur dans le catalogue de La Vallière, qui est incomplet
d'un cahier.

Ces divers noëls sont de la plus grande rareté, et, pour la plupart, ce sont
les seuls exemplaires connus.

664. Cantiques de noelz anciens, les mieux faicts et
     les plus requis du commun peuple : composez
     par plusieurs anciens autheurs, a lhonneur de la
     nativite de Nostre Sauveur Jesus-Christ et de la
     Vierge Marie. *Au Mans, pour Gervais Olivier.* (A la
     fin :) *Imprime par Françoys Olivier, s. d.,* pet.
     in-8 goth., de 56 pages, mar. bl. dent. à petits
     fers, tr. dor. (*Bauzonnet-Trautz.*)

Volume rare, imprimé à la fin du seizième siècle.

665. RECUEIL DE NOELS ET DE CANTIQUES. In-4, mar.
     v. tr. dor. (*Armes.*)

Manuscrit du seizième siècle, sur papier, contenant 227 feuillets. Il est orné
de lettres initiales et d'une quarantaine de dessins à la plume, d'une exécution remarquable (un, entre autres, représente un Suisse de la garde du roi;
un autre, une monnaie de Henri II, etc.).

Beaucoup de ces noëls sont inédits. A la fin se trouve le Recueil des noëls
du comte d'Alsinois (Nic. Denisot), écrit aussi de la même main. On sait que
ces noëls ont été imprimés en 1553. La Croix du Maine nous apprend que
Denisot a fait d'autres noëls que ceux qui ont été publiés, et qu'il dessinait
et écrivait fort bien. Tout le recueil serait-il de lui, et le manuscrit serait-il
autographe? (Voir *La Croix du Maine*, in-4, t. II, p. 152.)

IV. POÉSIE DRAMATIQUE.

Auteurs dramatiques français.

666. Recherches sur les théâtres de France, depuis l'année onze cens soixante et un, jusques à présent, par M. de Beauchamps. *Paris, Prault,* 1735, 3 vol. in-8, v. gr. fil.

Aux armes de Mme DE POMPADOUR.

667. Dictionnaire des théâtres de Paris, contenant toutes les pièces qui ont été représentées jusqu'à présent sur les différens théâtres,... des faits anecdoctes sur les auteurs qui ont travaillé pour ces théâtres, et sur les principaux acteurs, actrices, danseurs, danseuses, compositeurs de ballets, dessinateurs, peintres de ces spectacles, etc... (Par les frères Parfait). *Paris, Lambert,* 1756, 7 vol. in-12, mar. r. fil. dos orné, tr. dor. (*Armes de Laborde.*)

668. Règlement pour les comédiens françois ordinaires du Roi. *Paris, P. de Lormel,* 1766, in-8, mar. v. fil. coins et dos ornés, tr. dor.

Aux armes d'Em.-F. de Durfort, duc de Duras, premier gentilhomme de la chambre et l'un des auteurs de ce règlement.

669. Règlement pour les comédiens françois ordinaires du Roi. *De l'imprimerie de P.-R.-C. Ballard,* 1781, in-8, mar. v. fil. coins fleurdelisés, dos orné, tr. dor. (*Rel. anc. Aux armes de France.*)

On y a joint : *Déclaration du Roi, portant règlement pour les spectacles établis à la suite de la cour. Paris, Ph.-D. Pierres* (1779), br. in-4, de 8 pp.

670. MYSTÈRES INÉDITS DU QUINZIÈME SIÈCLE, publiés pour la première fois par Achille Jubinal. *Paris, Techener,* 1837, 2 vol. in-8, fac-simile, mar. r. fil. à froid. tr. dor. *Armes et chiffres.* (*Duru.*)

L'un des 20 exemplaires tirés sur grand papier de HOLLANDE.

671. Mystères composés par Jehan Louvet. In-fol. mar. bleu. Armes et chiffres. (*Duru.*)

Précieux manuscrit AUTOGRAPHE contenant douze mystères joués à Paris par les confrères de Notre-Dame-de-Liesse, de 1356 à 1550. Tous sont relatifs à des miracles de la sainte Vierge et ont été composés, ou plutôt imités et rajeunis d'après des mystères plus anciens, par Jehan Louvet, sergent à verge au Châtelet de Paris, le même, suivant toute apparence, qui était, en 1541, un des entrepreneurs qui firent jouer le mystère des Actes des apôtres à Paris. (Voy. *le Cry et proclamation pour jouer le mystère des Actes des apôtres,* réimpression de *Paris, Pinard*, 1830.)

Ce qui donne à ce recueil un véritable intérêt, c'est que ces mystères furent composés pour la confrérie de Notre-Dame-de-Liesse, composée de bourgeois riches et de bonne compagnie qu'on accusait d'aimer trop les plaisirs de la table, et qui, pour cette raison, avait été surnommée la *confrérie des goulus*. (Sauval, t. II, p. 619.) Le siège de cette confrérie était à cette époque au Saint-Esprit, hôpital qui touchait à l'Hôtel-de-Ville, dans lequel il est englobé aujourd'hui, aussi bien, sans doute, que la maison de Simon Acquetou, rue de la Tixeranderie, joignant le S.-Esprit, où fut joué le mystère de 1543. On voit au mystère de l'année 1538 les noms des bourgeois et bourgeoises qui jouaient, depuis Marie Le Charron (nom célèbre et considéré dans la bourgeoisie de Paris), représentant Notre-Dame, jusqu'au diable Ch. Desprez.

672. Le tres excellent et sainct Mystere du vieil Testament par personnages, auquel sont contenues les hystoires de la Bible. Reveu et corrigé de nouveau et imprimé avecques les figures... *Nouuellement imprimé à Paris, lan* 1542. *On les vend à Paris au palays... par Vincent Sertenas.* (A la fin :) *Imprimé à Paris par Jehan Real lan mil cinq cens quarente et deux.* In-fol. goth. à 2 col. fig. sur bois, mar. r. dent. tr. dor. (*Anguerrand.*)

Edition rare de ce curieux mystère, qui contient près de 60,000 vers. Très-bel exemplaire de GIRARDOT de PRÉFOND.

673. Cest le mistere de la passion de Jesu Crist jouee a Paris et Angiers. *Cy finist le mystere de la passion nostre seigneur jesucrist, imprimee a Paris lan mil cccc. xcix* (1499) *pour Anthoine Verard...,* in-fol. goth. à 2 col. mar. r. dent. tr. dor. (*Anguerrand.*)

Edition fort rare. Exemplaire de GIRARDOT DE PRÉFOND, et auparavant de G. de Boze. L'exemplaire a quelques piqûres de vers.

674. La Vengeance Nostre Seigneur, par personnages. — *A lhonneur et a la louange de Nostre Seigneur Jesuchrist et de la court de paradis a este* *achevee ceste presente Vengeance le sixiesme jour de mars lan mil cccc quatre vingtz et treze par Anthoine Verard libraire demourant sur le pont Nostre Dame...* In-fol. goth. à 2 col. mar. r. large dent. doublé de tabis, tr. dor. (*Bozérian.*)

Edition des plus rares. Cet exemplaire, provenant de la biblioth. de M. de Soleinne, est très-grand de marges, mais il a quelques piqûres de vers et les quatre derniers feuillets sont refaits à la plume.

M. Brunet n'en cite aucune autre adjudication que celle de l'exemplaire de La Vallière, imprimé sur vélin, acheté pour la Biblioth. du roi.

675. ACTES DES APOTRES. Le Premier (et le second) volume des actes des catholicques œuvres et ACTES DES APOTRES (par Arnoul et Simon Gréban). — L'Apocalypse Sainct Jean Zebedée (par L. Choquet). *On les vend en la grand salle du Palais par Arnoul et Charles les Angeliers, 1541. (A la fin:) Et fut acheve le dit livre dimprimer le xxvij^e jour de may lan mil cinq cens xli, pour Arnoul et Charles Angeliers frères.* 3 tom. en un vol. in-fol. goth., v. f. à compart. tr. ciselée et peinte.

Edition la plus complète. Précieux exemplaire, à cause de sa très-belle reliure du seizième siècle, à compartiments à mosaïque à la Grolier, tranche pourpre ciselée.

Les marges d'un certain nombre de feuillets ont été raccommodées sur les bords.

Exemplaire de Soleinne.

676. LA NEF DE SANTE, avec le gouvernail du corps humain et la CONDAMNACION DES BANCQUETZ, a la louenge de diepte et sobriete, et le traictie des passions de lame (par Nicolas de la Chesnaye). *Cy fine la nef de sante... imprime a Paris pour Anthoine Verard, s. d.,* in-4 goth., fig. sur bois, marque d'Ant. Vérard à la fin, mar. r. dent. aux oiseaux, doublé de mar. r. même dent., dos orné, tr. dor. (*Bauzonnet-Trautz.*)

Première édition.

Superbe exemplaire de ce livre précieux, provenant des bibliothèques de Guyon de Sardière, du duc de la Vallière et de Soleinne. Il avait auparavant appartenu à Ballesdens, dont la signature est sur le titre.

La Condamnacion des bancquetz, qui forme la partie la plus importante et la plus intéressante de l'ouvrage, est une moralité à 38 personnages, en vers.

677. MAISTRE PIERRE PATHELIN. *Cy fine le grant maistre Pierre Pathelin. Ensemble le testament* *diceluy. Et apres sensuyt un nouveau Pathelin a trois personnages (Cest a sçavoir, Pathelin, le pelletier et le prestre.) Nouvellement imprime a Paris pour Jehan Bonfous... a lenseigne S. Nicolas,* s. d., pet. in-8, goth. de 80 ff. 3 fig. sur bois, mar. bl. fil. tr. dor. (*Anc. rel.*)

Edition rare, où se trouve le *Nouveau Pathelin*, qu'on ne remarque que dans une autre édition. Cet exemplaire, parfaitement conservé, provient de la vente de M. de Soleinne.

678. La Médée, tragédie, et autres diverses poésies, par J. de la Péruse. *Poitiers, par les de Marnef et Bouchetz, s. d.* — Philanire, tragédie françoise du latin de Claude Roillet. *Paris, Thomas Richard,* 1563. — La Tragédie d'Agamemnon, avec deus livres de chants de philosophie et d'amour, par Charles Toustain. *Paris, Martin le Jeune,* 1556. — En 1 vol. in-4, vél. vert. (ARMES DE DE THOU.)

Les trois pièces qui composent ce volume sont très-rares, notamment la *Tragédie d'Agamemnon*, dont on ne connait que quelques exemplaires.

Aux armes de J.-Aug. II DE THOU, fils de l'historien, et de Marie Picardet, sa femme. La reliure est de Pierre Portier. (Voir les *Mémoires de Marolles.*)

Exemplaire du marquis de Menars, du card. de Rohan, du prince de Soubise, de Chardin, de Soleinne (n° 157 de son catal.).

679. Les Tragédies de Robert Garnier. Au Roy de France et de Polongne. *Paris, Mamert Patisson,* 1585, pet. in-12, portr., mar. r. fil. tr. dor. (*Bauzonnet-Trautz.*)

Très-joli exemplaire de la plus belle édition de R. Garnier.

Exemplaire provenant de M. d'Ourches, mais relié depuis. On a ajouté à l'exemplaire le titre gravé par L. Gaultier pour l'édition de 1605, et le portrait de Rob. Garnier, gravé par Mallery d'après Rabel.

680. La Tragédie de feu Gaspard de Colligny, jadis admiral de France, contenant ce qui advint à Paris, le 24 d'aoust 1572, avec le nom des personnages ; par F. François de Chantelouve, gentilhomme bourdelois. *S. l. (Lyon),* 1575, pet. in-8, mar. v. fil. doublé de soie, tr. dor. (*Derome.*)

Edition originale. Joli exemplaire.

681. Tragédie sur la defaite et occision de la Piaffe et la Picquorée, et bannissement de Mars, à l'introduction de paix et sainte justice (par Gab. Bou-

nin ou Bounyn). *Lyon, B. Rigaud,* 1579, in-8, de 32 pages, mar. citr. tr. dor. *(Chambolle.)*

Pièce singulière. Cette édition n'est pas indiquée par M. Brunet, qui ne parle que de celle de Paris, 1579. Les deux éditions doivent d'ailleurs être aussi rares l'une que l'autre, car M. de Soleinne ne possédait qu'une copie manuscrite de celle de Paris.

682. Jephté, ou le Vœu, tragédie traduite du latin de George Buchanan, Escossois, par Florent Chrestien. *Paris, Mamert Patisson,* 1587, pet. in-12, mar. r. fil. doublé de mar. r. dent. à petits fers, tr. dor. *(Jolie reliure de Kœhler).*   80.

Exemplaire grand de marges, provenant de la bibliothèque de R. HEBER.

683. Le Miroir des mesnagères, comédie très honneste, représentant la différence d'une bonne et mauvaise mesnagère ; exhibée et mise en lumière par M. Pierre Heyns, au Laurier. *Imprimé à Harlem, par Gilles Romain, pour Zacharie Heyns, libraire à Amsterdam,* 1595, pet. in-8, v. f. fil. dos orné, tr. dor.   80.

Pièce très-rare, non citée dans la bibliothèque du duc de la Vallière, et indiquée seulement dans la dernière édition du *Manuel*, d'après cet exemplaire.

684. Le Théâtre sacré : Dina, ou le Ravissement. Josué, ou le Sac de Jéricho. Debora, ou la Délivrance (par Pierre de Nancel). *Paris, Claude Morel,* 1607, in-8, mar. r. tr. dor. *(Chambolle.)*   80.

Volume rare, de la bibliothèque de M. D'HYENVILLE.
L'auteur nous apprend que ces pièces furent jouées dans l'amphithéâtre romain de Doué (en Anjou).

685. Le Théâtre de P. Corneille, reveu et corrigé par l'auteur. *Paris, Guill. de Luyne,* 1692, 5 tomes en 10 vol. in-12.—Poëmes dramatiques de Th. Corneille. *Paris, Guill. de Luyne,* 1692, 5 tomes en 10 vol. in-12 ; ensemble 10 tomes en 20 vol., mar. r. dent. dos à petits fers, tr. dor. *(Rel. d'Anguerrand.)*   1,000.

Joli exemplaire. Edition estimée du théâtre des deux frères, que Th. Corneille a revue avec soin.

686. Cinna, ou la Clémence d'Auguste, tragédie (par P. Corneille). *Imprimé à Rouen aux frais de l'au-*   141.

*teur, et se vendent à Paris, chez Toussainct Qui-
net,* 1643, in-4, frontisp., mar. r. compart. tr. dor.
(*Rel. du temps.*)

EDITION RIGINALE.
On a relié à la suite : *Emblèmes d'amour, illustrez d'une explication en
prose fort facille pour entendre le sens moral de chaque emblème.* S. l. n. d.,
43 feuillets. (*Mouillures.*)

687. Rodogune, princesse des Parthes, tragédie de
Pierre Corneille. *Au Nord (Versailles),* 1760, in-4,
fig. gravée par Mme de Pompadour, d'après Boucher, demi-rel. v. f. non rog.

Cette pièce, tirée à un très-petit nombre d'exemplaires, a été imprimée
dans l'appartement de Mme de Pompadour, situé *au nord,* dans le château de
Versailles.
On a joint à cet exemplaire le beau portrait de Mme de Pompadour, dit *la
Belle Jardinière,* gravé par Anselin, d'après Vanloo, avec une lettre *auto-
graphe* de la même à son père, M. Poisson de Marigny, et un portrait de
P. Corneille sur papier de Chine, avant la lettre, gravé par Taurel en 1829.
Exemplaire du comte de LA BÉDOYÈRE.

688. ŒUVRES DE M. DE MOLIÈRE. (publ. par Vinot et
La Grange). *Paris, Denys Thierry,* 1682, 8 vol.
in-12, réglés, fig. mar. r. fil., doublé de mar. r. dent.
tr. dor. (*Du Seuil.*)

Première édition complète des ŒUvres de Molière.

Superbe exemplaire dont la reliure est parfaitement conservée. On remarque
dans les ornements du dos, des dauphins couronnés. Quelques personnes pensent
que les livres ainsi décorés faisaient partie de la bibliothèque du grand Dauphin (le fils de Louis XIV).

689. Les Plaisirs de l'Isle enchantée, course de ba-
gue faite par le Roy à Versailles, le 6 may 1664
(en trois journées, avec la liste du divertissement
et les noms de ceux qui y sont employés). *Paris,
Rob. Ballard,* 1664, in-4, mar. r. tr. dor. (*Chambolle.*)

Edition originale de cette relation de la fête royale de Versailles de 1664,
dans laquelle fut représentée *la Princesse d'Elide* de Molière.

690. Observations sur une comédie de Molière intitulée le Festin de Pierre, par B. A. Sr D. R. (de
Rochemont). *Paris, N. Pepingué,* 1665. — Panégyrique de l'Ecole des femmes, ou conversation
comique sur les œuvres de Mr de Molière (par
de Nonantes). *Paris, Ch. de Sercy,* 1664. — Le

Portrait du peintre, ou la Contre-critique de l'Ecole des femmes, comédie, par le sieur Boursault. *Paris, Ch. de Sercy,* 1663. — Zélinde, comédie, ou la véritable critique de l'Escole des femmes et la critique de la critique (par de Visé et de Villiers). *Paris, Guill. de Luyne,* 1663. — Les Véritables Prétieuses, comédie (par Ant. Somaise). *A Amsteldam, chez Raphael Smith,* 1660. — Le tout en 1 vol. pet. in-12, v. m.

Pièces rares; la dernière est très-rognée.

691. OEUVRES DE M. RACINE. *Paris, Denys Thierry,* 1687, 2 vol. in-12, réglés, frontisp. de Le Brun, fig. de Chauveau, mar. r. fil. tr. dor. *(Padeloup.)*

Troisième édition originale du théâtre de Racine. C'est la première qui contienne *Phèdre,* le discours de réception de Th. Corneille à l'Académie française et l'*Idylle sur la Paix.*

Pour compléter le théâtre de Racine, on a ajouté au premier volume : *Esther, Paris, D. Thierry,* 1689, et *Athalie, Paris, le même,* 1692, premières éditions in-12.

Précieux exemplaire, d'une admirable conservation, aux armes du comte d'HOYM, acheté à la vente de M. Gabr. B... (Bocher), en 1838. Le comte d'Hoym en avait un second ex. en mar. r., mais il ne contenait pas *Esther* et *Athalie.* Il se trouvait chez F. Didot.

692. L'Homme à bonne fortune, comédie (par Baron). *Paris, Thomas Guillain,* 1686, in-12, mar. r. compart. à la Du Seuil, tr. dor. *(Rel. du temps.)*

Édition originale. Avec quelques corrections qui paraissent être autographes.

693. Les OEuvres de M. Regnard. *Paris, la compagnie des libraires,* 1742, 4 vol. in-12, mar. r. fil. tr. dor. *(Rel. anc.)*

694. OEuvres de Regnard, nouvelle édition, revue, exactement corrigée, et conforme à la représentation. *Paris,* 1770, 4 vol. pet. in-12, mar. r. fil. dos orné, tr. dor.

Jolie reliure de DEROME.

695. Les OEuvres de théâtre de M. d'Ancourt. *Paris, les libraires associés,* 1760, 12 vol. pet. in-12, musique, mar. r. fil. tr. dor. *(Rel. anc.)*

Joli exemplaire, aux armes de Madame la COMTESSE D'ARTOIS.

696. Pygmalion, scène lyrique de M' J.-J. Rousseau, mise en vers par M' Berquin. *Paris,* 1775, gr. in-8, vign. de Moreau, v. éc. fil. tr. dor.

Volume entièrement gravé, le texte par Drouet, et les figures à mi-page de Moreau, par N. Ponce et Delaunay.

697. Ballet de monsieur le Prince; récit de la Volupté, qui amène des desbauchez. *Paris, Pierre Auvray,* 1620. — Vers du ballet de monsieur le Prince, avec les noms des seigneurs qui y ont assisté, et ce que chacun d'eux représentoit. *Paris,* 1620. — Ballet des fols, dansé en l'hostel de monsieur de Montmorency et autres lieux le 2 mars de cette présente année, dédié aux curieux. *Paris, Pierre Auvray,* 1620. — Grand Ballet de la Reyne représentant le soleil, dancé en la salle du petit Bourbon, en l'année mil six cent vingt et un. *Paris, René Giffart,* 1621. — En 1 vol pet. in-8, demi-rel. v. bl.

Exemplaires bien conservés et non rognés sur la marge de devant.
Ces pièces sont fort rares; M. de Soleinne n'avait pas les deux premières. On sait combien la plupart des ballets de ce temps étaient licencieux. Le *Ballet de M. le Prince* ne le cède pas aux plus forts de ce genre. Il faut lire les vers que débitent le *peintre,* le *crocheteur,* le *perceur de vin,* etc.
Dans ce même ballet, qui est de Bordier, se trouve une chanson à boire pleine de verve, chantée par le comte de Marcoussay.

698. Le Théâtre italien de Gherardi, ou le recueil général de toutes les comédies et scènes françoises jouées par les comédiens italiens du Roi pendant tout le temps qu'ils ont été au service. *Paris, Pierre Witte,* 1717, 6 vol. in-12, beau portr. d'apr. Vivien, gravé par Edelinck, frontisp. à chaque vol., fig., v. m. fil. dos orné, tr. dor.

Aux armes du duc D'AUMONT.

699. Le Nouveau Théâtre italien, ou recueil général des comédies représentées par les comédiens italiens ordinaires du Roy. *Paris, Briasson,* 1729-1736, 9 vol in-12, v. m. fil. dos orné, tr. dor.

Aux armes du duc D'AUMONT.

700. Les Parodies du nouveau théâtre italien, ou recueil des parodies représentées sur le théâtre de

l'Hôtel de Bourgogne, par les comédiens italiens
ordinaires du Roy. *Paris, Briasson,* 1731-38,
4 vol. in-12, frontisp., v. m. fil. tr. dor. (*Padeloup.*)

Aux armes du duc D'AUMONT.

Les trois ouvrages indiqués ci-dessus, étant de reliure uniforme, seront
vendus ensemble. Ils proviennent de la bibliothèque de M. J.-J. DE BURE.

V. ROMANS ET CONTES.

1. *Romans grecs et latins.*

701. Les Amours pastorales de Daphnis et Chloé
(trad. du grec de Longus, par Amyot). *S. l.* (*Paris*), 1731, pet. in-8, fig. grav. par Scotin, mar.
bl. fil. dos orné, tr. dor. (*Rel. anc.*)

702. Les Amours de Clitophon et de Leucippe, escris jadis en grec, par Achilles Statius, Alexandrin, et depuis mis en latin par L. Annibal (Cruceio ou della Crocce), Italien, et nouvellement
traduits en langage françois (par Belleforest). *Paris, à l'Olivier de l'Huillier,* 1568, in-8, réglé, v.
br. riches compart. tr. dor.

Reliure du seizième siècle.

703. TITI PETRONII SATYRICON, ejusdemque fragmentum integrum, cum notis Bourdelotii et glossario
Petroniano. *Parisiis, apud Cl. Audinet,* 1677,
pet. in-12, réglé, frontisp., mar. bl. tr. dor.

Charmante et fraîche reliure de PADELOUP, aux armes et au chiffre du
comte d'HOYM.

Cet exemplaire a été acheté chez M. de la Bédoyère en 1837, et provenait
de Bonnemet et de F. Didot.

704. Traduction entière de PÉTRONE, suivant le nouveau manuscrit trouvé en 1688 (texte en regard),
avec les remarques (par Fr. Nodot). *Cologne,
Pierre Groth* (*Paris*), 1694, 2 vol. in-8, réglés,
frontisp. gravé et fig., mar. r. fil. tr. dor. (*Padeloup.*)

Très-bel exemplaire en grand papier, aux armes du comte D'HOYM.

Cet exemplaire provient de la bibliothèque de M. de Soleinne. Il a été
vendu à l'amiable.

705. Traduction entière de Pétrone, suivant le nouveau manuscrit trouvé à Belgrade en 1688 (par Nodot). *Cologne, Pierre Groth (Paris)*, 1694, 2 vol. in-8, frontisp. et fig., gr. pap., mar. r. larg. dent. dos orné, doublé de mar. r. dent. tr. dor. (*Du Seuil.*)

Bel exemplaire, aux armes du duc de la VIEUVILLE.

706. Incipit Historia septem sapientum Romæ. *S. l. n. d.*, in-4, goth. de 71 ff., 26 lign. par page, mar. bl. fil. à froid, tr. dor. (*Kœhler.*)

Édition très-rare. Très-bel exemplaire, grand de marges et parfaitement conservé.

« Cette édition, qui paraît avoir été faite à Cologne par Jean Veldener, vers 1475, n'a ni chiffres, ni signatures ni réclames, et les lettres initiales y ont été laissées en blanc. » (*Man. du libr.*, V, col. 294.)

2. *Romans français.*

A. Romans de divers genres.

707. L'ARBRE DE BATAILLES (composé pour le roi Charles VI, par Honoré Bonet, prieur de Salon en Provence). In-fol. cuir de Russie, tr. dor. (*Rel. angl.*)

Superbe manuscrit du quinzième siècle, sur VÉLIN, contenant 140 ff. Il est enrichi de deux grandes miniatures encadrées de riches bordures, et d'un grand nombre de lettres initiales en or et en couleur. Ce ms. a été exécuté pour LOUIS DE LUXEMBOURG, COMTE DE SAINT-PAUL, dont les armoiries se voient dans la grande lettre ornée qui est au commencement du prologue.

La première miniature, placée au-dessus du prologue, représente vraisemblablement le comte de Saint-Paul. Il est dans le vestibule de son château, entouré de ses gardes et acceptant l'hommage que le scribe agenouillé lui fait de ce manuscrit. Cette miniature est des plus remarquables, tant pour la composition et le dessin que pour la perspective qui y est observée et la précision des détails d'architecture du château et des maisons qu'on aperçoit dans le voisinage.

Dans la seconde miniature est figuré l'*Arbre de batailles*, dont l'auteur lui-même donne dans son prologue la description suivante, que nous ne pouvons mieux faire que de transcrire : « Si m'est nagaires venue une telle imaginacion que je face ung arbre de deuil ou commencement de mon livre. Ens ouquel tout premièrement au dessus de l'arbre vous povez veoir les regneurs de sainte Église (le pape, les cardinaux, etc.) entrejectez de tribulacions, de discencions et de guerres... En aprés vos povez veoir la grande discorde et les occisions qui aujourdhui sont entre les roys et les princes crestiens. Aprés vous povez plainement veoir la grande angoisse et occision par les batailles qui sont entre les nobles et les communaultez (les communes). Et au dessoubz de l'arbre regardez le pitoiable miroir, c'est le très dolant et espaonstable (*sic*) gouffre d'enfer qui jamais n'est clos, ainçoys est toujours ouvert pour décepvoir les dolantes créatures qui y sont condampnées à demourer... »

Cette miniature, non moins bien exécutée que la précédente, est curieuse par le grand nombre de petits personnages à cheval ou à pied qu'on voit dans les branches de l'*Arbre*.

708. La Devise des armes des chevaliers de la Table-ronde, lesquels estoyent du tres-renommé et vertueux Artus, roy de la Grand Bretaigne, avec la description de leurs armoiries. *Lyon, Benoist Rigaud*, 1590, in-16, blas. grav. sur bois, mar. citr. tr. dor. (*Jolie rel. anc.*)

709. L'Histoire et plaisante Cronicque du petit Jehan de Saintré (par Ant. de la Salle, enrichi de notes critiques et historiques, d'une préface, etc., par Gueullette). *Paris, J.-Raoul Morel*, 1724, 3 vol. pet. in-12, mar. cit. fil. dos orné, tr. dor. (*Jolie rel. anc.*)

710. LES PASSAGES DE OULTRE MER du noble Godefroy de Bouillon, qui fut roy de Hierusalem, du bon roy sainct Loys et de plusieurs vertueux princes qui se sont croisez pour augmenter et soutenir la foy crestienne, avecques autres nobles faitz des roys Despaigne et de Hongrie, contre les ennemis de notre saincte foy catholicque (par Sébast. Mamerot). *Ils se vendent en la rue sainct Jaques a lenseigne de Lelephant, devant les Mathurins (à Paris, chez Fr. Regnault)*, gr. in-8, goth., mar. r. fil. tr. dor.

Première édition, très-rare, de ce livre précieux.

Exemplaire admirable de reliure et de conservation, aux premières armes de J.-AUG. DE THOU.

711. L'Histoire de Primaleon de Grece, continuant celle de Palmerin d'Olive, empereur de Constantinople, son pere, naguere tiree tant de l'italien comme de l'espagnol, et mise en nostre vulgaire (le premier livre) par François de Vernassal, Quercinois, et (le deuxième livre) par Gab. Chappuis, Tourangeau. *Lyon, Pierre Rigaud* (premier livre) 1618, (deuxième livre) 1612, 2 vol. in-16, mar. v. fil. tr. dor. (*Du Seuil.*)

Bel exemplaire portant sur les plats et dans un petit écusson la date de la reliure : *Aoust* 1695.

712. OEuvres de maître François Rabelais, publiées sous le titre de faits et dits du géant Gargantua et de son fils Pantagruel, avec la Prognostication pantagrueline, etc. Nouvelle édition, avec des remarques historiques et critiques (par Le Duchat). *Amsterdam, Henri Bordesius,* 1711, 6 tomes en 5 vol. pet. in-8, réglés, portr., frontisp., fig. et carte, mar. rouge, fil. tr. dor. (*Boyet.*)

Bel exemplaire. Le tome Ier a quelques mouillures.

713. OEuvres de Rabelais (publ. par de l'Aulnaye). *Paris, Th. Desoer,* 1820, 3 vol. in-18, fig. demi-rel. mar. viol. dos orné, non rog. (*Thouvenin.*)

Exemplaire en papier vélin.

714. Le Tiers Livre des faictz et dictz heroiques du noble Pantagruel, composez par M. Franc. Rabelais. *Nouvellement imprimé à Lyon,* 1546. — Le Quart Livre des faictz et dictz heroiques du bon Pantagruel... par le même. *S. l.,* 1553, pet. in-8, v. fauve.

Exemplaire aux premières armes de J.-Aug. DE THOU. C'est le seul volume de Rabelais que possédait de Thou; c'est au moins le seul indiqué dans la *Bibliotheca Thuana.* Le dos de la reliure, qui est fatiguée, a été refait en Angleterre.

Cet exemplaire a appartenu à G. Ménage, dont l'*ex-libris* sur papier est collé sur la garde; il porte en outre une longue note de sa main. Il a figuré depuis aux ventes Lang et R. Heber.

Ce volume est fort rare.

Le *Tiers Livre* est de la seconde édition, imprimée la même année que la première. Le *Quart Livre* contient la *briefve déclaration d'aucunes dictions plus obscures.* Ce dernier volume est malheureusement incomplet du feuillet Aiij de l'épître dédicatoire et du feuillet Qi.

715. Le Tiers Livre des faicts et dicts heroiques du bon Pantagruel : composé par M. Fr. Rabelais ; reveu et corrigé par l'autheur. *Paris, Mich. Fezandat,* 1552, pet. in-8, mar. bl. jans. coins ornés, tr. dor. armes. (*Chambolle-Duru.*)

Bel exemplaire, grand de marges.

Edition rare, « la plus belle, dit M. Brunet, et la meilleure de toutes. C'est la dernière que Rabelais ait revue. »

716. Les Cronicques du Roy Gargantua, cousin du tres-redouté Galimassuë, et qui fut son pere et sa mere. Avec les Merveilles de Merlin, translatées

du grec en latin, et de latin en françois. *Troyes,
Jean Oudot, s. d.*, pet. in-16, mar. r. fil. tr. dor.
(*Anc. rel.*)

Exemplaire du duc de la Vallière et de Hanrott à la vente duquel il a été
acheté.

717. La Vraye Histoire comique de Francion, composée par Nicolas de Moulinet, sieur du Parc
(Ch. Sorel), gentilhomme lorrain ; soigneusement
revuë et corrigée par Nathaniel Duëz. *Leyde et
Rotterdam, chez les Hackes*, 1668, 2 vol. pet.
in-12, 2 frontisp. et fig., mar. r. fil. dos orné, tr.
dor. (*Bauzonnet-Trautz.*)

Bel exemplaire de cette édition qui se joint à la collection des Elsevier.
Haut., 129 mill.

718. L'Ariane de Monsieur Desmarets. *Paris, Mathieu Guillemot,* 1639, in-4, frontisp. et 15 fig.
gravés par Abr. Bosse, d'après C. Vignon, mar. v.
fil. tr. dor.

Exemplaire aux armes de la comtesse DE VERRUE.

719. Le Roman bourgeois, par Ant. Furetière. Nouvelle édition, corrigée et augmentée de remarques
historiques, d'une satyre en vers du même auteur. *Amsterdam, David Mortier,* 1714, 2 tomes
en 1 vol. pet. in-12, frontisp. gr. et fig., mar. bl.
fil. dos orné, tr. dor. (*Trautz-Bauzonnet.*)

720. La Prétieuse, ou le Mystère de la ruelle, dédiée à telle qui n'y pense pas (par l'abbé Michel de
Pure). *Paris, Pierre Lamy,* 1660, 4 part. en 2 vol.
in-8, frontisp., mar. v. fil. dos orné, tr. dor.

Livre curieux, dont on trouve rarement les quatre volumes réunis.
La IIIᵉ partie porte la date de 1659, et la IVᵉ, celle de 1658.
Exemplaire aux armes de la comtesse DE VERRUE. Il a aussi appartenu à
Crozat.

721. LA PRINCESSE DE MONTPENSIER (par Madame de
la Fayette). *Paris, Thomas Jolly,* 1662, tr.-pet.
in-8, réglé, mar. r. dent. doublé de mar. v. dent.
tr. dor. (*Boyet.*)

Edition ORIGINALE. Charmant exemplaire de Ch. Nodier. Il a aussi appartenu à Renouard, qui a mis son nom sur le titre, avec la date de 1789.

722. Zayde, histoire espagnole, par M. de Segrais (par Madame de La Fayette), avec un Traitté de l'Origine des romans, par M. Huet. *Paris, Cl. Barbin,* 1670-71, 2 vol. pet. in-8, réglés, mar. r. jans. doublé de mar. r. dent. tr. dor. (*Anc. rel.*)

Édition originale. La reliure est fort jolie, mais l'exemplaire est très-rogné.

723. La Princesse de Clèves (par Madame de la Fayette). *Paris, Cl. Barbin,* 1678, 4 tom. en 2 vol. in-12, mar. bl. fil. dos orné, tr. dor. (*Chambolle-Duru.*)

Édition originale. Très-bel exemplaire.

724. Lettres à Madame la marquise de *** sur le sujet de la Princesse de Clèves (par J.-B. Henry du Trousset de Valincourt). *Paris, Séb. Mabre-Cramoisy,* 1678, in-12, mar. bl. fil. dos orné, tr. dor. (*Chambolle-Duru.*)

725. Conversations sur la critique de la Princesse de Clèves (par J.-Ant. de Charnes). *Paris, Cl. Barbin,* 1679, in-12, mar. bl. fil. dos orné, tr. dor. (*Chambolle-Duru.*)

La reliure des deux volumes qui précèdent est semblable à celle de la *Princesse de Clèves.*
On lit sur le haut du titre, en caractères un peu effacés: « De Banneville d'Aulnoy. » C'est la signature de l'auteur des contes des fées.

726. Les Avantures de Télémaque, fils d'Ulysse, par feu messire François de Salignac de la Mothe-Félon. *Paris, Jacques Estienne,* 1717, 2 vol. in-12, portr. d'apr. Bailleul, gravé par Duflos, fig. de Bonnard gravées par Giffart, v. f. fil. tr. dor. (*Rel. anc.*)

Première édition publiée sur le ms. original de Fénelon, par le marquis de Fénelon, son neveu. Bel exemplaire.

727. Les Avantures de Télémaque, fils d'Ulysse, par feu messire François de Salignac la Mothe-Fénelon. *Amsterdam, J. Wetstein et G. Smith,* 1734, in-fol., frontisp. et fig. de B. Picart, Debrie, Dubourg, fleurons, vign. et culs-de-lampe, mar. v.

fil. dos orné, doublé de tabis bleu, tr. dor. (*Bonne rel. anc.*)

Belle édition, publiée par le marquis de Fénelon, neveu de l'auteur, et tirée à 150 exemplaires seulement.
Superbe exemplaire.

728. Le Diable boiteux, nouvelle édition augmentée d'Une Journée des Parques, par Monsieur Le Sage. *Paris, Damonneville,* 1756, 3 vol. pet. in-12, fig., mar. r. fil. tr. dor.

Bonne édition. Joli exemplaire aux armes de la COMTESSE D'ARTOIS.
Vente Rivière (1838). Acheté en avril 1855 à la vente de lord Rutherford, à Edimbourg.

729. Histoire de Gil Blas de Santillane, par M. Le Sage. *Paris, les libraires associés,* 1747, 4 vol. in-12, fig., mar. r. tr. dor. (*Chambolle.*)

Edition recherchée comme étant la dernière et la meilleure publiée du vivant de Le Sage. C'est la bonne sous cette date.

730. Suite des Mémoires et Avantures d'un homme de qualité qui s'est retiré du monde (par l'abbé Prévost). *Amsterdam (Paris),* 1733, in-12, fig. mar. bl. fil. dos orné à la rose, tr. dor. (*Trautz-Bauzonnet.*)

Bel exemplaire, grand de marges. On y a ajouté les figures de Gravelot et Pasquier, de l'édition de 1753.
« Cette édition est bien la première de *Manon Lescaut.* Celle de 1731 (*Amsterdam*), pet. in-12, a été évidemment antidatée pour faire suite à l'édition de même date et de même format des *Mémoires et Aventures,* etc. Il y a une deuxième édition sous la date de 1733, moins soignée; on la distingue aux pages 1 et 269, où le titre est en quatre lignes au lieu de trois, comme ici.
« La preuve que *Manon Lescaut* n'a paru qu'en 1733 se tire des passages suivants des *Nouvelles à la main,* dites *Journal de la ville et de la cour,* impr. dans la *Revue rétrospective,* 2e série, tome VII, page 95 :
« 3 octobre 1733. On a imprimé ici, depuis quelques jours, l'*Histoire de Manon Lescaut...* Le héros est un escroc, l'héroïne est une c...... L'auteur, cependant, trouve le secret d'intéresser d'honnêtes gens... — 12 oct. 1733. Ce livre, qui commençait à avoir une grande vogue, vient d'être défendu. » (*Note de M. le baron P.*)

731. HISTOIRE DU CHEVALIER DES GRIEUX et de Manon Lescaut (par l'abbé Prévost). *Amsterdam (Paris),* 1753, 2 vol. in-12, fig. de Pasquier et de Gravelot, mar. orange, citr. fil. à froid, dos orné, tr. dor. (*Trautz-Bauzonnet.*)

Superbe exemplaire, en grand PAPIER DE HOLLANDE, de cette édition, la plus belle et la plus estimée de ce roman.

732. Histoire de Manon Lescaut et du chevalier des Grieux, par l'abbé Prévost. *Paris, P. Didot l'aîné, an V*-1797, 2 vol. in-18, pap. vél., fig. de Lefèvre, cart. non rog.

Exemplaire en *grand papier vélin*, avec les figures avant et avec la lettre, les eaux-fortes et les contre-épreuves.

733. Mémoires d'Anne-Marie de Moras comtesse de Courbon, écrits par elle-mesme ; adressés à Mademoiselle d'Au ***, pensionnaire au couvent de Cherche-Midi (par le chevalier de Mouhy). *La Haye, Pierre Dehondt,* 1739, 4 part. en 2 vol. in-12, mar. r. fil. tr. dor. (*Rel. anc.*)

734. Romans et Contes de M. de Voltaire (en prose et en vers). *Bouillon,* 1778, 3 vol. in-8, portr. d'apr. La Tour, gravé par Cathelin, fig. et vignettes, v. éc. fil. tr. dor.

Les trois volumes contiennent 58 estampes gravées d'après Monnet et Marillier.

735. Lettres de la marquise de M*** au comte de R*** (par Crébillon fils). *S. l.,* 1739, 2 vol. pet. in-12, mar. r. fil. tr. dor. (*Jolie reliure ancienne.*)

736. Tanzaï et Néadarné, histoire japonaise (par Crébillon fils). *A Pékin, chez Lou-Chou-Chu-La (Paris),* 1740, 2 vol. pet. in-12, fig., mar. r. fil. tr. dor. (*Jolie rel. anc.*)

La première édition parut en 1734, sous le titre : *l'Écumoire,* etc. L'auteur fut enfermé au château de Vincennes pour avoir composé ce roman qui est une satire du cardinal de Rohan, de la duchesse du Maine, etc.

737. Le Sopha, conte moral (par Crébillon fils); nouvelle édition. *A Pékin, chez l'imprimeur de l'empereur,* 1749, 2 vol. pet. in-12, frontisp. et fig. de Clavareau, mar. v. fil. dent. tr. dor. (*Jolie rel. anc.*)

Joli exemplaire aux armes du comte de Cobentzel, ministre du gouvernement des Pays-Bas sous Marie-Thérèse.

738. La Nuit et le Moment, ou les Matines de Cythère, dialogue (par Crébillon fils). *Londres (Pa-*

ris), 1755, pet. in-12, fig., mar. r. fil. coins ornés,
tr. dor. (*Rel. anc.*)

Edition originale de ce roman, l'un des plus *piquants* de Crébillon fils.
Exemplaire aux armes de Mme DU BARRY.

739. Lettres Péruviennes, par Madame de Graffigny.
Paris, P. Didot l'aîné, 1781, 2 vol. in-18, portr.
par Garand et fig. de Lefevre, avant la lettre,
ajoutés, mar. bl. compart. et dos à petits fers
doublé de moire, tr. dor. (*Bozérian.*)

De la collection du comte d'Artois.

740. Neraïr et Melhoé, conte ou histoire (par de Bla-
nes), ouvrage orné de digressions. *Imprimé à ***,
se vend à ***, (Paris,) s. d. (vers* 1747), 2 vol.
in-12, réglés, mar. r. larges dent. doublé de tabis,
tr. dor. (*Rel. anc.*)

Charmant exemplaire.

741. Angola, histoire indienne (par le chevalier de
la Morlière); nouvelle édition. *A Agra, avec le
privilége du Grand-Mogol (Paris),* 1751, 2 vol.
pet. in-12, pap. de Holl., fig. et vign. d'Eisen,
mar. r. fil. tr. dor. fil. (*Padeloup.*)

Première édition sous cette date. Elle se reconnaît aux deux petites vignettes
d'Eisen placées en tête de la première page de chacune des deux parties.
La seconde représente un carrosse dans lequel sont les deux amants.
    Cet ouvrage, le meilleur de l'auteur, eut un tel succès qu'il fut attribué d'abord
à Crébillon fils, puis au duc de la Trémoille. Les personnages y parlent une
espèce de jargon qui avait cours alors dans la société; et c'est ce qui a fait
appeler ce roman par M. Ed. Thierry : « le livre des jolis boudoirs, le manuel
charmant de la conversation à la mode. »
    Charmant exemplaire de PIXERÉCOURT.

742. Mémoires anecdotes pour servir à l'histoire de
M. Duliz, et la suite de ses avantures après la
catastrophe de celle de Mademoiselle Pélissier,
actrice de l'Opéra de Paris (par Desforges). Avec
le Triomphe de l'Intérêt (comédie en vers sur les
Mémoires anecdotes). *Londres, Samuel Harding,*
1752, 2 part. en 1 vol. in-12, fig., mar. r. fil.
tr. dor. (*Anc. rel.*)

743. Daïra, histoire orientale, en quatre parties
(par J. le Riche de la Popelinière). *Paris, impr.*

de Cl.-Fr. Simon, 1760, gr. in-8, mar. r. fil. coins ornés, tr. dor. (*Anc. rel.*)

Tiré pour l'auteur à un très-petit nombre d'exemplaires. Celui-ci porte, à l'intérieur et sur papier, les armes du comte de Carvoisin.

744. Olivier, poëme, par Cazotte. *Paris, Didot l'aîné,* 1798, 2 vol. in-18, gr. pap. vélin, fig. avant la lettre, mar. bl. fil. tr. dor. (*Chambolle.*)

B. Romans historico-satiriques relatifs aux amours de plusieurs grands personnages.

745. Histoire des amours du grand Alcandre (Henri IV), en laquelle, sous des noms empruntez, se lisent les advantures amoureuses d'un grand prince du dernier siècle (par L.-Marg. de Lorraine, princesse de Conti). *Paris, veuve Jean Guillemot,* 1652, in-4, vél. fil. tr. dor. (*Rel. du temps.*)

Edition originale, très-rare. Bel exemplaire.
Le volume se compose de 3 ff. prél. n. chiff. et des pages 3 à 52. Il est suivi d'annotations et d'une clef des noms. Dans l'Avis au lecteur, l'éditeur émet le doute que l'ouvrage soit de la princesse de Conti. Ce doute est partagé par M. P. Paris, dans l'article du *Bulletin du bibliophile* cité dans la note du numéro suivant.

746. LES ADVANTURES DE LA COUR DE PERSE, divisées en sept journées, où sous des noms estrangers sont racontées plusieurs histoires d'amour et de guerre, arrivées de nostre temps, par J. D. B. (Baudouin). *Paris, Fr. Pomeray,* 1629, in-8, mar. n. fil. tr. dor.

Roman rare. Exemplaire aux armes de Mme la comtesse DE VERRUE.
Ce roman a été longtemps attribué à J. Baudouin; il en a signé, il est vrai, la dédicace, mais c'est comme éditeur, et il ne dit pas que le livre soit de lui. On sait maintenant qu'on le doit à la princesse de Conti (Louise-Marguerite de Lorraine). C'est ce que M. Paulin Paris, sur une indication de Tallemant des Réaux et d'après son propre examen, a prouvé dans un article du *Bulletin du bibliophile,* juin 1862, pages 812 et suivantes.
Sous les noms déguisés de ce roman on reconnaît les rois Henri III et Henri IV et autres personnages qui ont figuré à leurs cours dans des intrigues amoureuses. « De quelque feinte que l'auteur use, dit Baudouin, pour faire arriver ces adventures à la cour de Perse, si ne laissent-elles pas d'être vrayes. »

747. Histoire amoureuse des Gaules (par le comte de Bussy-Rabutin). *S. l. n. d. (Holl.),* pet. in-12,

frontisp. (la Renommée), mar. r. fil. dos orné,
doublé de mar. r. dent. tr. dor.

Jolie reliure ancienne.

Cette édition n'a pas de clef, les noms ayant été rétablis dans le texte.
Elle a, en plus les éditions qui l'ont précédée, la fin de l'histoire de
Mad. de Montglas, les *Maximes d'amour* et la *Copie de la lettre à M. de Saint-
Aignan*.

Sur les feuillets de garde de la fin se trouve une note au crayon de
M. Walckenaer, à qui l'exemplaire a appartenu.

748. La France galante, ou Histoires amoureuses
de la cour. *Cologne, P. Marteau (Holl., à la
Sphère*), 1689, pet. in-12, réglé, mar. r. fil. dos
orné, tr. dor. doublé de mar. r. dent. (*Du Seuil.*)

Charmant volume qui contient les ouvrages suivants : les Amours de Mademoiselle ; les Vieilles Amoureuses ; Histoire de la maréchale de la Ferté ; la
France devenue italienne ; le Divorce royal, ou la Guerre civile dans la famille
du grand Alcandre.

Exemplaire de Bonnemet, du duc de la Vallière, de Naigeon, de Mirabeau
et de Bignon (1837).

749. Les Amours de Louis le Grand et de Mademoiselle du Tron. *Rotterdam, s. d.*, 2 part. en
1 vol. pet. in-12, dos orné, mar. r. fil. tr. dor.
(*Anc. rel.*)

Exemplaire du prince S. Radziwill.

750. Galanteries des rois de France, depuis le commencement de la monarchie (par Vannel), nouvelle édition, augmentée des Amours des rois de
France sous plusieurs races, par M. Henri Sauval.
*Suivant la copie imprimée à Paris, chez Charles
Moette (Holl.*), 1731, 2 vol. pet. in-8, frontisp.
et fig. de B. Picart, mar. r. fil. tr. dor. (*Anc. rel.*)

Bel exemplaire de l'édition la plus recherchée.

751. Les Délices et les Galanteries de l'Isle de
France. *Cologne, Pierre Marteau,* 1709, 2 part.
en 1 vol. pet. in-12, cart. en parch.

Volume rare. Il contient le récit d'aventures galantes, pour la plupart
arrivées dans l'Ile-de-France, c'est-à-dire dans les environs de Paris, dont :
*Histoire de la marquise de Cisteaux, nourrice de Louis XIV; les Amours du
marquis de Barbezieux, fils du marquis de Louvois, et de Mad. de Pontécou-
lant; Aventures galantes du prince de Monaco; Voyage plaisant avec des
dames au château de Saint-Maur, appartenant au prince de Condé; Voyage
d'Anet, où l'on verra quelques aventures du grand prieur de France (Philippe
de Vendôme) et de Fanchon Moreau, actrice de l'Opéra; Galanteries du duc
d'Orléans au château de Saint-Cloud,* etc.

Exemplaire non rogné.

752. La Relation de l'Isle imaginaire et l'Histoire de la princesse de Paphlagonie (par Anne-Marie-Louise-d'Orléans, duchesse de Montpensier). *S. l.*, 1659, in-8, mar. r. fil. gardes de papier doré, tr. dor. (*Aux armes du comte d'Hoym.*)

Edition originale, très-rare. On sait, par le *Segraisiana* (*la Haye*, 1722, pages 154 et 196), que ce roman a été imprimé à Bordeaux par les soins de Segrais, et qu'il n'en a été tiré que 100 exempl. que MADEMOISELLE distribua elle-même à ses amis. « Sous des noms empruntés, dit Segrais, elle y a mêlé beaucoup de choses satiriques contre les dames de la cour... Les personnages ne sont pas inventés à plaisir : la princesse de Paphlagonie, c'est Mlle de Vandy ; Cyrus, M. le Prince ; la princesse Parthénice, Mme de Sablé ; la reine des Amazones, Mademoiselle elle-même. »

Bel exemplaire du comte d'HOYM. La clef manuscrite en tête du volume est de sa main.

753. Anecdotes secrètes pour servir à l'histoire galante de la cour de Pékin. *A Pékin* (*Paris*), 1746, 2 part. en 1 vol. pet. in-12, mar. r. large dent. dos orné, tr. dor. (*Padeloup.*)

C'est le même ouvrage que les *Mémoires pour servir à l'histoire de Perse* (*France*), attribués à Pecquet.

754. La Saxe galante (par le baron de Pollnitz). *Amsterdam*, 1734, in-12, mar. bl. jansén. tr. dor. armes. (*Chambolle-Duru.*)

On a ajouté à cet exemplaire : *Etat abrégé de la cour de Saxe sous le règne d'Auguste III, roi de Pologne et électeur de Saxe* (par le baron de Pollnitz). 8 ff. prél. et 96 pp.

C. Contes et Nouvelles.

755. LES CENT NOVVELLES NOVVELLES, contenant en soy cent chappitres et hystoires, ou nouveaulx comptes plaisans et recreatifz pour deviser en toutes compaignies par joyeuseté. *Cy finissent les cent nouveaux comptes des cent Nouvelles nouvelles,...... imprimees pour Mich. Le Noir,... a lenseigne de la Rose blanche, a Paris, s. d.*, in-4 goth. à 2 col. fig. sur bois, marque de M. Le Noir à la fin, mar. bl. fil. doublé de mar. r. dent. à petits fers, tr. dor. (*Jolie reliure de Bauzonnet.*)

Edition rare.
Bel exemplaire de M. Bignon (1837), relié depuis la vente

756. LE PARANGON DE NOUVELLES honnestes et de-
lectables à tous ceulx qui desirent veoir et ouyr
choses nouvelles et recreatives soubz umbre et
couleur de joyeuseté, utiles et proffitables a ung
chacun vray amateur des bons propos et plaisants passe-temps. (Les parolles joyeuses et dictz
memorables des nobles et saiges hommes anciens redigez par le gracieulx et honneste poëte
messire François Petrarcque.) *On les vend à Lyon,
en la boutique de Romain Morin, 1531.* (A la fin :)
*Imprimez à Lyon par Denys de Harsy, pour Ro-
main Morin, 1531*, pet. in-8, lettres rondes,
nombr. vign. sur bois, mar. br. double fil. coins
ornés, tr. dor. (*Kœhler.*)

> Volume des plus rares, orné d'un grand nombre de jolies vignettes sur
bois. C'est un recueil de quarante-sept nouvelles tirées de Boccace, du Pogge
et autres auteurs du temps.
> Charmant exemplaire.

757. L'Heptameron des nouvelles de.... très illustre
princesse Marguerite de Valois, Royne de Navarre : remis en son vray ordre,... par Claude
Gruget, Parisien. *Paris, par Benoist Prevost,*
1560, pet. in-4, mar. r. fil. tr. dor. (*Rel. anc.*)

> Edition rare.

758. Contes et Nouvelles de Marguerite de Valois,
reine de Navarre, mis en beau langage, accom-
modé au goût de ce temps. *Amsterdam, George
Gallet,* 1698, 2 vol. pet. in-8, frontisp. et fig. à
mi-page, mar. citr. fil. tr. dor. (*Anc. rel.*)

> Première édition avec les figures attribuées à Romain de Hooge. Les épreuves
sont fort belles.
> Exemplaire du comte d'HOYM et à ses armes. Il avait été auparavant chez
Du Fay. La reliure du tome II est un peu fatiguée.

759. LES NOUVELLES RECREATIONS et joyeux devis de
feu Bonavanture des Periers. *A Lyon, de l'imprimerie de Robert Granjon,* 1558, pet. in-4, mar.
r. fil. dos orné, tr. dor. armes. (*Bauzonnet-
Trautz.*)

> Charmant exemplaire.
> Edition fort rare, la première de ces contes. Elle est imprimée en carac-
tères cursifs, dits de *Civilité*.

760. Nouveaux Recits, ou Comptes moralisez, joinct a chascun le sens moral, par Du Roc Sort Manne. *Paris, Nicolas Bonfons,* 1574, in-16, v. f. dos orné, tr. dor.

Exemplaire Du Fay, acheté à sa vente par le COMTE DE TOULOUSE, qui y a fait ajouter ses armes.
C'est un des plus rares volumes de la classe des conteurs.

761. Les Neuf Matinées du seigneur de Cholières. *Paris, Jean Richer,* 1585, in-8, mar. citr. fil. tr. dor. (*Anc. rel.*)

Bel exemplaire de l'édition originale.

762. Les Après-disnées du seigneur de Cholières. *Paris, Jean Richer,* 1587, pet. in-12, mar. r. fil. dos orné, tr. dor. (*Bauzonnet-Trautz.*)

Première édition. Rare.

763. Les Heures perdues de R. D. M., cavalier françois, dans lequel les esprits mélancoliques trouveront des remèdes propres pour dissiper ceste fascheuse humeur. *S. l.,* 1615, pet. in-12, v. f. fil. tr. dor. (*Thouvenin.*)

Première édition de ce recueil contenant vingt-neuf nouvelles.
Exemplaire au chiffre de M. AD. AUDENET.

764. LES CONTES AUX HEURES PERDUES du sieur d'Ouville. *Paris, Toussainct Quinet,* 1644, 4 vol. in-8, frontisp. gr. à chaque vol., mar. r. tr. dor. (*Trautz-Bauzonnet.*)

Edition originale et la seule complète des contes de Le Metel, sieur d'Ouville. Très-rare. Le privilége a été accordé le 20 février 1642. *L'achevé d'imprimer pour la première fois* du tome Ier porte la date du 26 *mars* 1643 ; ceux du tome II, *le 29 octobre* 1643 ; du tome III, *le 28 aoust* 1644 ; et du tome IV, *le 17 aoust* 1644. Remarquons encore que la date de 1642 se trouve sur le frontispice gravé du tome IV, quoique le titre imprimé porte celle de 1644.
Un premier recueil, sans doute beaucoup moins complet, avait paru, déjà, dit-on, en 1641, en 2 volumes, chez la veuve Trabouillet ; M. Brunet n'en parle pas, et nous ne l'avons pas vu.
Superbe exemplaire, très-grand de marges et bien conservé.

765. Les Récréations françoises, ou Recueil de contes à rire, pour servir de divertissement aux mélancholiques, et de joyeux entretiens dans les cours, les cercles et les ruelles. *Utopie,* 1681,

2 vol. pet. in-12, frontisp. mar. bl. fil. dos orné,
tr. dor. (*Trautz-Bauzonnet.*)

Edition rare. Le frontispice est orné de figures grotesques.

766. Histoires et Contes du temps passé, avec des
moralitez, par le fils de monsieur Perreault (*sic*),
de l'Académie françoise. *Suivant la copie de Paris,
A Amsterdam, chez Jaques Desbordes,* 1708, pet.
in-12, frontisp. et vign., mar. r. fil. dos orné, tr.
dor. (*Trautz-Bauzonnet.*)

Edition rare.

767. Contes des Fées, par Ch. Perrault (en prose) :
Griselidis, Peau d'âne, les Souhaits ridicules (en
vers) (et Peau d'âne en prose). *Paris, Lamy,* 1781,
2 tom. en 1 vol. in-12, frontisp. et jolies vign. de
Martinet, mar. r. jans. tr. dor. (*Derome.*)

La plus complète et la plus belle des anciennes éditions des Contes
de Perrault.

Ce bel exemplaire, en grand papier de Hollande, provient de la première
bibliothèque de M. de la Bédoyère.

768. Contes du temps passé, par Ch. Perrault, précédés d'une notice littéraire sur Ch. Perrault,
par M. E. de la Bédollière; illustrés par Pauquet,
Marvy, Jeanron, Jacque et Beaucé; texte gravé
par M. Blanchard. *Paris, L. Curmer,* 1843, gr.
in-8, mar. bl. fil. à froid, tr. dor. armes. (*Duru.*)

769. Pluton maltotier, nouvelle galante. *A Cologne,
chez Adrien l'Enclume, gendre de Pierre Marteau*
(*Holl.*), 1708, pet. in-12, frontisp. mar. r. fil. dos
orné, tr. dor. (*Rel. anc.*)

770. Les Tours industrieux, subtils et gaillards de la
Maltôte, nouvelles galantes. *Paris, chez Michel le
Plagiaire,* 1708, pet. in-12, mar. r. fil. dos orné,
tr. dor. (*Rel. anc.*)

771. Les Partisans demasquez, nouvelle plus que
galante ; divisé en quatre parties. *Cologne,
Adrien l'Enclume, gendre de Pierre Marteau,*
1710, pet. in-12, frontisp., mar. r. fil. tr dor.
(*Derome.*)

Exemplaire du prince d'Essling.

772. Le Passe-partout galant, par monsieur ***,
chevalier de l'ordre de l'Industrie et de la Gibe-
cière (recueil de nouvelles). *A Constantinople,*
1722, pet. in-12, frontisp., vél.

773. Histoire nouvelle, dédiée au Génie du siècle,
avec la relation d'une isle que personne n'a jamais vue et ne verra jamais (conte de fée), par un
auteur moderne. *A Ripsa, chez Babiole-Colifi-
chet,* 1746, pet. in-8, mar. v. fil. tr. dor. (*Rel.
anc.*)

Aux armes de Mérard de Saint-Just.

774. Tableaux de la bonne compagnie, ou traits
caractéristiques, anecdotes secrètes, politiques,
morales et littéraires, recueillies dans les sociétés
du bon ton, pendant les années 1786 et 1787 (par
Rétif de la Bretonne). *Paris,* 1787, 2 vol. in-18,
fig. de Moreau et autres, cart. non rog.

3. *Romans étrangers.*

775. Histoire de l'admirable Don Quixotte de la
Manche (par Mich. de Cervantes, trad. de l'espagnol par Filleau de Saint-Martin). *Suivant la copie imprimée à Paris, chez Claude Barbin (Holl.),*
1681, 4 vol. pet. in-12, frontisp. à chaque vol.
fig., vél.

Bel exemplaire de cette jolie édition que l'on joint à la collection des Else-
viers.

776. Histoire de l'admirable Don Quixotte de la
Manche (trad. de l'espagnol de Cervantes, par
Filleau de Saint-Martin). *Bruxelles, G. Fricx,*
1706, 2 vol. in-12, mar. bl. fil. dos orné, tr. dor.
(*Duru*)

Edition rare, contenant 51 figures d'Harrewyn qui peuvent être mises au
nombre des plus jolies qui aient été faites pour D. Quichotte.
Cette édition, que Lenglet du Fresnoy, dans sa *Biblioth. des romans,*
page 216, signale comme *bonne et belle,* est complète en 2 volumes. Elle renferme tout le D. Quichotte de Cervantes, mais ne donne qu'une partie de la
suite. C'est tout ce qui a paru.

777. La Vie et les Avantures de Robinson Crusoe,...
le tout écrit par lui-même, traduit de l'anglois
(de Daniel de Foe, par Van Effen et Themiseul de
Saint-Hyacinthe). *Amsterdam, l'Honoré et Chatelain,* 1720, 3 vol. in-12, frontisp. et fig. de B.
Picart, cartes, mar. r. fil. dos orné, tr. dor.
(*Trautz-Bauzonnet.*)

Edition originale de cette traduction. Très-bel exemplaire.

778. Voyages de Gulliver (par Swift, trad. par Des-
fontaines). *Paris, P. Didot l'aîné,* an V, 1797,
4 vol. in-18, pap. vél., fig. de Lefebvre, mar. r.
dent. tr. dor.

Exemplaire en grand papier vélin, avec les eaux-fortes, les épreuves avant
et avec la lettre, et les contre-épreuves des eaux-fortes.

779. Contes moraux et nouvelles idylles de D...
(Diderot) et Salomon Gessner. *Zurich, chez l'auteur,* 1773, in-4, titre et fig. gravés par Gessner,
3 portr. de Mme du Barry ajoutés, mar. r. fil. tr.
dor.

Les contes joints aux idylles de Gessner sont de Diderot. Ce sont les *Deux
Amis de Bourbonne* et *Entretiens d'un père avec ses enfants, ou le Danger
de se mettre au-dessus des lois.*
Exemplaire de Mme DU BARRY, avec ses armes sur les plats de la reliure.
Cet exemplaire lui avait sans doute été offert; car, avant la préface, on
trouve une épitre en vers, d'une belle écriture, imitant l'impression, qui lui
est adressée par Meister, traducteur des idylles de Gessner, qui font partie de
ce volume.
Il paraît que Meister fit faire deux exemplaires pareils, car la bibliothèque
de Versailles en possède un tout semblable.

VI. FACÉTIES ET PIÈCES BURLESQUES.

1. *Écrits facétieux de divers genres.*

780. LE LIVRE DES CONOÏLLES. *S. l. n. d.,* pet. in-8
goth., fig. en bois sur le titre, mar. v. fil. coins
ornés, doublé de mar. r. compart. à petits fers,
tr. dor. (*Bauzonnet.*)

Édition rare.
Joli exemplaire, grand de marges, témoins, avec une des plus charmantes
reliures de Bauzonnet.

781. PROPOS RUSTIQUES de maistre Leon Ladulfi (Noel du Fail), Champenois. *Lyon, par Jean de Tournes,* 1547, in-8, mar. r. fil. à froid, doublé de mar. r. riche dent. à petits fers, tr. dor. (*Charmante reliure de Bauzonnet.*)

Edition originale, très-rare. M. Brunet est le premier bibliographe qui en ait fait mention.

Très-bel exemplaire, grand de marges, provenant du recueil vendu chez Picard (1780), Courtois (1809) et R. Heber (n° 1632, partie I).

782. Baliverneries, ou Contes nouveaux d'Eutrapel, autrement dit Leon Ladulfi (Noel du Fail). *Paris, par Estienne Groulleau,* 1548. (*Et à la fin :*) *Chiswick, de l'impr. de C. Whittingham,* 1815, pet. in-18, pap. fin, mar. r. fil. tr. dor.

Jolie réimpression publiée par M. S.-W. Singer et tirée à 100 exemplaires. Exemplaire de Ch. Nodier.

783. Dialogue fort plaisant et recreatif de deux marchands, l'un est de Paris et l'autre de Pontoise, sur ce que le Parisien l'avait appellé Normand. Ensemble diffinition de l'assiette d'icelle ville de Pontoise, selon les Croniques de France. *Paris, Prigent Godec, s. d.* (vers 1572), 12 feuillets. — Dialogue de Damon et Silvie. *S. l. n. d.,* 7 pages (en vers). — Advertissement, antidot et remède contre les piperies des pipeurs, auquel sont deduictz les traictz et finesses de un nommé Anthoine d'Anthenay, lequel, outrepassant les finesses de Villon, Pathelin, Roger et autres affronteurs... a (sans bourse delier) emporté de plusieurs ecclesiastiques, bourgeois et marchans de la ville de Paris, cent mille escus et plus. *S. l.,* 1584, 48 pages. — Le tout en 1 vol. pet. in-8, mar. v. fil. tr. dor. (*Anc. rel.*)

Pièces fort rares. La première est une satire contre les Normauds ; la seconde, un petit dialogue amoureux en vers ; la troisième expose avec beaucoup de détails les friponneries d'un nommé d'Anthenay, escroc alors fort célèbre.

Exemplaire de Gaignat et de Ch. Nodier.

784. Les Bigarrures du seigneur des Accordz. *Paris, Jehan Richer,* 1583, pet. in-12, mar. or. fil. tr. dor.

Edition originale du premier livre. Très-joli exemplaire, aux armes de

Mme DE POMPADOUR, qui a figuré chez Delaleu (1775) et chez Bignon (1837).

785. Les Bigarrures et Touches du seigneur des Accords, avec les Apophtegmes du sieur Gaulard et les Escraignes dijonnoises, dernière édition, de nouveau augmentée de plusieurs épitaphes, dialogues et ingénieuses équivoques. *Paris, Jean Richer,* 1615, 2 vol. pet. in-12, fig. sur bois, mar. bl. fil. à froid, tr. dor. (*H. Duru.*)

Bel exemplaire de cette édition aussi complète que celle de 1662, et qui doit lui être préférée pour la beauté de l'impression. On y a ajouté plusieurs gravures curieuses du temps.

786. Formulaire fort récréatif de tous contracts, donations, testaments, codicilles, et autres actes qui sont faicts et passez par-devant notaires et tesmoins, faict par Bredin le cocu, notaire rural,... par luy depuis nagueres reveu et accompagné, pour l'édification de deux bons compagnons, d'un dialogue par lui tiré des œuvres du Philosophe et Poëte grec Simonides, de l'origine et naturel fœminini generis. *Lyon, Pierre Rigaud,* 1618, in-16, mar. r. fil. coins ornés, tr. dor.

Joli exemplaire de la bibliothèque du président Lamoignon, dont il porte l'estampille sur le titre.

787. Thrésor des Récréations, contenant histoires facétieuses et honnestes propos, plaisans et pleins de gaillardises, faicts et tours joyeux, plusieurs beaux énigmes, tant en vers qu'en prose, et autres plaisanteries. Tant pour consoler les personnes qui du vent de bize ont estez frapez au nez, que pour récréer ceux qui sont en la misérable servitude du tyran d'Argencourt. *Rouen, Jean Osmont,* 1611, pet. in-12, v. f. fil. dos orné. (*Rel. anc.*)

788. Les Nouvelles et plaisantes Imaginations de Bruscambille, ensuite de ses Fantasies, par le S. D. L. (Des Lauriers), Champ. *Jouxte la copie imprimée à Paris, par François Huby,* 1617. — Les Plaisants Paradoxes de Bruscambille, et autres discours comiques.... augmentés en cette

troisième édition. *Rouen, Thomas Mallard,* 1617, pet. in-12, demi-rel.

3o. 789. Le Bragardissime et joyeux Testament de la Bière, dédié aux magnanimes biberons pour les festes de Caresme-prenant. *S. l.,* 1611, pet. in-8 de 14 pages, mar. bl. jans. tr. dor. (*Duru et Chambolle.*)

Bel exemplaire, grand de marges, d'une pièce rare et curieuse, non mentionnée dans le *Manuel du libraire.*

1o. 790. Les Plaisantes Journées du Sr Favoral, où sont plusieurs rencontres subtilles pour rire en toutes compagnies. *Paris, Jean Corrozet,* 1620, pet. in-12, v. f. fil.

Exemplaire de M. Coulon, de Lyon.

4o. 791. La Vie généreuse des mattois, gueux, boémiens et cagoux, contenant leurs façons de vivre, subtilitez et gergon, avec un dictionnaire en langage Blesquin, avec l'explication vulgaire,... mis en lumière par M. Pechon de Ruby, gentilhomme breton, ayant esté avec eux en ses jeunes ans où il a exercé ce beau mestier. *Paris, P. Ménier,* 1618, pet. in-8, mar. bl. fil. à froid, tr. dor. (*Kœhler.*)

Livre singulier et rare.

2o. 792. Reigles, statuts et ordonnances de la caballe des filous reformez depuis huict jours dans Paris. Ensemble leur police, estat, gouvernement et le moyen de les cognoistre d'une lieuë loing sans lunettes. *S. l. n. d.,* in-8 de 16 pages, mar. bl. tr. dor. (*Chambolle.*)

Pièce rare.

1o. 793. Les Estreinnes universelles de Tabarin pour l'an mil six cens vingt et un, à toutes sortes d'estatz suivant le temps qui court, envoyées en poste, de par delà le soleil couchant. *Rouen, Nicolas Brocard, s. d.,* 7 feuillets. — Les Arrests admirables et authentiques du sieur Tabarin, prononcez en la place Dauphine, le 14e jour de ce present mois.... *Paris, Lucas Joffu,* 1623, 8 feuillets pet. in-8, v. f. fil. tr. dor. (*Anc. rel.*)

Facéties très-rares. La première pièce a des raccommodages qui enlèvent quelques mots de texte au coin de trois feuillets.
Exemplaire de Méon, de Morel-Vindé et Bignon.

794. RECUEIL DES CAQUETS de l'accouchée, en 2 vol. pet. in-8, mar. r. fil. tr. dor. (*Derome.*)

Le premier volume contient : le Caquet de l'accouchée. *S. l.,* 1622 (24 pages). — La Seconde Après-Dînée du caquet de l'accouchée. *S. l.,* 1622 (32 pages). — La Troisiesme Après-Dînée du caquet de l'accouchée. *S. l.,* 1622 (32 pages). — L'Anti-Caquet de l'accouchée. *S. l.,* 1722 (14 pages). — Le Passe-Partout du caquet des caquets de la nouvelle accouchée. *S. l.,* 1622 (32 pages).

Le deuxième volume contient : La Responce aux trois caquets de l'accouchée. 1622 (16 pages). — La Dernière Après-Dînée du caquet de l'accouchée. *S. l.,* 1622 (16 pages). — La Dernière et Certaine Journée du caquet de l'accouchée. *S. l.,* 1622 (30 pages). — Le Relèvement de l'accouchée. *Paris,* 1622 (16 pages).

Éditions originales des pièces séparées, auxquelles on a joint dans le second volume : *le Caquet des femmes du fauxbourg Mont-Marthre,* avec la Responce des filles du faux-bourg Sainct-Marceau. *Paris, Guil. Gratte-Lard,* 1622 (15 pages). — *Le Caquet des Poissonnières* sur le département du roy et de la cour. *S. l. n. d.* (17 pages). (*Pièce très-rare.*)

Très-bel exemplaire de Girardot de Préfond. C'est celui qu'il possédait avant d'avoir l'exemplaire encore plus beau qui fut ensuite chez Mac-Carthy et que nous avons vu chez M. Cigougne.

795. Discours de l'Origine des mœurs, fraudes et impostures des Charlatans, avec leur descouverture; dédié à Tabarin et Desiderio de Combes, par J. D. P. M. O. D. R. *Paris, Denys Langlois,* 1622, pet. in-8, 16 pages, mar. r. fil. à froid, tr. dor. (*H. Duru.*)

Pièce fort rare.

796. La Response du sieur Tabarin au livre intitulé : la Tromperie des Charlatans descouverte. *Paris, Sylvestre Moreau,* 1619, pet. in-8, mar. citr. jansén. tr. dor. (*Chambolle.*)

Autre pièce rare.

797. Le Facécieux Réveille-matin des esprits mélancholiques, ou le Remède préservatif contre les tristes; auquel sont contenuës les meilleures rencontres de ce temps, capables de réjouyr toutes sortes de personnes, et divertir les bonnes compagnies. *Utrecht, Theod. d'Ackersdyck,* 1654,

pet. in-12, mar. v. fil. dos orné, tr. dor. (*Bau-zonnet-Trautz.*)

798. Roger Bontemps en belle humeur, donnant aux tristes et aux affligés le moyen de chasser leurs ennuis, et aux joyeux le secret de vivre tousjours contens. *Cologne, Pierre Marteau (Holl., à la Sphère),* 1670, pet. in-12, frontisp. gr., mar. r. fil. dos orné, tr. dor. (*Trautz-Bauzonnet.*)

Charmante édition et joli exemplaire.

799. L'Enfant sans soucy, divertissant son pere Bontemps et sa mere Boute tout cuire. *A Ville Franche, Nicolas l'Enjoué,* 1682, pet. in-12, mar. bl. fil. dos orné, tr. dor. armes. (*Bauzonnet-Trautz.*)

Première édition; joli exemplaire.

800. Le Facétieux et agréable Chasse-chagrin, four-nissant un très-bon moyen aux mélancoliques de chasser l'inutile soin et la pernicieuse tristesse, et de les envoyer aux brutaux Américains et Indiens. *A Gaillarde-Ville, chez Urbain le Joyeux,* 1679, pet. in-12, frontisp., v., f. fil. dos orné, tr. dor. (*Hering.*)

Petit livre rare, orné d'un joli titre gravé.

801. La Compagnie agréable, contenant toute sorte d'histoires galantes, curieux divertissemens, et autres plaisantes narrations pour chasser la mé-lancholie. *Paris, Cl. Barbin,* 1685, pet. in-12, frontisp., mar. citr. fil. tr dor. (*Kœhler.*)

Exemplaire de Ch. Nodier.

802. Le Momus françois, ou les aventures divertis-santes du duc de Roquelaure... par le Sr L. R... *Cologne, Pierre Marteau,* 1727, pet. in-12, cart.

Exemplaire NON ROGNÉ.

803. La Langue (par l'abbé Bordelon). *Paris, Ch. Le Clerc,* 1708, — Lettre sur le livre intitulé *la Langue. Paris, Jean Musier,* 1706, 2 vol. in-12,

frontisp. gr., mar. r. dent. doublé de mar. r. large
dent. tr. dor. (*Padeloup.*)

Bel exemplaire réglé.

804. Nouveautés dédiées à gens de différens états,
depuis la charrue jusqu'au sceptre (par Bordelon).
Paris, 1724, 2 vol. in-12, mar. r. fil. tr. dor.
(*Derome.*)

805. LES ETRENNES DE LA SAINT-JEAN (par le comte
de Caylus). *Troyes, Ve Oudot*, 1742, in-12, tiré
in-8, fig., mar. bl. fil. tr. dor. avec fermoirs en
argent. (*Anc. rel.*)

Un des deux exemplaires imprimés sur VÉLIN. C'est celui de LA VAL-
LIÈRE et de MAC-CARTHY. Acheté à la vente Audenet.

806. Mémoires de l'Académie des sciences, inscriptions, belles-lettres, beaux-arts, etc., ci-devant
établie à Troyes en Champagne (par P.-J. Grosley,
André le Fevre et David) ; troisième édition, corrigée et complétée. *S. l.* 1768.—Eloge historique
et critique de Mr Breyer, chanoine de l'église de
Troyes. *S. l.* 1753. — Mémoires sur les campagnes d'Italie de 1745 et 1746 ; auxquels on a joint
un journal des mêmes campagnes tenu dans le
bureau de M. le maréchal de Maillebois... (par
Grosley). *Amsterdam, Marc-Mich. Rey*, 1777. —
Trois lettres extraites du *Journal encyclopédique*,
1768, 1769, relatives aux *Mémoires sur les campagnes d'Italie*. (Copies manuscrites.)—En 1 vol.
in-12, mar. r. fil. tr. dor. (*Anc. rel.*)

Exemplaire de GROSLEY avec sa signature sur le titre.

2. *Dissertations plaisantes et enjouées.*

Sur divers sujets ; sur l'amour, les femmes et le mariage.

807. ERASME ROTERODAME : De la declamation des
louenges de follie, stille facessieux et profitable
pour congnoistre les erreurs et abus du monde.
On les vend a Paris, par Galliot du Pre (et à la

fin :) *Fin de ce present livre de Erasme... nouvellement translate de latin en françois et imprime a Paris par maistre Pierre Vidoue... pour Galliot du Pre... et fut acheve le second jour daoust mil cinq cens et vingt.* In-4, goth., fig. sur bois, mar. bl. fil. dos orné, tr. dor. (*Trautz-Bauzonnet.*)

Livre des plus rares, orné de 37 gravures sur bois et de lettres grises fort belles.

C'est la plus ancienne traduction française, et la seule qui ait été imprimée dans le XVIe siècle.

Superbe exemplaire, très-grand de marges et parfaitement conservé, provenant de la bibliothèque du duc de Sussex. Relié depuis la vente.

808. Instruction pour les jeunes dames, sur l'amour, le mariage (par Marie de Romieu). *Lyon, Jean Dieppi,* 1573, in-16, mar. v. fil. tr. dor. (*Anc. rel.*)

Petit livre curieux, mais d'une singulière morale. Il est très-rare. Cet exemplaire, qui vient de chez Detune, a été relié par lui (n° 1226 de son catal., 1806).

809. Les Déclamations, procédures, et arrestz d'amours, donnez en la court et parquet de Cupido, à cause d'aucuns differens entendus sur cette police (par Martial de Paris, dit d'Auvergne). *Paris, par la veuve François Regnault,* 1555, in-16, vign. sur bois, mar. bl. fil. coins et dos ornés, tr. dor. (*Rel. angl. de Murton.*)

810. L'Arrest d'Amour donné sur le règlement requis par les femmes à l'encontre de leurs maris : par devant le Père des Cornards de la ville de Rouen. *Paris, Denis Binet, s. d.* (vers 1600), pet. in-8, de 24 pages, 2 vign. sur bois, v. f. fil. tr. dor. (*Rel. anc.*)

Ce même *arrest* est intitulé au commencement du titre : *Le cinquante-quatriesme arrest d'amour donné sur le reiglement des arrerages requis par les femmes à l'encontre de leurs maris.*

811. Les Ruses d'amour, pour rendre ses favoris contens. *A Ville Franche, chés Joli le Franc,* 1681, pet. in-12, frontisp., mar. v. fil. compart. à froid, dos orné, tr. dor. (*Ginain.*)

Exemplaire de PIXERÉCOURT, et auparavant de Ch. Nodier. (Vente de 1830.)

812. Le Triumphe des dames. *Cy finist le triumphe et exaltation des dames imprime nouvellement a Paris pour Pierre Sergent, s. d.* (vers 1530), in-4, goth., fig. en bois sur le titre, v. f. fil. tr. dor.

Livre très-rare. D'après le prologue, on voit que cet ouvrage a été composé en espagnol par un gentilhomme espagnol nommé Jehan Rodrigue de la Chambre. Ou croit que le traducteur français se nommait Fernand de Lucenne.

Exemplaire très-grand de marges, avec témoins. Il provient de la bibliothèque du duc de la Vallière et de celle de R. Heber.

813. Discours des Champs Faez, à l'honneur et exaltation de l'amour et des dames, par C. de Taillemont, Lyonnois. *Lyon, Mich. du Bois,* 1554, pet. in-8, portr., mar. v. fil. dos orné, tr. dor. (*Rel. anc.*)

814. Le Mérite des dames, seconde édition, reveüe et augmentée par l'autheur, avec le résultat du Conseil des Héroïnes, par le sieur de S. Gabriel. *Paris, aux despens de l'autheur, et se donnent aux dames, chez lui, rue S. Honoré devant la rue du Four,* 1657, in-8, mar. bl. fil. dos orné, tr. dor. (*Trautz-Bauzonnet.*)

On trouve à la fin du volume : *le Ciel des beautés héroïnes, donnant la liste des cent et une dames choisies et désignées par le conseil inconnu des héroïnes.*

Cette liste commence naturellement d'abord par la reine; on y remarque ensuite les princesses de Condé et de Conty, les duchesses de Longueville, de Châtillon, de Chevreuse, de Moutausier, de Montbason, Mmes de la Fayette, de Sévigné, la comtesse d'Olonne, la princesse palatine, etc.

Bel exemplaire, grand de marges.

815. Les Responces de bonne ou mauvaise fortune, contenant l'heur ou mal-heur des amans fortunez, et autres solutions des demandes contenues au feuillet suivant, par Jean d'Ongoys, Morinien. *Anvers, Joachim Trognese,* 1591, in-16, fig. sur bois, mar. v. fil. tr. dor. (*Anc. rel.*)

Exemplaire de M. Veinant. Relié par Detune. (Voir le n° 808.)

816. Les Plaisirs de dames, dediez à la Reyne de la Grande Bretaigne, par Mr de Grenaille escuyer, sieur de Chatounieres. *Jouxte la copie imprimée à Paris (Leyde, Elsev.),* 1643, pet. in-12, vél.

Petit volume rare.

817. La Liberté des dames. *Paris, Christophle Remy,* 1685. — Entretien d'un abbé et d'un cavalier sur la liberté des dames françoises. *Paris, Chr. Remy,* 1693, pet. in-12, v. f.

Aux armes de Mme la comtesse de VERRUE.

818. Le Cercle des femmes, ou les secrets du lict nuptial, (six) entretiens comiques, par Chapuzeau (suivi de l'histoire d'Hyménée, ou les mystères du lit conjugal). *Imprimé à Lyon, et se vendent à Paris, chez Charles Cabry,* 1663, pet. in-12, v. f. fil. (*Rel. anc.*)

819. Almanach du mariage pour l'année 1735, ouvrage instructif et épigrammatique, nouvelle édition augmentée de la carte de l'Isle du mariage, avec la description littérale du pays, par un philosophe garçon. *Paris, Guillaume,* 1734, in-24, fig., mar. viol. dent. tr. dor.

Exemplaire de Méon, de Pixerécourt et de Veinant.
Petit almanach très-rare, qui aurait été défendu, suivant une note écrite en tête du volume, à cause d'une des figures représentant un magasin où l'on vend des cornes.

VII. PHILOLOGIE.

Critique; satires; proverbes; ana; emblèmes; etc.

820. La Manière de bien penser dans les ouvrages d'esprit (par le P. Bouhours). *Amsterdam, chez Abr. Wolfgang,* 1688, pet. in-12, mar. r. fil. à froid, tr. dor. *Armes et chiffres.* (*H. Duru.*)

Bel exemplaire, grand de marges.

821. Nouvelle allégorique, ou histoires des derniers troubles arrivez au Royaume d'Eloquence (par Furetière); seconde édition, reveüe et corrigée. *Paris, Guill. de Luyne,* 1658, pet. in-12, avec une gr. planche, v. f. dos orné.

Aux armes du comte d'HOYM. Exemplaire de Charles NODIER.

822. Mémoires de littérature (recueillis par de Sallengre). *La Haye, Henri du Sauzet,* 1715, 2 vol.

ın-8, frontisp. par Bleyswyck, mar. r. fil. dos
orné, tr. dor. (*Derome.*)

Bel exemplaire en grand papier de la biblioth. de Crozat et ensuite de
celle de Pixerécourt.

823. Mélanges d'histoire et de littérature, par M. de
Vigneul-Marville (Bonav. d'Argonne); quatrième
édition, revue, corrigée et augmentée (par
l'abbé Banier). *Paris, Cl. Prudhomme,* 1725,
3 vol. in-12, mar. bl. fil. à froid, tr. dor. Armes.
(*Duru.*)

Bonne édition de ce livre.

824. Le Grand Dictionnaire des prétieuses, historique, poétique, géographique, cosmographique,
cronologique, et armoirique... par le sieur (Bau-
deau) de Somaise. *Paris, Jean Ribou,* 1661, 3 part.
en un vol. in-8, frontisp. grav., mar. bl. fil. à froid,
tr. dor. Armes. (*H. Duru.*)

Bel exemplaire, grand de marges, avec le frontispice gravé et la clef.
Rare.

825. Les Divers Propos mémorables des nobles et
illustres hommes de la chrestienté, par Gilles Cor-
rozet. *Paris, on les vend... en la boutique du dict
Gilles Corrozet,* 1556, in-8, marque de Gilles
Corrozet à la fin, mar. bl. fil. à froid, tr. dor.
(*H. Duru.*)

826. Bonne Response à tous propos, livre fort plaisant et délectable, auquel est contenu grand nombre de proverbes et sentences joyeuses... traduit
d'italien en nostre vulgaire françoys. *Lyon, par
Thibauld Payen,* 1554, in-16, mar. bl. dos et
coins ornés, tr. dor. (*Chambolle-Duru.*)

827. Dictionnaire des proverbes françois, et des façons de parler comiques, burlesques et familières, etc... par J. P. D. L. N. D. L. E. F. (par
Jos. Panckoucke). *Paris, Savoye,* 1749, pet. in-8,
v. f. fil tr. dor. (*Rel. anc.*)

828. Perroniana et Thuana, editio secunda. *Coloniæ*

Agrippinæ, apud Gerbrandum Scagen, 1669, pet.
in-12, mar. r. fil. tr. jasp.

Jolie reliure bien conservée, aux armes de J.-B. COLBERT.

829. Naudæana et Patiniana, ou singularitez remarquables, prises des conversations de Mess. Naudé
et Patin. Seconde édition corrigée et augmentée
d'additions au Naudæana. *Amsterdam, Fr. van
der Plaats,* 1703, in-12, 2 portr., mar. r. fil. coins
ornés, tr. dor. (*Anc. rel.*)

C'est la bonne édition.

830. L'Art de désopiler la rate..., entremêlé de
quelques bonnes choses (par Panckoucke). *A
Gallipoli de Calabre, l'an des folies* 175884 *et*
175887 (1754-1757), 2 part. en un vol. pet. in-12,
mar. r. fil. dos orné, tr. dor. (*Capé.*)

Bel exemplaire de la meilleure édition de ce recueil. Rare, avec la seconde
partie.

831. Le Centre de l'amour découvert soubs divers
emblesmes galans et facetieux. *A Paris, chez Cupi-
don,* 1680, pet. in-4 obl., titre gravé, 92 fig., mar.
bl. fil. dos orné, tr. dor. (*Bauzonnet-Trautz.*)

Volume curieux et rare contenant 93 fig. en taille-douce, non compris le
titre gravé. Certaines gravures, qui manquent souvent ou qui sont mutilées,
sont intactes dans cet exemplaire. C'est ici la première édition, et avec les
premières épreuves par conséquent ; la seconde est de 1687 ; les exemplaires
sans date sont d'un troisième tirage exécuté après que la date eut été grattée
sur la planche.

832. Emblèmes, ou devises chrestiennes, composées
par damoiselle Georgette de Montenay. *Lyon, Jean
Marcorelle,* 1571, in-4, contenant 100 pl., avec
une explication en huit vers au bas de chacune,
rel. en parch. (*Piqûre de ver.*)

Recueil recherché à cause des 100 figures qui ont été gravées par P.
Woeiriot.

833. La Philosophie des images énigmatiques, où il
est traité des énigmes hiéroglyphiques, oracles,
prophéties, sorts, divinations, loteries, talis-
mans... etc., par le P. Cl.-Fr. Menestrier. *Lyon,
Hilaire Barisel,* 1694, in-12, avec une pl., mar. r.

fil. à froid, dos orné, tr. dor. *Armes et chiffres.*
(*H. Duru.*)

834. Les Entretiens d'Ariste et d'Eugène (par le
P. Bouhours). *Amsterdam, Jacques le Jeune (D. Elzevier), suivant la copie imprimée à Paris,* 1671,
pet. in-12, frontisp. mar. r. fil. à froid, tr. dor.
Armes et chiffres. (*H. Duru.*)

Bel exemplaire.

835. Sentimens de Cléante sur les entretiens d'A-
riste et d'Eugène, par M. D*** (Barbier d'Aucour).
Paris, Damien Beugnié, 1700, 2 vol. in-12, v. f.
fil. dos orné.

Aux armes du comte d'Hoym.

VIII. ÉPISTOLAIRES.

837. C. Plinii Cæcilii Secundi Epistolarum libri X...
cum notis variorum, illustrati et accurate recensiti
a Johanne Veenhusio. *Lugd. Batav., ex officina
Hackiana,* 1669, 2 vol. in-8, frontisp. gr., mar. r.
fil. tr. dor.

Excellente reliure de Boyet.

838. La Fleur de lis, contenant certaines petites
missives.., tant en faveur de ceux ou celles qui
font estat d'enseigner le françois, comme des
jeunes filles desireuses d'apprendre à bien le lire
ou escrire ; par Gabriel Meurier. *S. l. (Anvers), chez
Jean Wæsberghe, anno* 1580. — Sentences extraic-
tes de la Saincte Escripture pour l'instruction des
enfans, en françois et en latin. *Parisiis, ex officina
Lud. Grandini,* 1548, pet. in-8, mar. fil. à froid,
tr. dor. (*Duru.*)

Opuscules rares. Le premier est imprimé en caractères de civilité, et les
missives qu'il contient sont en vers.
Exemplaire de M. Veinant.

839. Recueil des épistres, lettres et préfaces de monsieur de la Chambre. *Paris, Cl. Barbin,* 1664,

in-12, frontisp. gravé, mar. r. compart. et dos à petits fers, tr. dor.

Exemplaire de COLBERT. Riche reliure à compartiments à petits fers.

840. Recueil des lettres de madame la marquise de Sévigné à madame la comtesse de Grignan, sa fille. *Paris, Rollin,* 1735, 4 vol. in-12, beau portr. gravé par Jacques Chereau, mar. bleu, fil. tr. dor. (*Rel. anc.*)

Une des premières éditions des lettres de Mme de Sévigné publiées par le chevalier Perrin.

841. Lettres historiques et galantes par madame du Noyer. *La Haye, Pierre Husson,* 1761, 7 vol. pet. in-12, frontisp. à chaque vol. par B. Picart, Bleyswyk et autres, fig. et blas., mar. v. fil. tr. dor.

Charmant exemplaire relié par DEROME.

842. LETTRES DE VOLTAIRE A MADAME D'EPINAY. In-4, cuir de Russie, compart. tr. dor. (*Purgold.*)

Ce recueil se compose de 34 lettres et 4 billets, dont 11 lettres et 2 billets *autographes,* 1 avec une apostille *autographe,* 10 lettres non autographes, signées d'un V, 14 lettres et 2 billets non autogr. ni signés, écrits par un secrétaire.

Cette correspondance renferme des lettres très-piquantes, entre autres celle de juin 1760 (entre le 13 et le 30), dans laquelle Voltaire donne à Diderot une recette pour entrer à l'Académie : « Qu'on l'introduise chez une dévote, Madame*** ou Madame*** lundi; qu'il prie Dieu avec elle mardi ; qu'il ...... avec elle mercredi, et puis il entrera à l'Académie quand il voudra. »

Ce recueil provient de la vente Renouard.

IX. POLYGRAPHES.

843. LES VIES DES HOMMES ILLUSTRES, GRECS ET ROMAINS,... par Plutarque de Chæronée, translatées de grec en françois par Jacques Amyot. *Paris, Vascosan,* 1567, 6 vol. in-8. — Les OEuvres morales et meslées de Plutarque, translatées de grec en françois (par J. Amyot), seconde édition. *Paris, Vascosan,* 1574, 6 vol. in-8. — Decade, contenant les vies des empereurs Trajanus, Adrianus, Antoninus Pius, Commodus, Pertinax, Julianus,... etc. (par Ant. Allègre). *Paris, Vascosan,*

1567, in-8. — Ensemble 13 vol. mar. v. fil. dos
orné, tr. dor.

Bel exemplaire de Guyon de Sardière et ensuite du duc de LA VALLIÈRE.

844. LUCIEN, de la traduction de N. Perrot, sieur
d'Ablancourt, avec des remarques. *Amsterdam,
Vetstein*, 1712, 2 vol. pet. in-8, réglés, portr.
frontisp. et fig., mar. r. fil. doublé de mar. r. dent.
tr. dor.

Bel exemplaire provenant de la biblioth. de M. J.-J. DE BURE.
Excellente reliure de Boyet.

845. M. TULLII CICERONIS Opera, cum optimis exem-
plaribus accurate collata. *Lugduni Batavorum, ex
officina Elzeviriana*, 1642, 10 vol. pet. in-12,
réglés, mar. r. fil. doublé de mar. r. dent. tr.
dor. (*Padeloup.*)

SUPERBE EXEMPLAIRE, dans une reliure parfaitement conservée, aux armes
et au chiffre du comte D'HOYM. Hauteur 130 mill. (4 p. 10 lig.).

C'est l'exemplaire indiqué sous le n° 1543 du catalogue du comte d'Hoym.
Le même amateur en possédait un second exemplaire, relié en mar. vert, à
ses armes, mais sans son chiffre, et moins grand que celui-ci. Il a été vendu
à Londres en 1859 chez Libri.

Cet exemplaire a appartenu à Naigeon, qui l'avait acheté 300 fr. en 1793,
à la vente du prince de Saint-Mauris, fils du prince de Montbarey, ministre
de la guerre sous Louis XVI. Revenu de l'émigration en 1794, il périt sur
l'échafaud. Il avait de très-beaux livres du comte d'Hoym, entre autres le
Panégyrique de Trajan ci-dessus. (Voir le n° 411.)

846. Recueil de divers traités par Jean de Marcon-
ville, Percheron, en 2 vol. in-8, mar. bl. fil. à froid,
tr. dor. (*H. Duru.*)

Opuscules rares et qu'il est fort difficile de réunir.
Premier volume. La Manière de bien policer la république chrestienne
(selon Dieu, raison et vertu), contenant l'estat et office des magistrats. *Paris,
Jean Dallier*, 1562. — Recueil mémorable d'aucuns cas merveilleux advenuz
de nos ans, et d'aucunes choses estranges et monstrueuses advenües es siecles
passez. *Paris, pour Jean Dallier*, 1563. — Traicté contenant l'origine des
temples des juifs, chrestiens et gentils, et la fin calamiteuse de ceux qui les
ont pillez, demoliz et ruinez. Ensemble la fin tragique de ceux qui ont des-
truict anciennement les temples spirituels et simulachres de Dieu. *Paris, Jean
d'Allier*, 1563.
Deuxième volume. Excellent opuscule de Plutarque, de la tardive vengeance de Dieu, traduict du grec en latin, par Bilibaut Pirkheimer, Aleman,
senateur de Miremberg, et faict françoys. *Paris, Jean Dallier*, 1563. —
Traicté enseignant d'où procède la diversité des opinions des hommes; ensemble l'excellence de la loi chrestienne par sus toutes les autres. *Paris,
Jean Dallier*, 1563. — Chrestien advertissement aux refroidiz et escartez de
l'ancienne Eglise catholique, romaine et apostolique,... ensemble deux petits

traictés aux amateurs de la paix. *Paris, Jehan Dallier*, 1571. – De l'heur et malheur de mariage, ensemble les lois connubiales de Plutarque traduictes en françois. *Paris, Jean Dallier*, 1571. — De la bonte et mauvaistié des femmes. *Paris, Jean Dallier*, 1571. — Traicté de la bonne et mauvaise langue. *Paris, J. Dallier*, 1571. — De la dignité et utilité du sel, et de la grande charté et presque famine d'iceluy en l'an present, 1574. *Paris, veuve J. Dallier, s. d.*

847. OEUVRES DE GUEZ DE BALZAC. *Paris*, 1659-77, 9 vol. pet. in-12, mar. vert, fil. tr. dor. (*Aux armes du comte d'Hoym.*)

1. OEuvres diverses du sieur de Balzac. *Paris, Thomas Jolly*, 1664, pet. in-12, mar. v. fil. tr. dor.

2. Le Prince de Balzac, reveu, corrigé et augmenté de nouveau par l'autheur. *Paris, Louis Billaine*, 1677, pet. in-12, mar. v. fil. tr. dor.

Les Elzeviers n'ont pas imprimé ce volume.

3. Aristippe, ou de la cour, par Monsieur de Balzac. *Imprimé à Rouen, et se vend à Paris, chez Augustin Courbé*, 1660, pet. in-12, frontisp., mar. v. fil. tr. dor.

4. Les Entretiens de feu Monsieur de Balzac. *Imprimés à Rouen, et se vendent à Paris, chez Augustin Courbé*, 1660, pet. in-12, frontisp., mar. v. fil. tr. dor.

5. Lettres de Monsieur de Balzac à Monsieur Conrart. *Paris, Louis Billaine*, 1677, pet. in-12, mar. v. fil. tr. dor.

6. Lettres familières de M. de Balzac à M. Chapelain *Paris, Augustin Courbé*, 1659, pet. in-12, mar. v. fil. tr. dor.

7. Lettres diverses de Monsieur de Balzac. *Paris, Thomas Jolly*, 1664, 2 vol. pet. in-12, mar. v. fil. tr. dor.

Ces deux volumes n'ont pas été imprimés par les Elzeviers.

8. Apologie pour M. de Balzac. *A Rouen, et se vend à Paris, chez Louis Billaine*, 1663, pet. in-12, mar. v. fil. tr. dor.

Ces divers volumes de Balzac, avant de faire partie de la bibliothèque du comte d'Hoym, avaient appartenu à Longepierre. Ses armes, imprimées sur papier, sont collées à l'intérieur de la reliure.

La collection pourra être divisée.

848. Les OEuvres de monsieur de Voiture, nouvelle édition corrigée. *Paris, Vᵉ F. Mauger*, 1691, 2 tomes en un vol. in-12, mar. r. fil. tr. dor.

Bel exemplaire aux armes de Mᵐᵉ la comtesse de VERRUE.

849. LES OEUVRES DE MONSIEUR DE VOITURE. *Paris, Vᵉ Mauger*, 1702, 2 vol. in-12, réglés, mar. citr. doublé de mar. r. dent. tr. dor. (*Anc. rel.*)

Exemplaire aux armes et au chiffre de Mᵐᵉ de CHAMILLART, provenant de la vente de M. J.J. DE BURE.

850. Les OEuvres de M. Sarasin. *Paris, Vᵉ Séb. Cramoisy*, 1696, in-12, frontisp. ajouté, mar. r. fil. à froid, dos orné, tr. dor. *Armes et chiffres.* (*Duru.*)

Bel exemplaire avec une belle épreuve du portrait de Sarasin par Nanteuil, ajouté. Le portrait étant trop grand, le cadre est en partie rogné.

851. Nouvelles OEuvres de M. Sarazin (publ. par Fleury, secrétaire de Ménage). *Paris, Cl. Barbin,* 1674, 2 vol. in-12, mar. r. fil. tr. dor. (*Rel. du temps.*)

Ces nouvelles œuvres sont rares, n'ayant été imprimées que cette seule fois.

852. OEuvres diverses de M. de Fontenelle. *La Haye, Gosse et Neaulme,* 1728, 3 vol. in-fol., pap. de Holl., 2 frontisp. et nombr. vign. par B. Picart, mar. citr. tr. dor. (*Anguerrand.*)

Très-bel exemplaire de Gros de Boze.

853. OEUVRES DE VOLTAIRE (avec des avertissements et des notes, par Condorcet). *De l'impr. de la Société littéraire et typographique (à Kehl),* 1784-89, 70 vol. gr. in-8, v. éc. fil. tr. dor.

Exemplaire en grand papier vélin, avec la première suite des figures de Moreau, en belles épreuves.

854. Recueil de pièces en prose et en vers latins, adressées la plupart à M. Ant. le Clerc de Juigné, archevêque de Paris, par les élèves du collége de Navarre, en 1783. In-4, mar. r. riche dentelle, dos orné, tr. dor.

Aux armes de monseigneur Ant. LE CLERC DE JUIGNÉ, archevêque de Paris.

Manuscrit d'environ 40 pages. Chaque pièce est écrite et signée par son auteur. M. de Juigné avait été élevé au collége de Navarre.

HISTOIRE.

I. VOYAGES.

855. Mémoires et Voyages du R. P. de Singlande, aumônier de la garnison, ville et forts de Cette en Languedoc. *Paris, Nic.-Aug. Delalain,* 1765, 2 vol. in-12, mar. r. fil. tr. dor. (*Rel. anc.*)

Il n'est guère question de voyages dans ce livre, mais des campagnes où le P. Singlande assista en qualité d'aumônier de régiment en Italie, en Allemagne, et surtout en Corse.

856. Voyage fait à Munster en Westphalie et autres lieux voisins, en 1646 et 1647, par M. Joly, chanoine de Paris, avec quelques lettres de M. Ogier, prestre et prédicateur. *Paris, Pierre Aubouin,* 1670, in-12, mar. bl. fil. à froid, tr. dor. (*Duru.*)

Avec un portrait ajouté de Anne-Marie Schurman, illustre savante que Cl. Joly vit en passant à Utrecht.

Cl. Joly fit ce voyage à la suite du duc et de la duchesse de Longueville, qui se rendaient au congrès de Munster. Le livre est surtout recherché à cause d'une dissertation sur la statue équestre de Philippe le Bel qui se voyait autrefois dans l'église de Notre-Dame de Paris.

857. Relation journalière du voyage du Levant faict et descrit par haut et puissant seigneur Henri de Beauvau, baron dudit lieu, etc. *Nancy, par Jacob Garnich,* 1615, in-4, fig. vél.

Édition la plus recherchée de ce voyage. Le volume est grand de marges, mais taché.

858. Voyages de M. Shaw dans plusieurs provinces de la Barbarie et du Levant... traduits de l'anglois. *La Haye, Jean Neaulme,* 1743, 2 vol. in-4, fig. et cartes, mar. r. fil. dos orné. (*Derome.*)

859. Les Singularitez de la France antarctique, autrement nommée Amerique, et de plusieurs terres et isles decouvertes de nostre temps, par F.-André Thevet, natif d'Angoulesme. *Anvers, Christ.*

Plantin, 1558, in-8, fig. sur bois, mar. v. fil. à
froid, tr. dor. armes. (*H. Duru.*)

Livre très-rare. Bel exemplaire.

860. Histoire d'un voyage faict en la terre du Brésil, autrement dite Amérique, contenant la navigation et choses remarquables vues par l'auteur...
les mœurs et façons de vivre des sauvages brési-
liens, etc., par Jean de Lery. *S. l.* (*Genève*), *pour
Antoine Chuppin,* 1585, in-8, fig. sur bois, mar.
r. fil. tr. dor.

Très-bel exemplaire, aux secondes armes de J.-A. de Thou, acheté à la
vente du prince S. Radziwill en 1866.

861. Relation succincte et sincère de la mission
du P. Martin de Nantes, capucin, missionnaire
apostolique dans le Brézil, parmi les Indiens ap-
pellés Cariris. *Quimper, chez Jean Périer, s. d.*
(1706), pet. in-12, mar. r. tr. dor. (*Chambolle.*)

Petit livre fort rare. La mission du P. Martin, commencée en 1671, se
termina en 1688.

861 *bis.* Description géographique de la Guiane, contenant les possessions et les établissemens des François, des Espagnols, des Portugais et des Hollandois
dans ces vastes pays... par le Sʳ Bellin. *Paris,
Didot,* 1763, in-4, cartes et fig. mar. r. dos orné,
doublé de tabis, tr. dor.

Bel exemplaire aux armes de Mme de Pompadour.
Larges dentelles sur les plats avec les trois tours aux coins.

II. HISTOIRE UNIVERSELLE.

862. Compendium hystorial (par Henry Romain,
chanoine de Tournay), translate de latin en françois. — *Cy fine le Compendium nouvellement imprime a Paris, le xixe jour daoust mil cinq cens et
neuf... pour Anthoyne Verard,* pet. in-fol. goth.
marque d'Ant. Verard à la fin, mar. v.

Au verso du dernier feuillet, à côté de la marque de Verard, on lit cette
mention manuscrite qui doit être de Verard : « Anthoine Verard, libraire de
Paris, a donné ce petit livre au monastère de Clervaulx le xxe jour de mars

mil cinq cens onze. Priez Dieu pour luy. » Le duc de la Vallière possédait plusieurs ouvrages avec cette curieuse mention qui a amené à reconnaître l'existence de deux Antoine Verard. Le premier, qui est celui-ci, mourut vers 1513.

Volume bien conservé, sauf quelques légères piqûres de vers.

863. DISCOURS SUR L'HISTOIRE UNIVERSELLE,... par messire Jacques-Bénigne Bossuet. *Paris, Séb. Mabre-Cramoisy,* 1681, in-4, mar. r., dos fleur-delisé, fil. tr. dor. (*Anc. rel.*)

Édition ORIGINALE. Exemplaire en grand papier, aux armes de la duchesse d'ORLÉANS (Charlotte-Élisabeth, dite la princesse Palatine).

864. DISCOURS SUR L'HISTOIRE universelle,... par messire Jacques-Bénigne Bossuet. Seconde édition. *Paris, Séb. Mabre-Cramoisy,* 1682, in-12, mar. r. fil. tr. dor. (*Anc. rel. à la Du Seuil.*)

Exemplaire PRÉCIEUX, aux armes de BOSSUET.
Cette seconde édition originale reproduit la première, avec quelques légères différences.

III. HISTOIRE DES RELIGIONS.

I. *Histoire du paganisme.*

865. LIVRE DE LA GÉNÉALOGIE DES DIEUX, auquel sont contenues toutes les fables tirées tant des poëtes que d'autres autheurs anciens. In-fol. rel. en vélin, fil. tr. dor.

Manuscrit sur papier.
Exemplaire de HENRI III, avec ses armes et ses chiffres sur les plats.
On lit cette inscription manuscrite sur le plat recto : *De lestude du Roy de France et de Poulongne Henry troisiesme.*
Le volume est très-épais, mais il n'y a à peu près que le tiers du volume qui ait été écrit ; les deux autres tiers sont restés blancs.

866. Nouvelle Histoire poétique et deux Traités abrégés, l'un de la poësie, l'autre de l'éloquence, composés pour l'usage de Mesdames (par Hardion). *Paris, Jacques Guérin,* 1751, 3 vol. in-12, mar. r. fil. tr. dor.

Aux armes de la reine MARIE LECZINSKA.
On lit cette mention manuscrite sur le faux-titre de la première partie :
« Ce livre m'a été donné par Madame Sophie. Exemplaire de la reine. »
LEGRIS.

867. Les Fictions poëtiques, colligées des bons et meilleurs autheurs, pour le soulagement et contentement de ceux qui desirent cognoistre et entendre chose difficile : avec la Joyeuse Description d'Hercules de Gaule, traduite du grec (de Lucien) en françois, par l'Innocent Égaré. *Lyon, Benoist Rigaud et Jean Saugrain,* 1557, in-16, mar. r. coins et dos fleurdelisés, tr. dor. (*Chambolle-Duru.*)

Petit livre rare que M. Brunet ne cite que d'après Du Verdier, et, sans doute par erreur, sous la date de 1577. L'auteur, nommé ici l'*Innocent égaré*, est Gilles d'Aurigny, dit le Pamphile.

868. Mémoire sur la déesse Vénus, par M. Larcher. *Paris, Valade,* 1776, in-12, fig. au commencement, v. f. fil. dos orné, tr. dor. armes. (*H. Duru.*)

Joli exemplaire relié sur brochure, auquel on a ajouté une charmante gravure de Saint-Aubin, représentant Vénus Callipyge, et l'opuscule de Le Blond, tiré à petit nombre, ayant pour titre : *Huitième index. Drôleries éparses dans ce volume.*

2. *Histoire du Christianisme.*

Histoire de l'Église ; Histoire des ordres religieux ; Vies des saints ; Histoire des hérésies, etc.

869. L'Histoire ecclésiastique de Nicéphore, fils de Calliste Xanthouplois, autheur grec, traduite de latin en françois. *Paris, Sébast. Nivelle,* 1567, in-fol. réglé, v. br. à compart. tr. dor.

Bel exemplaire de dédicace au roi Charles IX, avec son chiffre sur le dos de la reliure, ses armes, or et couleur, sur le plat recto, et sa devise : *Pietate et Justicia,* accompagnée de 2 colonnes et de son chiffre, sept fois répété, sur le plat verso.
Les livres aux armes de ce roi sont rares. La reliure, qui était légèrement endommagée, a été habilement restaurée.

870. Histoire de saint Grégoire le Grand, pape, par Denys de Sainte-Marthe. *Rouen, veuve J. Béhourt,* 1697, in-4, fig., mar. r. fil. tr. dor.

Exemplaire aux armes de Mme de Maintenon.

871. Histoire de l'Inquisition et de son origine (par Marsollier). *Cologne, Pierre Marteau (Holl.),* 1693, in-12, réglé, mar. n. dent. à froid, doublé de mar. r. dent. tr. dor. (*Rel. du temps.*)

Exemplaire de Bonnemet, de la Vallière, de Châteaugiron et de Pixeré-court.

872. Histoire de l'abbaye royale de Saint-Denis en France, contenant la vie des abbez qui l'ont gouvernée depuis onze cens ans : les hommes illustres qu'elle a donnez à l'Eglise, à l'Etat : les privileges accordez,... etc., par dom Michel Felibien. *Paris, Fréd. Léonard,* 1706, in-fol., frontisp. gravé par de Poilly, fig., mar. r. comp. à la Du Seuil, dos orné, tr. dor. (*Rel. anc.*)

Superbe exemplaire aux armes de Camus de Pontcarré, premier président du parlement de Rouen.

873. Description du plan en relief de l'abbaye de la Trappe, présenté au Roy par le frère Pacôme, religieux solitaire. *Paris, Jacques Collombat,* 1708, gr. in-4, plans et fig. par Cazes, grav. par de Rochefort, mar. r. large dent. coins et dos fleurdelisés, tr. dor.

Bel exemplaire aux armes du duc de Berry, petit-fils de Louis XIV.
Livre curieux, composé de 83 pages de texte, d'un frontispice, d'un plan général, de 4 plans partiels et de 8 tableaux représentant les principales scènes de l'histoire de l'abbaye de la Trappe, les cérémonies, les occupations des moines, etc.

874. L'Alcoran des Cordeliers, tant en latin qu'en françois, c'est-à-dire, Recueil des plus notables bourdes et blasphèmes impudens de ceux qui ont osé comparer sainct François à Jésus-Christ : tiré du grand livre des Conformitez, jadis composé par frère Barthélemi de Pise... (traduit du latin par Conrad Badius) : nouellement y a esté adjoustée la figure d'un arbre contenant par branches la conference de S. François à Jesus-Christ. Le tout de nouveau reveu et augmenté. *Genève, Guillaume de Laimarie,* 1578, 2 part. en 1 vol. pet. in-8, mar. citron, fil. tr. dor.

Édition rare. — Exemplaire aux armes du comte d'Hoym. Il avait auparavant appartenu à Du Fay.

875. La Grande et merveilleuse et tres-cruelle Oppugnation de la noble cité de Rhodes, prinse nagueres par sultan Selyman, à present grand Turcq, redigée par... frère Jacques, bastard de Bourbon,... et par ycelluy dernierement reveue et corrigée... *Cy fine l'histoire et prinse de la noble et ancienne ville et cite de Rhodes..... imprimee par le commandement dudit seigneur lan mil cinq cens vingt et sept, le premier jour doctobre,* pet. in-fol., lettres rondes, mar. bleu, fil. dos orné, tr. dor. armes. (*H. Duru.*)

Livre rare. L'auteur était fils de Louis de Bourbon, évêque de Liége.
Superbe exemplaire, grand de marges et très-bien conservé.

876. Les Vies des Saints... disposées selon l'ordre des calendriers et martyrologes, avec l'histoire de leur culte, selon qu'il est établi dans l'église catholique, et l'histoire des autres fêtes de l'année. — Les Vies des Saints de l'Ancien Testament. — Topographie des Saints, où l'on rapporte les lieux devenus célèbres par la naissance, la demeure, la sépulture et le culte des saints. — Chronologie des saints. — Histoire des festes mobiles dans l'Eglise, suivant l'ordre des dimanches et des féries de la semaine. — (Le tout par Baillet). *Paris, Louis Roulland,* 1701-1703. Ensemble 17 vol. in-8, mar. r. fil. tr. dor. (*Anc. rel.*)

Bel exemplaire.

877. La Forest des hermites et hermitesses d'Egypte et de la Palestine, representée en figures de cuivre de l'invention d'Abr. Blommaert, taillées par Boece Bolswert. *Anvers, Hierosme Verdussen,* 1619, frontisp., 25 fig. avec une page d'explication pour chacune. — Sanctorum principum regum atq. impp. imagines, ex tabulis atque historiis ecclesiasticis Aubertus Miræus... eruebat. *Antuerpiæ, Mich. Snyders,* 1613, 23 planches, y compris le titre et la dédicace. — Mariæ Hieron. Wierx æternum devotus dicabat, faciebat, excudebat. *S. l. n. d.,* 8 planches. — Peccati fomes, vincula, pœna, medela. *S. l. n. d.,* 12 planches y compris le titre, gravées d'après M. de Vos, par C. de Mallery. — Le tout en 1 vol. in-4, v. f. fil. tr. dor. (*Rel. anc.*)

878. Le Calendrier spirituel, composé d'autant de madrigaux, en l'honneur de nos saints, qu'il y a de jours dans l'année, pour la consolation des ames dévotes et curieuses, par le R. P. Germain Cortade, augustin. *Bayonne, B. Bosc,* 1665, pet. in-8, v. jaspé.

Livre rare et singulier.

879. Vocabulaire des noms françois et latins de saints et de saintes que l'on peut donner au baptesme et à la confirmation, et sous les titres desquels une église ou une chapelle peut être bénie. *Paris, Louis Josse,* 1700, in-4, mar. r. large dent. tr. dor. (*Anc. rel.*)

Aux armes du cardinal de NOAILLES. Exemplaire de J.-J. DE BURE.

880. De SS. Martyrum cruciatibus Antonii Gallonii cum figuris Romæ in ære incisis per Antonium Tempestam. Ex Musæo Raphaelis Trichety du Fresne. *Parisiis,* 1659, in-4, fig. v. m.

Exemplaire de LONGEPIERRE, avec les insignes de la Toison d'Or.

881. La Vie de saint Jean Chrysostome, patriarche de Constantinople, divisée en douze livres (par God. Hermant). *Paris, Charles Savreux,* 1664, in-4, réglé, portr. par J.-B. Champagne, gravé par Pitau, mar. r. fil. tr. dor.

Superbe exemplaire de LONGEPIERRE, avec les insignes de la Toison-d'Or.

882. La Vie de madame saincte Geneviefve, et ses miracles avec son trespassement et son oraison. *Cy finist la Vie de Madame saincte Geneviefve,.. nouvellement imprimee a Paris, pour Pierre Sergent, s. d.,* pet. in-8, goth. 16 ff. curieuse fig. sur bois sur le titre, marque de Pierre Sergent à la fin, mar. fil. dent. intér. tr. dor. (*Trautz-Bauzonnet.*)

M. Brunet cite une *Vie de sainte Geneviève,* imprimée chez J. Trepperel, et une autre édition chez Denis Mellier, toutes les deux in-4 et sans date, mais il ne parle pas de la nôtre.

883. L'Histoire de saincte Geneviefve, patronne de Paris, prise et recherchée des vieux livres escrits à la main, plus un brief Recueil de choses antiques de la dicte maison (abbaye S. Geneviefve), par F. Pierre le Juge, Parisien, religieux en l'abbaye de Saincte Geneviefve. *Paris, de l'impr. Henry Coypel,* 1586, in-16, mar. ol. fil. à froid, tr. dor. (*Kœhler.*)

Petit livre rare. Joli exemplaire de la première édition.

884. La Vie de saincte Genevieve, par le P. Paul Beurrier. *Paris, Séb. Cramoisy,* 1642, in-8, mar. la Vall. tr. dor. (*Chambolle.*)

885. La Vie de monseigneur sainct Bernard devot chappelain de la vierge Marie et premier abbe de Clerevaulx, translatee de latin en françois, et mise en sept livres distinctz, par ung religieux dudit Clerevaulx. (A la fin :) *Cy fine la Vie de sainct Bernard... imprimee a Paris, pour François Regnault, s. d.,* in-4 goth. à 2 col., fig. sur bois au recto et au verso du titre, marque de Fr. Regnault à la fin, bas. (*Rel. du temps.*)

Livre rare et qui offre plusieurs passages singuliers par leur naïveté. En tête se trouve un prologue en vers par Guillaume Flameng, chanoine de Langres, et à la fin l'*Epitaphe de dame Ælis*, mère de saint Bernard, avec plusieurs oraisons en vers, par le même.

Exemplaire très-grand de marges dans sa première reliure.

886. La Vie de S. Adjuteur ou Adjutor, confesseur, natif de Vernon-sur-Seine, en Normandie, patron de la noblesse et protecteur de son pays, par Jean Theroude, prestre de l'église de Vernon. *Paris, aux dépens de l'auteur,* 1638, pet. in-8, vél.

Ce volume est très-rare, et cet exemplaire, imprimé sur VÉLIN, ou pour mieux dire sur PARCHEMIN, est probablement unique. Il provient de la bibliothèque de M. A. Leprévost.

A deux pages différentes le texte n'est pas venu entièrement à l'impression.

887. La Vie du glorieux amy de Dieu, monsieur sainct François de Paule, instituteur et fondateur de l'ordre des frères minimes... (A la fin :) *Imprimée pour le couvent de Nostre Dame de toutes Graces, dit Nygeon-lez-Paris. Lan mil cinq cens*

trente huyt (1538), pet. in-8 goth. de 20 ff. v. f.
fil. tr. dor.

Bel exemplaire, grand de marges et bien conservé.
Cette vie de saint François de Paule n'est pas indiquée dans le *Manuel du libraire*. Le volume ne porte pas de lieu d'impression, mais il est à croire qu'il a été imprimé dans le couvent des minimes de Nygeon-lez-Paris (ancien nom de Chaillot), où a été imprimée la Règle de l'ordre en 1528.

888. LA VIE DE MONSEIGNEUR SAINCT HUBERT dardeine.
On les vend a Paris, a lenseigne du Pellican (chez les de Marnef, de 1510 à 1530), s. d., in-8, goth.
32 ff., fig. sur bois, sur le titre et marque de Guill.
Eustace à la fin, mar. r. fil. à froid, tr. dor.
(*Kœhler.*)

Livret de toute rareté. L'auteur, Hubert le Prevost, de Bruges, a composé cet ouvrage en 1459.
Bel exemplaire.

889. Histoire de la vie de saint Hubert, prince du sang
de France, duc d'Aquitaine, premier évêque et
fondateur de la ville de Liége, et apôtre des Ar-
dennes. *Paris, chez M. Le Prest,* 1678, in-8,
frontisp. et fig. par Gr. Huret, mar. r. fil. compart. genre Du Seuil, tr. dor. (*Anc. rel.*)

890. Sensuit la Vie de monseigneur saint Aulzias
de Sabran, conte Darian, glorieux confesseur et
vierge, extraicte par reverend M.-J. Raphael, de
l'ordre de Saint Dominique du pays de Provence.
(A la fin :) *A la louenge et honneur de Dieu a este
imprime la vie et legende de M. saint Auzias de
Sabran... et de madame saincte Dauphine, son
epouse et vierge... Et a este imprime a la requeste
de honorable seigneur Pierre de Sabran, escuier
seigneur de Beaudiner... lequel se dit estre de la
lignye dudit saint conte Aulzias de Sabran. Imprime a Paris, par Jehan Trepperel, s. d. (vers* 1500),
pet. in-4, goth. à 2 col. fig. sur bois, mar. r. fil. à
froid, tr. dor. (*Thompson.*)

Volume rare. Exemplaire au chiffre de M. Ad. AUDENET

891. La Vie de sainte Thérèse, escrite par elle-
mesme, traduction nouvelle, conforme a l'original espagnol, par M. l'abbé Chanut. *Paris, Ant.*

Dezallier, 1691, in-8, frontisp. d'après J.-B. Corneille, gravé par Mariette, mar. r. fil. tr. dor. (*Anc. rel.*)

892. Abrégé de la Vie et des vertus du bienheureux Vincent de Paule, instituteur de la congrégation de la Mission et des filles de la Charité (par Noiret). *Paris, Barois*, 1729, in-12, mar. r. fil. tr. dor. (*Anc. rel.*)

893. Le Tableau des eminentes vertus de madame de Sacy, religieuse de l'ordre de S. Benoist, dans l'abbaye de Vignals en Normandie, par M. Thomas Lamy, prestre. *Caen, Joach. Massienne*, 1659, pet. in-8, port. mar. bl. fil. dos orné, tr. dor. (*Chambolle-Duru.*)

Rare, avec le portrait.

894. Les Cimitieres sacrez, par Henry de Sponde, conseiller et maistre des requestes du roy en Navarre. *Jouxte la coppie imprimée à Bourdeaux, par S. Millanges*, 1598, pet. in-12, mar. r. fil. à froid, tr. dor. (*Duru.*)

895. Histoire de Notre-Dame de Liesse, par M. Villette, prêtre, grand archidiacre de l'église de Laon, chapelain de Notre-Dame de Liesse. *Laon, et se vend à Paris, chez Ant. Warin*, 1708, in-8, fig. de Stella, grav. par Thomassin, mar. r. fil. tr. dor. (*Anc. rel.*)

Bel exemplaire du marquis de Coislin.
Première édition. Une des figures représente une peinture antique qu'on voyait autrefois dans le sanctuaire de l'abbaye de Saint-Vincent de Laon.

896. Histoire des choses mémorables advenues en la terre du Brésil,... sous le gouvernement de N. de Villeg. (Villegagnon), depuis l'an 1555 jusques à l'an 1558. *S. l.*, 1561. — Histoire mémorable de la persécution et saccagement du peuple de Mérindol et Cabrières et autres circonvoisins, appelez Vaudois. *S. l.*, 1556 (*avec la signature d'Étienne Baluze, sur le titre*). — Histoire memorable de la guerre faite par le duc de Savoye, Em-

manuel-Philibert, contre ses subjectz des vallées
d'Angrogne, Perosse, Saint-Martin et autres vallées circonvoisines, pour compte de la religion ;
nouvellement traduit d'italien en françois. *S. l.*,
1562. En 1 vol. pet. in-8, mar. r. fil. à froid, tr.
dor. (*Duru.*)

Trois pièces des plus intéressantes et fort rares. La première est une critique de la conduite du chevalier de Villegagnon au Brésil, où il s'était attiré
la haine des protestants qui l'avaient accompagné dans son expédition. (Voir
les numéros 87-91.) L'importance de la seconde est bien connue et n'a pas
besoin d'être mise en relief; quant à la troisième, nous dirons seulement que
M. Brunet en cite une sur le même sujet et imprimée la même année, mais
qu'il ne parle pas de celle-ci.

897. Histoire des variations des églises protestantes,
par messire Jacques - Bénigne Bossuet. *Paris,*
veuve Séb. Mabre-Cramoisy, 1688, 2 vol. in-4, v.
f. dos orné. (*Rel. anc.*)

Édition originale. Les plats de la reliure portent cette inscription : *A la*
substitution de Valdec proche Soleure en Suisse. M.D.CC.XXXIII. (Biblioth.
des barons de Besenval.)

IV. HISTOIRE ANCIENNE.

Histoire des Juifs, des Grecs et des Romains.

898. Histoire des Juifs, escrite par Flavius Joseph,
sous le titre de *Antiquitez judaïques,* traduite sur
l'original grec, par M. Arnauld d'Andilly. *Paris,*
Roulland, 1717-1719, 5 vol. réglés. — Histoire
des Juifs depuis Jésus-Christ jusqu'à présent pour
servir de supplément à l'histoire de Joseph (par
Basnage et revue par Ellies-Dupin). *Paris, L. Roul-*
land, 1710, 7 vol. — Ensemble 12 vol. in-12,
mar. r. fil. doubl. de mar. r. dent. tr. dor. (*Rel.*
anc.)

Bel exemplaire.

899. Les Histoires d'Hérodote, traduites en françois par M. Du Ryer. *Paris, Est. Loyson,* 1677,
4 vol. in-12, frontisp. et cartes, mar citr. fil. tr.
dor. (*Anc. rel.*)

Exemplaire aux armes de MESDAMES, filles de Louis XV.

900. L'Histoire de Thucydide, de la guerre du Péloponnèse, continuée par Xénophon, de la traduction de N. Perrot, s^r d'Ablancourt. *Paris, Augustin Courbé,* 1662, in-fol. réglé, mar. bl. fil. tr. dor. (*Padeloup.*)

Première édition.

Superbe exemplaire en grand papier, aux armes et au chiffre du comte d'Hoym.

901. LES TROIS PREMIERS LIVRES de l'histoire de Diodore Sicilien, historiographe grec ; translatés de latin en françoys, par maistre Anthoine Macault, notaire, secretaire et valet de chambre du roy François premier. *On les vent a Paris en la rue de la Juifverie, devant la Magdalaine, à l'enseigne du Pot cassé.* (A la fin la marque du Pot cassé.) (*Chez Geofroy Tory*), 1535, in-4, réglé, mar. citr. dent. doublé de tabis, tr. dor.

Exemplaire précieux, imprimé SUR VÉLIN.

C'est l'exemplaire de François de Bourbon, comte de Saint-Paul et de Chaumont, duc d'Estouteville, né à Ham, le 6 août 1491, prisonnier à Pavie en 1525, conquérant de la Savoie en 1536, mort à Cotignan, près Reims, le 1er septembre 1545. Il avait épousé Adrienne d'Estouteville et était grand-oncle de Henri IV. Ses armes sont peintes au verso du titre.

Cet exemplaire se trouvait chez Mac-Carthy, où il a été acheté par Chardin. Il était en Allemagne en 1849.

Ce livre est orné d'un très-beau frontispice représentant François Ier assis dans une *chaire* à dossier fleurdelisé, à table avec ses enfants et ses courtisans, ayant à côté de lui son singe et son lévrier, et écoutant la lecture que Macault lui fait de son livre. Suivant M. Renouvier, cette gravure est le chef-d'œuvre de Geofroy Tory.

902. Histoire de Diodore Sicilien, traduite de grec en françois, les (trois) premiers livres par Robert Macault, et les (sept) autres par Jacques Amyot. Reveuë et enrichie de table et annotations en marge, par M. Loys Le Roy, dit Regius. *Paris, Gilles Beys,* 1585, in-fol. mar. r. fil. tr. dor. (*Rel. du temps.*)

Exemplaire du CARDINAL DE BOURBON (Charles X, roi de la Ligue), dont les armes se trouvent sur le dos du volume, avec un lis entouré de cette devise : *Superat candore et odore.*

Il a appartenu depuis à Du Fay et au COMTE D'HOYM ; ce dernier y a fait apposer ses armes.

Très-beau livre dont la reliure est parfaitement conservée.

903. Titi Livii Historiarum quod extat, ex recensione J. F. Gronovii. *Amstelodami, apud Danielem*

Elzevirium, 1678, in-12, titre gravé, réglé, mar.
r. fil. doublé de mar. r. dent. tr. dor. (*Du Seuil.*)

Très-bel exemplaire. Haut. : 142 mill. 1/2. Reliure parfaitement conservée.

904. C. Julii Cæsaris quæ extant ex emendatione
Jos. Scaligeri. *Lugd. Batavorum, ex officina Elzeviriana,* 1635, pet. in-12, titre gravé, fig. sur bois
et cartes, mar. r. fil. doublé de mar. r. dent. tr.
dor.

Bonne édition sous cette date. Haut. : 122 mill. Très-jolie reliure de Du
Seuil.

905. C. Julii Cæsaris quæ extant omnia, cum animadversionibus integris Dion. Vossii, J. Davisii
aliorumque variis notis... ex musæo J. G. Grævii.
*Lugd. Batavorum, apud C. Boutesteyn et L. Lucht-
mans,* 1713, 2 vol. in-8, frontisp. par B. Picart,
plus. portr., fig. et cartes, mar. r. fil. doublé de mar.
r. dent. tr. dor. (*Boyet.*)

Superbe exemplaire, provenant de la bibliothèque de J.-J. De Bure.

906. C. Cornelii Taciti Opera quæ exstant... variorum comment. illustrata, Joh. Fred. Gronovius
recensuit et suas notas adjecit. *Amstelodami, apud
Danielem Elsevirium,* 1672, 2 tomes en 4 vol.
in-8, frontisp. mar. r. fil. doublé de mar. r. dent.
tr. dor. (*Boyet.*)

Admirable exemplaire de Longepierre, avec ses insignes sur le dos et sur
les plats, provenant de la vente de M. Feuillet, bibliothécaire de l'Institut.

907. Les OEuvres de C. Cornelius Tacitus, chevalier romain, à sçavoir : les Annales et histoires des
choses advenues en l'empire de Rome, depuis le
trespas d'Auguste; l'Assiete de Germanie, les
meurs et noms des anciens peuples de ce pays ;
la Vie de Jules Agricola, où est traitée la conqueste
et description du païs jadis appelé Bretaigne : et
maintenant Angleterre et Escôce. Le tout nouvellement mis en françois, avec quelques annotations. *Paris, pour Abel l'Angelier,* 1582, in-fol.
réglé, mar. ol. dos et plats fleurdelisés, tr. dor.

Bel exemplaire en grand papier, aux armes de Henri III, roi de France et
de Pologne.

908. Caius Suetonius Tranquillus. *Parisiis, e typographia regia,* 1644, pet. in-12, réglé, mar. r. fil. doublé de mar. r. dent. tr. dor. (*Boyet.*)

Bel exemplaire de cette édition estimée.

909. C. Suetonii Tranquilli Opera, et in illa commentarius Samuelis Pitisci. *Trajecti ad Rhenum, ex officina Francisci Halmæ,* 1690, 2 tomes en 4 vol. in-8, frontisp. et fig., mar. r. fil. doublé de mar. r. dent. tr. dor.

Belle reliure de BOYET, parfaitement conservée.

V. HISTOIRE MODERNE.

1. *Histoire de France.*

A. Géographie ; Histoire des Gaulois; Mélanges historiques.

910. Eclaircissemens géographiques sur l'ancienne Gaule (par l'abbé Belley et d'Anville), précédés d'un traité des mesures itinéraires des Romains et de la lieue gauloise ; par M^r d'Anville. *Paris, Ve Estienne,* 1741, in-12, cartes et fig., mar. r. fil. à froid, dos orné, tr. dor. armes et chiffres. (*H. Duru.*)

On y a joint : *Lettre écrite à M. Maillart, au sujet de Cora, lieu ancien du diocèse d'Auxerre ;* et *Réflexions sur les remarques de M. d'Anville,* par l'abbé Lebeuf. (Extr. du *Rec. de dissertations* de Lebeuf. *Paris, Techener,* 1843.)

911. Mémoires géographiques sur quelques antiquités de la Gaule, par M. Pasumot. *Paris, Louis-Étienne Ganeau,* 1764, in-12, cartes, mar. bl. fil. à froid, tr. dor. (*H. Duru.*)

On a relié à la suite de cet ouvrage : *Recherches sur la manière d'inhumer des anciens, à l'occasion des tombeaux de Civaux, en Poitou,* par le P. B. R. (Routh). *Poitiers,* 1738.

912. La Guide des chemins de France (par Ch. Estienne). *Paris, Charles Estienne,* 1552, pet. in-8, mar. r. fil. dos orné, tr. dor. (*Trautz-Bauzonnet.*)

Edition originale. Superbe exemplaire, très-grand de marges et parfaitement conservé.

913.. La Guide des chemins de France. reveue et augmentée, les fleuves du royaume de France, aussi augmentez (par Ch. Estienne). *Paris, pour la veufve François Regnault,* 1554, in-16, mar. r. fil. dos orné, tr. dor. (*Trautz-Bauzonnet.*)

Bel exemplaire. M. Brunet ne cite pas cette édition. Elle contient, de plus que les deux impr. en 1552, *les fleuves du royaume de France.*

914. Introduction a la description de la France, qui comprend tout ce qui s'observe auprès du roi, l'état de sa maison, ses titres, ses prérogatives, ses officiers et ceux de la couronne, le gouvernement ecclésiastique, civil et militaire, par Piganiol de la Force. *Paris, G. Desprez,* 1752, 2 vol. — Nouvelle Description de la France, dans laquelle on voit le gouvernement de ce royaume, celui de chaque province et la description des villes, maisons royales, monuments, etc., par le même. *Paris, G. Desprez,* 1753-54, 13 vol. : ensemble 15 vol. in-12, fig. et cartes, mar. vert, fil. tr. dor. (*Rel. anc.*)

Très-bel exemplaire aux armes de Mesdames, filles de Louis XV.

---

915. Antiquité de la nation et de la langue des Celtes, autrement appellez Gaulois, par le R. P. dom Paul Pezron. *Paris, Prosper Marchand et Gabr. Martin,* 1703, in-12, mar. bl. fil. dos orné, tr. dor. (*Bauzonnet.*)

916. Recueil de divers écrits pour servir d'éclaircissemens à l'histoire de France et de supplément à la notice des Gaules, par M^r l'abbé Lebeuf. *Paris, Jacques Barrois,* 1738, 2 vol. in-12, cartes, mar. bl. fil. à froid, armes et chiffres, tr. dor. (*H. Duru.*)

Très-bel exemplaire, relié sur brochure, auquel on a joint une lettre autographe de l'abbé Lebeuf.

917. Dissertations sur l'histoire ecclésiastique et civile de Paris, suivies de plusieurs éclaircissemens sur l'histoire de France, par M. l'abbé Le-

beuf. *Paris, Lambert et Durand*, 1739-1742, 3 vol. in-12, fig., mar. bl. fil. à froid, tr. dor. armes et chiffres. (*Duru.*)

Très-bel exemplaire de ce recueil estimé.

918. Dissertation dans laquelle on recherche depuis quel temps le nom de France a été en usage pour désigner une portion des Gaules; l'étendue de cette portion ainsi dénommée, ses accroissemens et ses plus anciennes divisions depuis l'établissement de la monarchie françoise, par M. Lebeuf, chanoine d'Auxerre. *Paris, Ch.-J.-B. Delespine*, 1740, in-12, mar. r. fil. tr. dor.

Une des plus rares dissertations de l'abbé Lebeuf.
Exemplaire aux armes du chancelier **D'AGUESSEAU**.

919. Recueil de dissertations, par l'abbé Lebeuf et autres. 2 vol. in-12, mar. r. tr. dor.

Aux armes du premier cardinal de **ROHAN**, archevêque de Strasbourg, acquéreur de la biblioth. des **DE THOU**. Acheté chez M. J. Bignon (1837).
1er vol. Dissertation sur l'état des anciens habitans du Soissonnois avant la conquête des Gaules par les Francs (par l'abbé Lebeuf). *Paris, J.-B. Delespine*, 1735. — Lettres du R. P. D. Toussaints du Plessis, bénédictin, adressées à l'auteur du *Mercure de France*, au sujet de la Dissertation sur le Soissonnois, etc.; avec les réponses aux mêmes lettres, par M. Lebeuf. *Paris, J.-B. Delespine*, 1736. — Dissertation sur la véritable époque de l'établissement fixe des Francs dans les Gaules; sur la vérité ou la fausseté de l'expulsion de Childéric, de l'élévation d'Egidius en sa place, et de son rétablissem. sur le trône, etc., par M. Biet, chanoine. *Paris, J.-B. Delespine*, 1736.
— Dissertation où l'on fixe l'époque de l'établissement des Francs dans les Gaules, etc., par M. Lebeuf. — Dissertatio de præfinito tempore quo Franci sedem fixerunt in Galliis, etc., par M. Ribauld de Rochefort.
2e vol. Dissertation sur l'époque de l'établissement de la religion chrétienne dans le Soissonnois, etc., par M. Lebeuf. *Paris, J.-B. Delespine*, 1737. — La même, par M. Duperret. — Dissertatio suessonica. De fidei christianæ in agro Suessonensis primordiis.... (par M. Ribaud de Rochefort).
— Dissertation sur plusieurs circonstances du règne de Clovis, et en particulier sur l'antiquité des monnaies de nos rois et de celles qui portent le nom de Soissons,... par M. Lebeuf. *Paris, J.-B. Delespine*, 1788.

920. Dissertation servant d'éclaircissement à plusieurs points de l'histoire des enfants de Clovis I, par M. Gouye de Longuemare. *Paris; Chaubert*, 1744. — Dissertation historique sur l'état du Soissonnois sous les enfans de Clotaire premier, par le même. *Paris, Chaubert*, 1745. — Dissertation sur la chronique des Rois Mérovingiens, depuis la mort de Dagobert Ier jusqu'au sacre de

Pépin. Avec des réponses aux critiques... et des éclaircissemens sur le Roy des Ribauds; par le même. *Paris, Chaubert,* 1748, in-12, mar. v. fil. tr. dor. (*Anc. rel.*)

921. Dissertation sur l'origine des Francs; sur l'établissement et les premiers progrès de la monarchie françoise dans les Gaules, etc... avec une histoire abrégée des rois de France, en vers (par Ribaud de la Chapelle). *Paris, Chaubert,* 1748, pet. in-8, avec une pl., mar. r. compart., gardes de papier doré, tr. dor. (*Rel. anc.*)

Exemplaire aux armes de Frédéric-Jérôme de la Rochefoucauld de Roie, né le 16 juillet 1701, archevêque de Bourges en 1729, abbé de Cluny en 1747, commandeur de l'ordre du Saint-Esprit en 1742, grand aumônier de France en 1756.

Belle et riche reliure.

922. Dissertations sur différens sujets de l'histoire de France (sur les fleurs de lis, sur le bleu, couleur de nos rois, sur le cri Mont-Joye-S.-Denis, sur l'oriflamme, sur le nom des François); par M. Bullet. *Besançon, Ch.-Ant. Charmet,* 1759, in-8, v. f. fil. tr. dor. armes et chiffre. (*H. Duru.*)

Bel exemplaire relié sur brochure.

923. Dissertations sur la mythologie françoise et sur plusieurs points curieux de l'histoire de France, par M. Bullet. *Paris, N.-L. Moutard,* 1771, in-12, v. f. fil. tr. dor. armes et chiffre. (*H. Duru.*)

Bel exemplaire relié sur brochure.

B. Histoire générale de France.

924. Les Grandes Chroniques de France, selon que elles sont conservées en l'église de Saint-Denis en France; publiées par M. Paulin Paris. *Paris, Techener,* 1836, in-fol. mar. r. riches compart., incrustés de mar. noir, doublé de mar. bl. compart., tr. ciselée et dor. (*Niedrée.*)

Ce volume a été relié pour une exposition des produits de l'industrie.

B. Histoire générale de France.

925. Histoire abrégée de tous les roys de France, Angleterre et Escosse, mise en ordre par forme d'harmonie,... par David Chambre, Escossois, conseiller en la cour de Parlement à Edimbourg. *Paris, Jean Février*, 1559. — La Recherche des singularitez plus remarquables concernant l'Estat d'Escosse, voué à très-auguste princesse Marie, reine d'Ecosse, par le même. *Paris, J. Février*, 1579. — Discours de la légitime succession des femmes aux possessions de leurs parents, et du gouvernement des princesses aux royaumes, par le même. *Paris, J. Février*, 1579. — 3 parties en 1 vol. petit in-8, mar. vert, tr. dor. chiffres et armes.-(*Duru.*)

Très-beaux exemplaires. Ces trois ouvrages rares doivent être réunis, quoiqu'on ait vendu quelquefois séparément les deux derniers, qui se rattachent à l'histoire de Marie Stuart. Le premier passe pour avoir servi de modèle à l'Abrégé chronologique du président Hénault.

926. Abrégé chronologique de l'histoire de France, par le Sr de Mézeray. *Amsterdam, Abr. Wolfgang*, 1673-1674, 6 vol. — Histoire de France avant Clovis, par le même. *Amsterdam, Ant. Schelte*, 1696, 1 vol. — Ensemble 7 vol. in-12, réglés, frontisp. et nombr. portr., mar. r. fil. doublé de mar. r. dent. tr. dor. (*Du Seuil.*)

Superbe exemplaire provenant de la bibliothèque de Pixerécourt. Il était indiqué dans le catalogue comme étant le plus bel exemplaire connu.

927. Nouvel Abrégé chronologique de l'histoire de France, contenant les événemens de notre histoire depuis Clovis jusqu'a la mort de Louis XIV (par le président Hénault). *Paris, Prault*, 1749, in-4, titre gravé et portr., mar. bl. fil. dos orné, tr. dor. (*Derome père.*)

Troisième édition, considérablement augmentée et ornée de trente et une charmantes vignettes de Cochin qui parurent ici pour la première fois. On y a ajouté le *Recueil des portraits des rois de France, depuis Pharamond jusqu'à Louis XV, dessinés d'après les médailles par A. Boizot, et gravés par les soins de Mich. Odieuvre*, 1738.

Bel exemplaire en papier.

928. Les Augustes Représentations de tous les roys de France, depuis Pharamond jusqu'à Louys XIIII, dit le Grand. Avec un abrégé historique sous chacun, contenant leurs naissances, inclinations et actions plus remarquables pendant leurs règnes. *Paris, chez N. de l'Armessin,* 1688, gr. in-4, titre et 221 portr. gravés par de l'Armessin, v. br.

Aux armes du marquis de SEIGNELAI, fils du GRAND COLBERT, avec sa signature sur le titre et à la fin du volume.

Outre les rois de France, ce recueil renferme les portraits des princes et princesses, des ministres, des grands seigneurs de la cour de Louis XIV, et des souverains étrangers de cette époque.

C. Histoire particulière de la France sous divers règnes.

a. *De saint Louis à Louis XII.*

929. Histoire de saint Louis, divisée en XV livres (par Filleau de La Chaise, d'après le Nain de Tillemont). *Paris, J.-B. Coignard,* 1688, 2 vol. in-4, beau frontisp. par J.-B. Corneille, gravé par Mariette, vign., mar. r. fil. tr. dor. (*Du Seuil.*)

Bel exemplaire aux armes du cardinal de BOUILLON (Emm. Théod. de La Tour d'Auvergne), neveu de Turenne.

930. Histoire de Bertrand du Guesclin, connestable de France et des royaumes de Leon, de Castille, de Cordouë, et de Seville, duc de Molines, comte de Longueville, etc... par P. H. seigneur de C. (P. Hay, seigneur de Chastelet.) *Paris, Louys Billaine,* 1666, in-fol. mar. r. fil. dos orné, tr. dor. (*Rel. anc.*)

Bel exemplaire.

931. Histoire de Mre Jean de Boucicaut, mareschal de France, gouverneur de Gennes, et de ses mémorables faicts en France, en Italie et autres lieux ; du regne des roys Charles V et Charles VI, jusques en l'an 1408, escripte du vivant du mareschal et nouvellement mise en lumiere par Theod. Godefroid. *Paris, Abr. Pacard,* 1620, in-4, v. f. fil.

Aux armes et au chiffre du COMTE D'HOYM.

932. HARENGUE FAICTE AU NOM DE L'UNIVERSITÉ de
Paris devant le roy Charles sixiesme, et tout le
conseil, contenant les remonstrances touchant le
gouvernement du roy, et du royaume. Avec les
protestations du très-chrestien roy de France
Charles VII, sur la détermination du Concile de
Basle (par Gerson). *Paris, Gilles Corrozet,* 1561.
— Les Plaintes et doléances des Estats de France,
faites au Roy Charles sixiesme par l'Université de
Paris, extraites du 99ᵉ chap. d'Enguerrand de
Monstrelet. Avec les ordonnances sur ce faites non
encore imprimées. *Paris, Guill. Bichon,* 1588,
in-8, mar. v.

Aux secondes armes de J.-Aug. DE THOU.

933. Les Memoires de messire Philippe de Commines, chevalier, seigneur d'Argenton : sur les
principaux faicts et gestes de Louis onzième et de
Charles huictième, son filz, roys de France. Reveus et corrigés, pour la seconde fois, par Denis
Sauvage de Fontenailles en Brie. *Lyon, Jan de
Tournes,* 1559, in-fol. mar. r. fil. coins ornés,
tr. dor. (*Rel. anc.*)

Bel exemplaire aux armes du président de Bailleul.

934. Les Mémoires de messire Philippe de Commines,
sʳ d'Argenton. *A Leide, chez les Elzeviers,* 1648,
un tome en 2 vol. pet. in-12, mar. r. fil. dos orné,
tr. dor. (*Jolie rel. anc.*)

Charmant exemplaire, très-pur de texte. Haut., 130 mill.

935. MÉMOIRES DE MESSIRE PHILIPPE DE COMINES, seigneur d'Argenton, où l'on trouve l'histoire des
rois de France Louis XI et Charles VIII... nouvelle édition, revue, enrichie de notes, etc..., par
messieurs Godefroy ; augmentée par l'abbé Lenglet
du Fresnoy. *Londres et Paris, Rollin,* 1747, 4 vol.
in-4, nombr. portr. et fig.. mar. bl. fil. à froid, tr.
dor. armes et chiffre. (*H. Duru.*)

Bel exemplaire en grand papier, avec le portrait du maréchal de Saxe et
la dédicace.

936. CEST LORDRE QUI A ESTE GARDE A TOURS pour appeler devant le Roy nostre souverain seigneur ceux des troys estatz de ce royaume. (A la fin :) *Collacion par nous faicte avec loriginal en cette forme en papier signe J. Robertet, le xxiii° jour de mars mil quatre cens quatre vingtz et trois...* in-fol. goth. mar. r. fil. à froid, tr. dor. (*H. Duru.*)

Cette édition, sans lieu ni date, est probablement de l'année même dans laquelle les Etats ont été tenus à Tours. Les caractères sont les mêmes que ceux employés à Paris, par J. Dupré, en 1483, dans l'ouvrage de Boccace, *les Nobles malheureux.*

Exemplaire grand de marges, portant au recto du titre la signature de J.-AUG. DE THOU. Il figurait dans la biblioth. de Soubise. La reliure en veau fauve n'étant pas bien conservée, on a dû la renouveler.

937. CEST LORDRE QUI A ESTE GARDE A TOURS pour appeler devant le roy nostre seigneur ceux des trois estats de ce royaume (en 1483). *S. l. n. d.,* in-4, goth. vél. fil. tr. dor. (*Aux armes de De Thou.*)

Edition fort rare, qui paraît avoir été imprimée dans le quinzième siècle. Bel exemplaire dont la reliure en vélin, aux premières armes de J.-A. DE THOU, est de la plus belle conservation.

938. HISTOIRE DU ROY LOUIS DOUZIESME, pere du peuple, par messire Claude de Seissel, etc..., *Paris, Jacques du Puys,* 1587, in-8, réglé, mar. n. fil. et ornem. à froid.

Précieux exemplaire de HENRI III, avec ses armes, sa devise : *Spes mea Deus,* et la tête de mort, le tout appliqué à froid.

b. *De Henri II à la mort de Henri III.*

939. RECUEIL D'ESTAMPES représentant les troubles, guerres, massacres, survenus en France à l'occasion de la réforme de la religion depuis la mort de Henri II (1559) jusqu'en 1573, avec l'explication. Pet. in-fol. obl., mar. vert, riches compart. dorés en plein, avec volutes et rainceaux de feuillage, tr. dor. (*Armes de J.-A. de Thou.*)

Ce recueil très-rare contient 32 estampes numérotées, habilement gravées, à ce qu'on croit, par Fr. Hogenberg, d'après les tableaux de la Ligue de Perissin et Tortorel. M. Brunet, *Man. du libr.,* V, col. 895 et 896, indique les sujets des 32 planches. Notre volume contient, en plus, 2 pièces non numérotées, représentant le massacre de la Saint-Barthélemy et le siège de la Rochelle, 1573, sujets qui n'ont pas été gravés par Perissin et Tortorel.

Cet admirable exemplaire, provenant de la bibliothèque de J.-A. de Thou, et à ses premières armes, a été acquis à la vente Soubise par M. Renouard, et il est cité dans le *Catal. de la bibl. d'un amateur*. Il n'a pas figuré dans sa vente, faite en 1853. M. Renouard s'en était défait à l'amiable auparavant, ainsi que de quelques autres volumes précieux, tels que le *Recueil de pièces joyeuses*, de la Vallière, cité plus haut (n° 485), et les *Folles Entreprises de P. Gringore*, exemplaire sur VÉLIN, aux chiffres de Diane de Poitiers, acheté par M. Cigongne et qui est actuellement dans la bibliothèque de M. le duc d'Aumale. (Voir le catalogue Cigongne n° 599.)

La magnifique reliure donnée à ce volume par DE THOU prouve qu'il en faisait beaucoup de cas et que le livre était déjà précieux de son temps. C'est un des plus beaux ornements de cette bibliothèque.

940. Complaincte de l'Université de la mort du roy Henry (II). Avec la consolation des escoliers, et l'exortation du roy François regnant à present; par M. Barthelemy Coquillon (en vers). *Paris, V° N. Buffet, s. d.* — Déploration sur la mort et trespas de deffunct de bonne mémoire frère Jehan de Hàm, religieulx de l'ordre des Minimes... *Paris, Claude Blihart,* 1562. — Estrennes chrestiennes à tous les estatz de ce royaume tres chrestien, et generalement de toute la chrestienté : pour les inciter de faict (mesmes ceux qui en ont le pouvoir et moyen), à exercer et continuer charité envers tous pauvres, necessiteux, et autrement affligez : signamment en cette aspre et dure saison, par C. D. L. F. Parisien. *Paris, Vincent Sertenas,* 1561. — Ensemble 1 vol. pet. in-8, mar. bl. fil. dos orné, tr. dor. (*Bauzonnet.*)

La première pièce est l'exempl. de Mac-Carthy, n° 2902. Elle a appartenu ensuite à Renouard et à R. Heber. Elle est à toutes marges.

940 *bis.* Les Mémoires des troubles arrivés en France, sous les regnes des rois Charles IX, Henry III et Henry IV; avec les voyages des sieurs de Mayenne et de Joyeuse, au Levant et en Poictou; par Mr de Villegomblain. *Paris, Louys Billaine,* 1667, 2 vol. pet. in-12, mar. r. compart. genre Du Seuil, fleurs de lis sur le dos, les plats et à l'intérieur, doublé de mar. r. même compart. tr. dor. (*Rel. anc.*)

Joli exemplaire.

941. Response à l'interrogatoire, qu'on dit avoir esté fait à un nommé Jean de Poltrot, soy disant seigneur de Merey, sur la mort du feu duc de Guyse, par M. de Chastillon, admiral de France. *Lyon,* 1563, pet. in-8, 15 ff., mar. r. tr. dor. (*Chambolle.*)

942. La Déclaration présentée au conseil privé, par M. le prince de Condé, le 15 may 1563, touchant la juste deffence de M. l'Amiral sur le faict de la mort de M. de Guyse. *S. l.,* 1563, pet. in-8, 7 ff. mar. r. tr. dor. (*Chambolle.*)

Pièce rare.

943. FIGURÉ et exposition des pourtraictz et dictons contenuz ès medailles de la conspiration des rebelles en France, opprimée et estaincte par le roy très-chrestien Charles IX, le 24ᵉ jour d'aoust 1572, par Nic. Favyer, conseiller du dit sieur et général de ses monnoyes. *Paris, par Jean Dallier,* 1572, pet. in-8, 6 ff. fig. mar. r. jansén. dent. int. tr. dor. (*Chambolle-Duru.*)

Pièce de la plus grande rareté. On y trouve l'explication et la gravure des deux médailles frappées en mémoire de la Saint-Barthélemy, l'une où Charles IX est représenté sur son trône, foulant à ses pieds les cadavres des victimes, avec sa légende : *Virtus in rebelles ;* et l'autre avec l'effigie du roi et ces mots : *Dompteur des rebelles.* Le revers représente Hercule brûlant les têtes de l'hydre de Lerne.

« Ces monnaies ont été frappées à la monnaie des Etuves. Aubin Olivier, Mᵉ ouvrier, conducteur de cette monnaie, reçut 45 livres pour 15 épreuves de la première médaille, distribuées aux prévost des marchands, échevins, procureurs, etc. « (*Note de M. le baron J. P. jointe au volume.*)

944. Le Cabinet du roy de France, dans lequel il y a trois perles précieuses d'inestimable valeur, par le moyen desquelles Sa Majesté s'en va le premier monarque du monde, et ses sujets du tout soulagez. *S. l.,* 1581, pet. in-8, mar. r. fil. tr. dor. (*Anc. rel.*)

Bel exemplaire.

945. La Conduite de don Jean de la Barrière, premier abbé et instituteur des Feuillans, durant les troubles de la Ligue, et son attachement au service du roy Henri III, par un religieux Feuillant

(J.-B. de Sainte-Anne Pradillon). *Paris, Fr.-H. Mu-guet*, 1699, in-12, mar. r. compart. genre Du Seuil, tr. dor. (*Anc. rel.*)

946. Recueil de pièces. Pet. in-8, v. f. fil. tr. dor. (*Duru.*)

Remonstrance au peuple de Paris, de demeurer en la foy de leurs ancestres, par F. de Belleforest. *Paris, Rob. Le Mangnier*, 1568. — Discours de la bataille (de Montcontour) du lundy troisiesme jour d'octobre 1569, en laquelle il a pleu à Dieu donner très mémorable victoire au roy très chrestien, par la bonne, heureuse et vertueuse conduite de Monseigneur duc d'Anjou, son frère.... *Paris, Jean Dallier, s. d.* — Introduction de philosophie divine de Vives, pour parvenir à la vraye connoissance de sapience chrestienne, traduite en françois par M. Guillaume Paradin, et de nouveau reveue et corrigée... *En Anvers, impr. de Guill. Silvius*, 1565, caract. de Civilité.

947. Recueil de pièces pour les années 1572 et 1573. In-8, mar. r. fil. tr. dor. (*Bauzonnet-Trautz*)

Lettre du comte palatin à M. le duc de Montpensier, touchant la réception d'une fille du dit sieur duc en sa maison ; ens. la docte et élégante response du dit s[r] duc. *Lyon, Benoist Rigaud*, 1572. — Discours sur les causes de l'execution faicte ès personnes de ceux qui avoyent conjuré contre le roy et son Estat. *Lyon, Mich. Jove*, 1572. — Declaration du Roy sur la mort de l'admiral, ses adherans et complices... *Lyon, Mich. Jove*, 1572. — Déclaration du Roy, par laquelle Sa Majesté veult et entend que tous marchands estrangers puissent librement, ainsi que de coustume, traffiquer et négotier en ce royaume, tant par mer que par terre. *Lyon, Mich. Jove*, 1572. — Copie des lettres du roy de Navarre et de M. le prince de Condé, envoyée à nostre très sainct Père le Pape, pour estre réunis à la saincte Eglise catholique romaine. *Lyon, Mich. Jove*, 1572. — Oraison prononcée devant le pape Grégoire XIII, par M. Antoine de Muret, touchant l'heureux et admirable succès de Charles IX, très chrestien roy de France, en la punition des hérétiques rebelles. *Paris, Jean Ruelle*, 1573. — Confession de foy faicte par H. S. (Hugues Sureau) du Rosier (ministre converti), avec abjuration et detestation de la profession huguenotique, faicte tant devant les prelats de l'Eglise catholique et romaine, que princes du sang royal de France et autres. *Paris, Seb. Nivelle*, 1573.

Recueil de pièces rares, toutes bien conservées.

La fille du duc de Montpensier dont il est question dans la *Lettre du comte palatin* était Charlotte de Bourbon, abbesse de Jouarre, qui avait abandonné son couvent pour embrasser la religion protestante. Les pièces 2, 3, 5 et 6 ont rapport à la Saint-Barthélemy ; la septième et dernière, *la Confession de foy* de H. Sureau, dit du Rosier, ancien ministre, est relative à la conversion forcée de Henri IV et du prince de Condé, après la Saint-Barthélemy. Comme les deux princes, sollicités par Charles IX de quitter l'hérésie, ne se décidaient pas facilement, on fit venir H. Sureau, qui, dans sa ferveur de néophyte, fit tant et si bien que le roi de Navarre et le prince de Condé s'écrièrent l'un et l'autre : « Je me rends ! je me rends ! » Et c'est à la suite de cette conférence qu'ils adressèrent au Pape les lettres qui forment la cinquième pièce du recueil.

H. Sureau, plus tard, retourna au protestantisme.

948. RECUEIL DE PIÈCES. In-4, vél. fil. tr. dor.

Recueils d'Aretophile, contenant par quels moyens les gens de guerre espagnols ammenez es Pays Bas par le duc d'Albe, s'estant mutinez en iceux diverses fois, entrèrent en Anvers le **XXVI** d'apvril XV^c LXXIIII (1574), où ils commirent innumérables désordres..... Et comme depuis, soubs le gouvernement du Conseil d'Estat... la mesme ville fut forcée par les mesmes Espagnols derechef mutinez.... Dont n'est suivy aucun chastoy, ni demonstration de justice. *Lyon, par Nicolas Guerin*, 15⁻8. — Vera et simplex Narratio eorum, quæ ab adventu D. Joannis Austriaci, supremi in Belgio pro catholica Majestate gubernatoris, etc... gesta sunt, etc. *Luxemburgi, apud Martinum Marchant*, 1578. — Lettre contenant l'eclaircissement des actions et deportemens de Monsieur filz et frère du Roy, duc d'Anjou, d'Alençon, etc., tant pour le regard des choses qui sont avenues es guerres civiles de la France, comme en ce qui concerne le faict et deffence des Pays Bas contre les Espagnols. *Rouen, Jean Ysoret*, 1578.—Responces de messire Jehan Sceyfue, chevalier, seigneur de Sainct Æchtenrode, etc., sur certaines lettres du cardinal de Granvelle. *Anvers, Corneille de Bruyn*, 1580.

Bel exemplaire aux premières armes de J.-AUG. DE THOU.
Pièces rares.

949. La Vie et faits notables de Henry de Valois... où sont contenues les trahisons, perfidies, sacrileges, exactions, cruautez et hontes de cest hypocrite et apostat. *S. l. (Paris)*, 1589, pet. in-8, fig. sur bois, mar. r. (*Chambolle.*)

Libelle attribué à Jean Boucher.
Edition originale ; exemplaire NON ROGNÉ. Pièce rare. Avec plusieurs figures sur bois, dont deux représentent les corps des duc et cardinal de Guise étendus à terre et percés de dagues et de hallebardes.

950. Recueil de pièces sur le duc d'Épernon. Pet. in-8, mar. r. fil. à froid, tr. dor. (*Bauzonnet-Trautz.*)

Lettre au Roy par Monsieur le duc d'Espernon. *S. l.*, 1587. — Remonstrance faite à Monsieur d'Espernon, entrant en l'église cathédrale de Rouen, le 3 de may 1588, par le pénitentier du dit lieu. *Lyon, Benoist Rigaud, s. d.* (1588). — Histoire tragique et mémorable de Pierre de Gaverston, gentilhomme gascon, jadis le mignon d'Edouard II, roy d'Angleterre, tirée des Croniques de Thomas Valsinghan, et tournée de latin en françois, dédié à M. d'Espernon. *S. l.*, 1588. — La même histoire. *S. l.*, 1588. (*Rédaction différente.*) — Responce à l'Anti-Gaverston de Nogaret, à Monsieur d'Espernon, sur quatre anagrammes de son nom. *S. l.*, 1588. — Replique à l'Anti-Gaverston, ou Responce faicte à l'histoire de Gaverston, par le duc d'Espernon. *S. l.*, 1588. — La Complainte de la France sur les démérites de Jean-Louis de Nogaret, de la Valette, duc d'Espernon, présentée au Roy (en vers). *S. l.*, 1588.
Pièces rares.

951. Convi de resjouissance au peuple de Paris sur le retour du Roy, de la défaite et route des reistres et de leurs alliez, et de l'heureuse victoire obtenue par Sa Majesté, par Thomas Guiet, maistre boulanger à Paris. *Paris, Jaques du Puis,*

1588. — La Harangue qui doit estre faite à l'assemblée des Estats de Bloys, tant pour l'Estat ecclésiastique, noblesse, justice, que pour les bourgeois, par Th. Guyet, maistre boulanger à Paris, natif de Berry. *Paris, Hubert Velu,* 1588. — En 1 vol. pet. in-8, demi-rel. dos de percal.

Ces deux pièces sont en vers.

952. Recueil de pièces de l'année 1588, notamment sur les barricades. Pet. in-8, mar. bl. tr. dor. (*Kœhler.*)

Histoire très-véritable de ce qui est advenu en cette ville de Paris, depuis le septiesme de may 1588 jusques au dernier jour de juin ensuyvant audit an. *Paris, Mich. Joüin,* 1588. — Exhortation aux vrays et entiers catholiques, en laquelle est ensemble demonstré que ce qu'est dernièrement arrivé à Paris n'est acte de rebellion contre la majesté du Roy. *Paris, Guill. Bichon,* 1588. — Requeste presentée au Roy par Messieurs les cardinaux, princes, seigneurs et deputez de la ville de Paris et autres villes catholiques associez et unis pour la deffence de la religion catholique, apostolique et romaine. *Paris, Nicolas Nivelle,* 1588. — Advis à Messieurs des Estats sur la reformation et le retranchement des abus et criminels de l'Estat. *S. l.,* 1588.

Pièces rares.

953. Trahison descouverte de Henry de Valois sur la vendition de la ville de Bologne à Jezabel, royne d'Angleterre. *Paris, Mich. Jouin,* 1589. — Le Testament de Henry de Valois, recommandé à son amy Jean d'Espernon (en vers), faict à Blois, le septiesme de mars 1589, avec un coq à l'asne. *S. l., Jaques Varengles,* 1589. — La Vie et Condition des politiques et athéistes de ce temps, par P. de Dieudonné. *Paris, Robert le Fizelier,* 1589. — La Victoire obtenue par Mgr le duc de Mayenne, lieutenant de l'Estat et couronne de France (près de Vendôme). *Paris, Pierre Mercier,* 1589. — Le tout en un vol. pet. in-8, mar. v. fil. tr. dor. (*Derome.*)

Pièces rares.

954. La Vie d'Antragues, le bon François, ou de la Foy des Gaulois, traduit du latin de Me Michel du Rit, avocat au siége présidial d'Orleans. *Paris, Rolin Thierry,* 1589, pet. in-8, mar. citr. fil. tr. dor. (*Derome.*)

955. Recueil de pièces sur le meurtre du duc et du cardinal de Guise. Pet. in-8, v. f. fil. tr. dor. (*Thouvenin.*)

La Vie et Innocence des deux frères (Henry, duc de Guyse, et son frère, le cardinal de Lorraine), contenant un ample discours, par lequel l'on pourra aysément rembarrer ceux qui taschent à estaindre leur renom. *Paris, pour Anth. du Breuil,* 1589, 140 pages. — Tombeau et Epitaphe sur la mort de très-haut et très-puissant seigneur, monseigneur le duc de Guyse. *S. l.,* 1589, 12 pages. — Discours déplorable du meurtre et assassinat traditoirement et inhumainement commis et perpetré en la ville de Blois, les Estatz tenant, de… feu Henry de Lorraine, duc de Guyse…. *Jouxte la copie imprimée à Orléans,* 1598, 16 pages. — Pourtrait et Description du massacre proditoirement commis au cabinet et par l'autorité du Roy, pendant les Estats à Blois, en la personne de Henry de Lorraine, magnanime duc de Guise… *S. l. n. d.* — Cruauté perpétrée par Henry de Valois, ennemy des catholiques du royaume de France, en la personne de Monsieur l'illustrissime cardinal de Guise, archevéque de Reims…. *S. l. n. d.*, avec une fig. sur bois.

Pièces rares.

Les deux dernières se composent chacune d'un feuillet in-fol. avec gravure sur bois représentant les corps du duc et du cardinal étendus à terre et trans-percés d'épées et de hallebardes.

956. Autre Recueil de pièces sur le meurtre des Guise. In-8, mar. r. fil. tr. dor.

Bulle de nostre S. Père le Pape Sixte V, contre Henry de Valois et ses complices, par laquelle ils sont declarez excommuniez si dans dix jours ils ne delivrent et mettent hors de prison Messeigneurs l'illustrissime cardinal de Bourbon et le reverendissime archevesque de Lyon ; et par mesme moyen sont citez à comparoir devant Sa Saincteté pour respondre sur le faict du massacre commis en la personne de l'illustriss. cardinal de Guise. *S. l.,* 1589. — Tombeau et Epitaphe sur la mort de …. Monseigneur le duc de Guyse. *Paris, Guill. Bichon,* 1589. — Oraison funèbre prononcée aux obsèques de Loys de Lorraine cardinal, et Henri duc de Guise, frères. *Paris, veufve Nic. Roffet,* 1589. — Remonstrance faicte par Madame de Nemours à Henry de Valloys. Ensemble, les Regrets et Lamentations faites par Madame de Guyse sur le trespas de feu Mr de Guyse, son époux. *Paris, Jean des Nois,* 1589. — Responce aux justifications prétendues par Henry de Valois, sur les meurtres et assassinats de feu Messeigneurs le cardinal et duc de Guyse… *Paris,* 1589.

Pièces rares.

957. Histoire véritable de la plus saine partie de la vie de Henry de Valois, jadis roy de France. *Paris, Ch. Michel,* 1589, pet. in-8 de 48 pages, mar. r. fil. à froid, tr. dor. (*Duru.*)

Pièce satirique contre Henri III, non mentionnée par M. Brunet. Il est à remarquer que le titre porte : Histoire de la *plus saine partie,* et qu'on lit à l'intérieur, en tête du texte : *de la plus saincte partie.*

958. RECUEIL DE PIÈCES sur Henry III, en un vol. in-8. mar. r. dent. double de mar. r. tr. dor. (*Anc. rel.*)

Ce recueil contient : Advertissement aux catholiques sur la bulle de nostre sainct Père touchant l'excommunication de Henry de Valois. *Paris, G. Chau-dière*, 1589. — Advertissement aux catholiques touchant l'excommunication de Henry de Valois. Ensemble, l'Explication des censures et excommunica-tions.... par F. D. R. S. *Paris, Hubert Velu*, 1589. — Discours veritable de l'estrange et subite mort de Henri de Valois, advenue par permission divine, luy estant à S. Clou... le mardy premier jour d'aoust 1589, par un religieux de l'ordre des Jacobins. *Paris, D`dier Millot*, 1589. (Avec un PORTRAIT ajouté de JACQUES CLÉMENT, gravure du temps.) — Edict et Déclaration de Monsei-gneur le duc de Mayenne et le conseil général de la Saincte Union, pour réu-nir tous vrais chrestiens françois à la deffense et conservation de l'Eglise catholique, apostolique et romaine, et manutention de l'Estat royal. *Paris, Nic. Nivelle*, 1589. — Advertissement aux princes et seigneurs catholiques, de s'humilier devant Dieu et avoir sa crainte. par la mort estrange de Henry de Valois.... *Paris*, 1589. — Graces et Louanges dues à Dieu pour la justice faite du cruel tyran et ennemy capital de France. *Paris, pour Anth. Le Riche*, 1589. — Effects espouventables de l'excommunication de Henry de Valois et de Henry de Navarre, où est contenue au vray l'histoire de la mort de Henry de Valois, et que Henry de Navarre est incapable de la couronne de France. *Paris, Nicolas Nivelle*, 1589. — Les Prophéties merveilleuses adve-nues à l'endroit de Henri de Valois... *Paris, Ant. du Bru il*, 1589. — Dis-cours véritable des derniers propos qu'a tenus Henry de Valois à Jean d'Es-pernon, avec les regrets et doléances dudict d'Espernon sur la mort de son maître. *Paris, Anth du Brueil*, 1589 (fig. sur bois). — Les Propos lamen-tables de Henry de Valois, tirez de sa confession, par un remords de cons-cience qui toujours tourmente les miserables. *Paris, Pierre Mercier*, 1589.— LE MARTYRE DE FRERE JACQUES CLEMENT, de l'ordre de S. Dominique, contenant au vray toutes les particularitez remarquables de sa saincte resolu-tion et très heureuse entreprise à l'encontre de Henry de Valois (par Ch. Pinselet, chefcier de S. Germain l'Auxerrois). *Paris, Rob. Le Fizelier*, 1589, avec une fig. sur bois. — Histoire memorable, recitant la vie de Henry de Valois et la louange de frere Jacques Clement, comprise en cinquante-cinq quatrains fort catholiques..., par André Rossant. *Paris, Pierre Mercier*, 1589. — Le Fleau de Henry soy disant roy de Navarre, par lequel avec vives rai-sons il est chassé de la couronne de France, qu'impiement et tyranniquement il veut usurper. *Paris, Guill. Chaudière*, 1589. — Sommaire des raisons qui ont meu les François catholiques de recognoistre notre roy Charles dixiesme, entre tous les princes qui sont en France. *Paris, Rolin Thierry*, 1589. — Advertissement au roy tres-chrestien Charles de Bourbon, dixiesme de ce nom, avec une Remonstrance aux prelatz de France, demonstrative de l'ex-trême misère de ce temps; par Jaques Baron. *Paris, veuve de F. Plumion*, 1589. — Charmes et Caractères de sorcellerie de Henry de Valoys, trouvés en la maison de Miron, son premier médecin. *Paris, Jean Parant*, 1589. Avec une planche in-fol. pliée, très-curieuse, représentant le *Pourtrait des charmes et caractères de sorcellerie de Henry de Valois.*

Recueil précieux, provenant de la bibliothèque de BELLANGER (nº 2938 de son catal. *Paris*, 1740).

Le Martyre de Fr. Jacques Clement, la onzième pièce du recueil, est un des rares exemplaires où se trouve le passage supprimé par arrêt du Parlement de Paris, dans lequel l'auteur accusait les bénédictins de Saint-Ger-main-des-Prés d'avoir voulu ouvrir une des portes de Paris à l'armée de Henri III.

c. Henri IV à la Révolution de 1789.

959. La Vie, mœurs et déportemens de Henry Béar-nois, soy disant roy de Navarre, descrite fidelement depuis sa naissance jusques à present. *Paris, Pierre des Hayes,* 1589, pet. in-8, mar. fil. dos orné, tr. dor. (*Bauzonnet-Trautz.*)

960. Le Pacifique Colloque de deux François, auquel il est monstré combien est déplorable l'horrible effusion de sang chrestien qui se fait par toute l'Europe, passé tant d'années, sous titre de religion : quel accord se pourroit trouver entre les chrestiens, s'ils se vouloyent escouter l'un et l'autre en un concile libre et légitime.... recueilli de divers autheurs, par Theophile Friderick. *S. l.,* 1590, 74 pages. — Sermon du cordelier aux soldats : ensemble la Response des soldats au cordelier. *S. l. n. d.,* 11 pages. — En un vol. pet. in-8, parch. (*Piqûre de vers aux premiers feuillets.*)

Exemplaire aux armes de Denis-Fr. Secousse, collées à l'intérieur sur la garde.

Le Sermon du cordelier aux soldats, pièce en vers contre les moines, a été réimprimé à Paris en 1612.

961. Sermons de la simulée conversion et nullité de la prétendue absolution de Henry de Bourbon, prince de Béarn, à Saint-Denys en France, le dimenche 25 juillet 1593..... prononcez en l'église S. Merry à Paris.... par M° Jean Boucher, docteur en théologie. *Paris, G. Chaudière,* 1594, in-8, mar. r. tr. dor. (*Du Seuil.*)

Bel exemplaire de l'édition originale. On y a joint : *Cinq* (deux seulement) *Sermons du R. P. F. J. Porthaise, théologal de l'église de Poictiers, de la simulée conversion du roi de Navarre.* Paris, 1594.

Exemplaire de Soubise et de Coste.

962. Histoire des singeries de la Ligue.... avec le pourtraict ou tableau des Estats de la Ligue, au plus près de la verité, quatriesme edition, reveüe, corrigée et augmentée (par Jean de la Taille). *S. l.,* 1596, pet in-8, pl. des Etats, gr. sur bois, mar. v. fil. à froid, tr. dor. (*Duru.*)

Bel exemplaire.

963. Mémoires des sages et royales œconomies d'Estat, domestiques, politiques et militaires de Henry le Grand.... et des servitudes utiles, obeissances

convenables et administrations loyales de Maximi-
lian de Bethune (duc de Sully). *Amstelredam, chez
Alethinosgraphe de Clearetimelee, s. d., à l'enseigne des Trois Vertus couronnées d'amaranthe,*
tomes I et II; *et à Paris, Aug. Courbé,* 1662,
tom. III et IV. — Ensemble, 4 tomes en 3 vol.
in-fol. mar. r. fil. (*Anc. rel.*)

Édition originale des Mémoires de Sully. Bel exemplaire.

964. Mémoires de la vie de Théodore-Agrippa d'Au-
gné, ayeul de Mad. de Maintenon, écrits par lui-
même. Avec les Mémoires de Fréd.-Maurice de la
Tour, prince de Sedan; une Relation de la cour
de France, en 1700, par M. Priolo, ambassadeur
de Venise; et l'Histoire de madame de Mucy. *Amsterdam, J.-Fréd. Bernard,* 1731, 2 tom. en un vol.
in-12, mar. vert d'eau, fil. tr. dor. (*Derome.*)

Bel exemplaire.

965. Procez, examen, confessions et négations du
meschant et exécrable parricide François Ravaillac sur la mort de Henry le Grand, et ce qui l'a
faict entreprendre le malheureux acte. *Jouxte la
copie imprimée à Paris, chez Jean Richer,* 1611,
pet. in-8 de 63 pages, mar. r. fil. à froid, dent.
intér. tr. dor. (*Bauzonnet-Trautz.*)

On a ajouté à l'exemplaire une grande planche pliée, gravée à l'eau-forte
par Chr. van Sichem, donnant en pied le portrait de Ravaillac, et représentant, dans des compartiments, l'assassinat et plusieurs scènes du supplice.

966. Le Combat du capitaine d'Auvillars et de la
Graverie, son lieutenant, lesquels se sont entre-
tuez à Sapinicourt en Partois, en l'armée de M^{er} le
duc de Guyse, le dix-huictiesme de may 1617.
*Jouxte la coppie imprimée à Paris, chez Joseph
Guerreau,* 1617, 8 pp. — L'Estrange et veritable
Accident arrivé en la ville de Tours, où la Royne
couroit grand danger de sa vie, sans le marquis de
Rouïllac et monsieur de Vignolles, le vendredy
29 janvier 1616. *Jouxte la coppie imprimée à Paris, chez Guill. Marette,* 1616, 7 pp. — Discours
sur les triomphes de la feste de S. Louys en l'hon-

neur du Roy; ensemble les particularitez des feux artificiels décrits selon la disposition des sieurs Bagin, Jumeau et Morel, auteurs desdits artifices. *Jouxte l'exempl. impr. à Paris, chez P. Ramier,* 1613, 15 pp. — Lettres de la Royne régente, mère du Roy, escrites à Orléans, le 16 juillet 1614, à Messieurs de la Court de parlement, à Rouen. *Caen, Jacques Le Bas, s. d.* (1614). — En un vol. pet. in-8, mar. r. jansén. tr. dor. (*Chambolle-Duru.*)

Recueil de pièces rares. A la suite de la dernière, qui a huit pages, se trouve celle-ci, qui se compose des pages 9 à 16 : *Brief Discours de la terre du Brésil, avec la description des mœurs des sauvages.*

967. Mémoire historique et critique sur les principales circonstances de la vie de Saint-Lary de Bellegarde, maréchal de France, par M. Secousse. *Paris,* 1764, in-12, v. f. fil. tr. dor. armes et chiffres. (*H. Duru.*)

Bel exemplaire relié sur brochure.

968. Mémoires du mareschal de Bassompierre, contenant l'histoire de sa vie. *Cologne, P. du Marteau* (*Holl., Elzev.*), 1665, 2 vol pet. in-12, réglés, mar. r. fil. doublé de mar. r. dent. tr. dor. (*Rel. anc.*)

Très-joli exemplaire de Bonnemet, de la Vallière et du duc de Grafton.

969. Les Mémoires du duc de Rohan (avec le Véritable Discours de ce qui s'est passé en l'assemblée politique des réformés à Saumur, l'an 1611). *S. l.* (*Hollande, à la Sphère*), 1644, 2 part. en 1 vol. pet. in-12, v. éc. fil.

Aux armes de Louis *Cauchon*, dit Hesselin, maitre de la Chambre aux deniers du roi et organisateur des fêtes de la jeunesse de Louis XIV.

970. Codicilles de Louis XIII, roy de France et de Navarre, à son très-cher fils aisné, successeur en ses royaumes de France et de Navarre, Canada, etc. *S. l.,* 1643, 2 vol. in-24, mar. r. jansén. doublé de mar. v. dent. gardes de pap. doré à fleurs, tr. dor. (*Jolie rel. anc.*)

Livre rare. Il y avait sur les plats les armes de Denis Godefroy, qui ont été effacées.

971. Histoire de la vie et du règne de Louis XIV, rédigée sur les Mémoires de feu M. le comte de*** (par de la Hode), publiée par Bruzen de la Martinière. *La Haye, Jean van Duren,* 1740, 5 vol. in-4, fig., mar. v. fil. tr. dor.

Superbe exemplaire, en grand papier, aux armes de Mme DE POMPADOUR.

972. RECUEIL DE MAZARINADES imprimées en 1649, 65 pièces en un vol. in-4, mar. v. fil. dos orné, tr. dor. (*Rel. anc.*) (*Aux armes de Mme de Verrue.*)

Choix de pièces en vers burlesques, parmi lesquelles nous citerons celles-ci :

Agréable Récit de ce qui s'est passé aux dernières barricades de Paris. — Le Nocturne Enlèvement du roy hors de Paris, faict la nuict des Roys. — Triolets sur le tombeau de la galanterie.—Triolets sur le ton royal. — Regrets du soldat amoureux résolu de mourir pour sa patrie. — Le Rabais du Pain.— La Vie intime de la maltaute. — Le Passe-Temps de Ville-Juif. — Raillerie universelle. — Le Gouvernement présent, satyre, ou la Miliade. — La Satyre du temps — Imprécation comique, ou la Plainte des comédiens. — La Haine irréconciliable de la Paix avec la Guerre. — La Guerre civile, en vers burlesques. — Les Aventures d'un valet de chambre. — Le Transport et les Pleurs du Hiérémie anglois. — La Curieuse et Plaisante Guerre des plaideurs en vogue. — Almanach de la cour pour 1649, par Fr. Le Vautier. — Le Bannissement du mauvais riche. — Le Burlesque Remerciement des imprimeurs et colporteurs aux autheurs de ce temps. — Le Siége d'Aubervilliers. — La Ruine de la chicane, ou la Misère des advocats, procureurs, notaires, etc. — Le Congé burlesque de l'armée normande. — Récit du duel entre dix laquais des députez et autant d'estaphiers de Mazarin. — Révélations du jeûsneur ou vendeur de gris estably dans le parvis de Nostre-Dame. — Le Second Oracle rendu par le jeusneur... sur la conclusion de la paix, le jour de la feste aux jambons. — L'Adieu et le Désespoir des auteurs de libelles. — L'Art de bien dire des courtisans, qui consiste à bien enseigner, à bien esmouvoir, à bien délecter; 3 parties. — Vers burlesques à M. Scarron, sur l'arrivée du convoi à Paris. — La Pièce de cabinet, dédiée aux poëtes. — La Guerre sans canon, raillerie. — Discours facétieux sur les affaires du temps. — La Déroute des partisans rôtis. — Le Commerce rétabli. — Coq à l'asne, ou Lettre burlesque du s^r Voiture ressuscité, au preux chevalier Guischeus.— Les Rois sans Roy, ou Réflexions des rois de la febve sur l'enlèvement du Roy. — Plaintes burlesques du secrétariat extravagant des nourrices, des servantes, des cochers, des laquais, etc. — Voyage de la France à S. Germain, avec des plaintes à la Reine contre le cardinal Mazarin. — La Farce des courtisans de Pluton (ou de Mazarin et des monopoleurs). — Le Pâtissier en colère sur les boulangers et les taverniers.

Exemplaire de Mme la comtesse de VERRUE.

973. Jugement de tout ce qui a été imprimé contre le cardinal Mazarin, depuis le sixiesme janvier jusques à la déclaration du premier avril 1649. *S. l. n. d.*, in-4, mar. vert, fil. tr. dor. (*Derome.*)

Deuxième édition augmentée, en 718 pages. Bel exemplaire en grand papier.

974. Pièces diverses, en un vol. in-fol. mar. r. compart. et dos fleurdelisés, tr. dor.

Aux armes de Mademoiselle. Manuscrit du dix-septième siècle, d'une belle écriture, contenant : *Amours de madame Christine, duchesse de Savoie, traduictes d'italien en françois.* — *Mémoires concernant la reine Christine.* — *Procès criminels faits au duc de la Valette en* 1639, *et aux princes unis à Sedan contre le Roy*, 1641. — *Declaration du roy Louis XIII contre les criminels de leze majesté condamnez par contumace, soient officiers ou autres, qu'ils ne pourront jamais entrer en leurs offices, charges et biens, etc.* 1633. — *Pièces relatives au sujet du différend entre les ducs d'Espernon et de la Valette et l'archevêque de Bordeaux : lettres, discours, arrests du conseil d'Etat, etc.* — *Affaires de Sedan, prise des armes des princes unis, le comte de Soissons, le duc de Bouillon, le duc de Guise, etc.* 1641: — *Mémoires du duc de la Rochefoucauld.* — *Articles et Conditions entre son Altesse Royale et M. le Prince.* — *Appologie ou Deffence de M. de Beaufort contre la cour.* — *Mémoires du duc de Bouillon.*

975. La Muze historique, ou Recueil de lettres en vers, contenant les nouvelles du temps, écrites à S. A. Mademoiselle de Longueville (depuis duchesse de Nemours), par le s^r Loret (du 4 mai 1650 au 28 mars 1665). *Paris, Ch. Chenault,* 1658-1665, 8 vol. pet. in-fol., frontisp. par Chauveau et portrait de Loret par Nanteuil, mar. r. fil. tr. dor.

Ouvrage des plus rares, des plus curieux et des plus recherchés, à cause des nombreux et précieux renseignements qu'on y trouve sur l'histoire de la cour et de la ville pendant les années 1650 à 1665.

Magnifique exemplaire de Mme de Pompadour, à ses armes.

A la suite des Lettres se trouve une pièce de Loret qui n'y est pas jointe ordinairement, intitulée : *Adieux aux filles de ma connoissance du quartier S. Honoré* (2 ff.).

976. Lettres en vers à Madame (Henriette d'Angleterre, duchesse d'Orléans), ou Gazettes du 24 janvier 1666 au 24 avril 1667 (par Ch. Robinet, dit du Laurens). In-fol. v. br. (*Rel. anc.*)

Continuation de *la Muse historique de Loret,* mais encore plus rare. Cette Gazette commence en mai 1665 et finit au 26 juillet 1670, avec une continuation jusqu'en 1678. Elle paraissait tous les huit jours. Dans la partie que nous possédons, il manque le 8 août 1666.

977. Recueil des portraits et éloges en vers et en prose (par Mlle de Montpensier et autres), dédié à S. A. R. Mademoiselle. *Paris, Ch. de Sercy et Cl. Barbin,* 1659, ens. 2 vol. in-8 de 912 pages, frontisp. mar. r. fil. tr. dor. (*Anc. rel.*)

Très bel exemplaire de Mme la comtesse de Verrue, avec ses armes sur le dos du volume.

Seconde réimpression, faite dans la même année, du célèbre recueil inti-

tulé : Divers Portraits, M. DC. LIX, par Mademoiselle, avec quelques re-
tranchements et des additions considérables. « C'est là, dit M. Cousin (voir
Mme de Sablé, p. 48), que, pour la première fois, se trouvent un certain
nombre de portraits excellents, tels que celui de la duchesse de Schomberg,
surtout celui de la Rochefoucauld par lui-même; mais ils sont en quelque
sorte noyés dans une foule de portraits mal faits de personnages vulgaires. »

Le volume a en tête un frontispice portant ces mots : *la Galerie des peintures*, titre sous lequel parut en 1663 une nouvelle édition de ce recueil.

978. Le Portrait de mademoiselle de Manneville,
fille d'honneur de la Reine mère du Roy (par Pu-
get de la Serre). In-fol. de 9 feuillets, mar. vert, à
riches compart. dorés en plein, doublé de mar.
vert, mêmes compart. tr. dor. (*Rel. du temps.*)

Manuscrit sur vélin, parfaitement écrit en lettres bâtardes et caractères
d'impression rouges et bleus. Le titre est en capitales, or et azur. Les grandes
initiales sont en or. Une grande lettre ornée, en or et couleur, est au commencement du texte. Toutes les pages sont encadrées de filets d'or.

Le premier feuillet est occupé par un frontispice où l'on voit Minerve et
l'Amour copiant le portrait de Mademoiselle de Manneville que la Renommée
tient suspendu au milieu des nuages. Ce portrait est très-délicatement peint
en miniature. Tout ce qui l'entoure est gravé et peint à la gouache sur la
gravure. Cet entourage avait déjà servi pour un portrait de Mme de la Vallière.

Une seconde miniature, admirablement peinte et de plus grande dimension
que la première, représente Mlle de Manneville dans une riche et élégante
parure du temps. Ce portrait, qui nous donne une haute idée de la beauté de
notre héroïne, est renfermé dans un cadre ovale entouré de génies ou d'a-
mours formant divers groupes et tenant des banderoles où on lit des vers à la
louange de Mlle de Manneville. Junon, Minerve et Vénus, placées un peu plus
bas, mettent fin à leur débat en lui cédant le prix de la beauté. Cet entourage est, comme le premier, gravé et gouaché.

L'auteur a employé pour cet opuscule la forme d'une épître adressée à
Mlle de Manneville elle-même. C'est un panégyrique écrit d'un style ampoulé,
digne en un mot de la Serre, qu'on appelait, dit Tallemant des Réaux, *le
tailleur des muses*, à cause de la façon brillante dont il habillait ses ouvrages.
Tout ce qu'on y apprend sur Mlle de Manneville, c'est que que la reine mère
avait déclaré qu'elle était la plus belle de la cour; mais sa triste histoire
donne un attrait tout particulier à ce livre.

On sait qu'elle avait été sur le point d'épouser le duc de Danville, connu
d'abord sous le nom de comte de Brionne. Benserade a fait dans ses ballets plusieurs allusions à l'amour du duc. Fouquet fut aussi amoureux d'elle, et l'on
dit que sa passion sut se faire écouter moyennant une somme de 200,000 liv.
(au moins 600,000 fr. d'aujourd'hui).

Jamais surintendant ne trouva de cruelle.

Après l'arrestation de Fouquet, on trouva dans sa cassette beaucoup de
lettres de femmes dont la réputation fut quelque peu compromise. « La seule
convaincue, dit Mme de la Fayette dans son *Histoire d'Henriette d'Angleterre*,
fut Manneville. Elle fut chassée de la cour et se retira dans un couvent. »

Ce manuscrit de Puget de la Serre est daté du 12 septembre 1661 ; c'est-à-
dire quelques jours après l'arrestation de Fouquet, qui eut lieu le 1er septembre. Ainsi il fut donné à la pauvre Mlle de Manneville au moment même
où elle allait tomber dans une disgrâce qui ne se termina qu'avec sa vie.
Peut-être même était-il déjà trop tard pour qu'il lui fût présenté, et peut-

être n'eut-elle jamais sous les yeux ce brillant témoignage de cette merveilleuse et fatale beauté qui lui fit faire une fin si funeste.

979. Histoire de Mme Henriette d'Angleterre, première
femme de Philippe de France, duc d'Orléans, par
dame Marie de la Vergne, comtesse de la Fayette.
Amsterdam, Mich.-Ch. Le Cene, 1720, pet. in-8,
mar. r. dent. tr. dor. (*Jolie reliure d'Anguerrand.*)

Edition originale. Charmant exemplaire provenant de la biblioth. de Gros
de Boze (n° 1887 *ter* du catal. in-8, 1753).

980. Mémoires de M. L. D. M. (Hortense Mancini,
duchesse de Mazarin, attribués à Saint-Réal). *Cologne, P. Marteau (Hollande, Elzev.),* 1676, pet.
in-12, mar. r. (*Trautz-Bauzonnet.*)

Exemplaire NON ROGNÉ.

981. MÉMOIRE SUR LE REVENU DU ROY (Louis XIV) et
sur les moyens de l'augmenter en soulageant les
sujets (par de Launay du Plessis). In-4, rel.
en velours bleu, doublé de satin ponceau, dent.
intér. tr. dor. avec fermoirs en argent de l'époque.

Très-beau manuscrit en caractères d'impression, sur VÉLIN, à cadres de filets
d'or, avec titres, lettres initiales et fleurons peints en or et en couleur. Le
texte, occupant 52 pages, est suivi de 4 tableaux gr. in-fol. pliés, également
sur vélin, et ornés comme les autres parties de l'ouvrage. Le premier feuillet
est orné du chiffre de Louis XIV, surmonté d'une couronne.

Cette brillante expédition, réduite à ce qu'il y avait d'essentiel dans le travail de l'auteur, pour être soumise à Louis XIV, paraît avoir été exécutée
vers 1690-1692, par le célèbre *Gilbert*, le plus habile calligraphe de la fin
du dix-septième siècle, dont la main fut souvent employée au service de la
cour. On y trouve beaucoup de documents curieux sur l'état et les forces de
la France relativement aux sources du revenu public, et, entre autres tableaux statistiques, le dénombrement des évêchés, des paroisses, des chefs de
famille, et même l'état des revenus de tous les princes contemporains d'Europe. Quant à l'autorité de ce mémoire, il pourra suffire de savoir que l'auteur, de Launay-Duplessis, dont il porte le nom (f° 24), avait toute la con-
fiance du grand Colbert, et qu'en s'occupant de son travail, il n'a fait que
déférer à l'expresse recommandation de ce ministre qui l'en avait chargé
quelque temps avant sa mort. (*V.* folios 5 et 12, *Catal. Leber,* 1860, n° 477.)

Exemplaire de M. Leber.

982. RECUEIL DE DIFFÉRENTES CHOSES (mémoires commençant vers l'an 1663 et finissant en 1725, par le
marquis de Lassay). *Ecrit par J.-A. Billard,* 1725,
7 vol. in-4, mar. rouge, fil. fleurdelisés aux coins
des plats et sur le dos, tr. dor. (*Rel. du temps.*)

Cette copie peut être considérée comme l'original, ayant été exécutée pour en tenir lieu par ordre du marquis de LASSAY, qui a écrit la note suivante sur le premier feuillet du tome 1er :

« Je prie mon fils et ceux à qui le château de Madaillan sera après moi, s'ils veulent se donner la paine de lire des choses que j'ai escrites pandant le cours de ma vie, et qui m'ont ammusé en les fesant ; après les avoir leus, d'en lesser le recueil relié en cinq tommes (sept) escris à la main dans ce château, où je souhete qu'il demeure toujours ; et qu'on le conserve avec soin, quoy que peut être il n'en vaille guere la paine, sans y rieu changer. Faict au chateau de Madaillan, ce 7 juillet 1725. » LASSAY.

« On suplera aux fautes du copiste et d'ortographe qu'on y trouvera. »

983. Recueil de pièces choisies sur les conquêtes et la convalescence du Roy. (*Paris*), *David l'aîné*, 1745, in-8, gr. pap., frontisp. par Cochin, mar. bl. fil. tr. dor.

Bel exemplaire, aux armes de Mme de POMPADOUR, provenant de la vente Perrin de Sanson.

984. Mémoires historiques de Jeanne Gomart de Vaubernier, comtesse Dubarry, rédigés sur des pièces authentiques, par M. de Favrolle. *Paris, Lerouge, an XI* (1803), 4 tomes en 2 vol. in-12, portr. gravé par Bovinet, mar. r. fil. à froid, tr. dor. (*Duru*).

Bel exemplaire, auquel on a joint plusieurs pièces manuscrites.

1° Un ordre de payer une facture, *autogr. signé* de Mme Du Barry, 14 Décembre 1771. — 2° Deux reçus d'un dentiste et d'un chirurgien pour la *toilette des pieds*. — 3° Deux factures, l'une du relieur Biziaux pour la fourniture et la reliure du *Théâtre des Grecs*, et l'autre de Lebel, libraire de Versailles, pour les *Mémoires de Beaumarchais*. — 4° Une lettre de *Boileau*, directeur de la manufacture de Sèvres, chargé par Mme Du Barry de transmettre au sculpteur Pajou ses observations sur son buste, dû au ciseau de cet artiste. — 5° Une reconnaissance signée de Mme Du Barry, d'une somme de 30,000 liv. qu'elle avait reçue du banquier Beaujon, datée du couvent du *Pont-aux-Dames*, le 21 mai 1774, où elle avait été exilée à la mort de Louis XV, arrivée le 10 mai. — 6° Un engagement, signé de la même, de faire au sculpteur Allegrain une pension annuelle de 500 fr., « comme faisant partie du prix de la statue de Diane qu'il a exécutée pour elle, en marbre blanc. » 2 avril 1780. — 7° Un reçu de 300 liv. de Mme Gomart Vaubernier, mère de Mme Du Barry, pour le quart de la pension que lui faisait sa fille. 30 mars 1778 ; etc.

985. COLLECTION COMPLÈTE DES TABLEAUX HISTORIQUES DE LA RÉVOLUTION FRANÇAISE (par Fauchet, Chamfort, Ginguené et Pagès). *Paris, impr. de Didot l'aîné*, 1798, 3 vol. gr. in-fol. pap. vél. demi-rel. mar. r n. r., et un quatrième volume contenant des textes doubles, cart.

Exemplaire avec figures avant la lettre.

On a ajouté, à la fin de chacun des trois volumes, une multitude de pièces dont l'indication occuperait plusieurs pages. Ce sont des portraits gravés, dessinés, des estampes, des caricatures, des pièces manuscrites; entre autres, un billet de la main de LOUIS XVI, d'autres avec sa signature, quelques-unes de la main de personnages fameux de la Révolution, des assignats vrais et faux, de rares et précieux portraits de la famille royale, de celle de Napoléon, etc. Un quatrième volume renferme des textes doubles offrant des différences de rédaction.

Exemplaire de M. Renouard.

D. Mélanges d'histoire politique et civile de France.

986. De l'Excellence des roys et du royaume de France, traitant de la préséance, premier rang et prérogatives des roys de France par dessus les autres, et des causes d'icelles (par Hierosme Bignon).*Paris, Hierosme Drouart,* 1610, in-8, mar. r. fil. tr. dor.

Bel exemplaire, aux troisièmes armes de J.-A. DE THOU.

987. Des Antiquités de la maison de France et des maisons mérovingienne et carlienne; et de la diversité des opinions sur les maisons d'Autriche, de Lorraine et de Savoye, Palatine, et plusieurs autres maisons souveraines, par M. Gilbert-Charles le Gendre, marquis de Saint-Aubin-sur-Loire. *Paris, Briasson,* 1739, in-4, frontisp. gravé, mar. r. large dent. tr. dor. (*Anc. rel.*)

Ce livre est dédié à Louis XV, et cet exempl. est aux armes de la reine MARIE LECZINSKA.

Exemplaire de Gaignat. — Quelques feuillets tachés.

988. Des Cérémonies du sacre, ou Recherches historiques et critiques sur les mœurs, les coutumes, les institutions et le droit public des Français dans l'ancienne monarchie, par M. C. Leber. *Paris, Baudouin,* 1825, in-8, fig., v. f. fil. tr. dor. armes et chiffres. (*H. Duru.*)

989. Histoire de l'ancien gouvernement de France, avec XIV lettres historiques sur les Parlemens ou Estats généraux, par feu M. le C. de Boulainvilliers. *La Haye,* 1726-1727, 3 vol. pet. in-8. — Mémoires présentés à Mgr le duc d'Orléans, régent de France, par M. le C. de Boulainvilliers. *La*

Haye, 1727, 2 tomes en un vol. pet. in-8 ; ensemble, 4 vol. mar. bl. fil. tr. dor. (*Rel. du temps.*)
Bel exemplaire.

990. La Grand Monarchie de France, composée par messire Claude de Seyssel. — La Loy salicque, première loy des Françoys. *Paris, par Denys Janot, pour Galliot du Pré,* 1540, pet. in-8, lettres rondes, vign. sur bois, mar. v. fil. tr. dor. (*Anc. rel.*)

991. Almanach royal, année 1759. *Paris, Le Breton,* in-8, mar. r. riches compart. dos orné, doublé de tabis, tr. dor. (*Rel. par Dubuisson.*)
Exemplaire du comte de SAINT-FLORENTIN, ministre et secrétaire d'Etat, depuis duc de LA VRILLIÈRE, avec ses armes délicatement peintes en miniature sur les plats, dans un médaillon recouvert de talc.
Sur le feuillet de garde est collée l'adresse de Dubuisson, relieur et doreur du roi (et auteur de l'Armorial).

992. Almanach royal, année bissextile 1780. *Imprimé par d'Houry,* in-8, pap. de Holl., mar. r. fil. coins et dos fleurdelisés, doublé de tabis bleu, tr. dor.
Exemplaire de la reine MARIE-ANTOINETTE et à ses armes.

993. Histoire des chanceliers et gardes des sceaux de France distingués par les règnes de nos monarques, depuis Clovis jusques à Louis le Grand, XIVe du nom, enrichie de leurs armes, blasons et généalogies, par François Du Chesne, fils d'André. *Paris,* 1680, in-fol., nombr. blas., mar. r. fil. compart. à la Du Seuil, tr. dor. (*Anc. rel.*)
Bel exemplaire en grand papier, aux armes de COLBERT.

994. Lettres de M*** sur des anagrammes tirées du nom de Monseigneur le garde des sceaux. *Paris, de l'impr. de J. Josse,* 1718, in-8, 16 pages, portr. mar. r. fil. tr. dor. (*Aux armes de d'Argenson.*)
Le garde des sceaux dont il est ici question est Marc-René de Voyer d'Argenson, d'abord lieutenant général de police. Le vol. est à ses armes et son portrait y est joint. Une main contemporaine a écrit sur le feuillet de garde : *Pour M. de Caumartin.*

995. Détail des maréchaussées (pour les départ. de Paris, de Soissons, de Picardie, de Champagne,

d'Orléanais, de Touraine, de Berry, de Bourbonnais, de Poitou, de Limoges, d'Auvergne, du Lyonnais, d'Aunis, de Rouen, de Caen, d'Alençon, de Bretagne, de Guyenne, de Montauban, de Dauphiné, de Languedoc, de Provence, de Béarn, de Roussillon, des Trois-Evêchés, de Flandre, de Hainaut, d'Alsace, du comté de Bourgogne, du duché de Bourgogne), années 1734-1746. 3 vol. pet. in-8 et 1 vol. pet. in-4, dont deux reliés en mar. r. et les deux autres en mar. v. dent. tr. dor. (*Reliures anciennes.*)

Manuscrits d'une belle écriture du dix-huitième siècle.

996. Etat des officiers du corps de l'artillerie par rang d'ancienneté, suivant leurs grades. 1754, pet. in-8, mar. r. fil. tr. dor. — Livret des compagnies d'invalides détachées de l'hôtel, Juin 1753, pet. in-8, mar. v. fil. tr. dor. (*Reliures anciennes.*)

Manuscrits du dix-huitième siècle, parfaitement exécutés. Le premier est orné d'un joli titre avec encadrements très-bien dessinés à l'encre de Chine.

997. Commentaire sur les enseignes de guerre des principales nations du monde, et particulièrement sur les enseignes de guerre des François, par Est.-Cl. Beneton (de Morange). *Paris, Thiboust,* 1742, in-12, v. f. fil. dos orné, tr. dor. (*Duru.*)

998. Traité des marques nationales, tant de celles qui servent à la distinction d'une nation que de celles qui distinguent les différents rangs... et qui ont donné origine aux armoiries, habits d'ordonnance des militaires et livrées, par M. Beneton de Morange de Peyrins. *Paris, P.-G. Le Mercier,* 1739, in-12, v. f. fil. dos orné, tr. dor. armes. (*Duru.*)

On a joint à la fin quelques extraits du *Mercure de France* relatifs à cet ouvrage.

999. Estat des consuls, vice-consuls, chanceliers et autres employés en Espagne, Portugal, Italie, Nord, Barbarie et Levant; des drogmans, secrétaires, interprettes et jeunes de langues à Paris et Cons-

tantinople. Années 1778 et 1779, 2 vol. pet. in-4,
mar. r. dent. doublé de tabis, tr. dor.

Aux armes de M. DE SARTINES, ministre de la marine.
Manuscrit d'une belle écriture du dix-huitième siècle. Le titre de l'année
1779 est orné de jolis encadrements dessinés à l'encre de Chine, avec les
armes de M. de Sartines dessinées en tête.

1000. FIGURES DES MONNOYES DE FRANCE (par J.-B.
Haultin). *S. l.*, 1619, in-4, mar. r. filets, compart.
à la Du Seuil, tr. dor. (*Rel. anc.*)

Livre des plus rares et des plus recherchés, à cause de l'exactitude avec
laquelle ont été gravées toutes les espèces de monnaies frappées en France
depuis le commencement de la monarchie jusqu'au règne de Henri II. Ce
volume, composé de 251 planches, y compris le frontispice, ne renferme
que des empreintes de médailles sans texte. Une main contemporaine a ajouté
à côté des figures l'explication des monnaies.
Cet exemplaire, parfaitement conservé, est dans sa première et belle reliure à compartiments. — Acheté à la vente du docteur Michelin, de Provins
(1861).

1001. Recherches curieuses des monnoyes de France,
depuis le commencement de la monarchie, par
Claude Bouterouë. *Paris, Edme Martin*, 1666,.
in-fol. fig. mar. r. fil. tr. dor. (*Bonne rel. anc.*)

Bel exemplaire en grand papier.

1002. Traité historique des monnoyes de France,
avec leurs figures, depuis le commencement de
la monarchie jusqu'à présent, par M. le Blanc.
Paris, Ch. Robustel, 1690, in-4, titre gravé, fig.,
mar. r. fil. tr. dor. (*Chambolle-Duru.*)

Bel exemplaire en grand papier.

1003. Introduction au droit des monnoyes en cin-
quante-cinq titres. In-fol., mar. r. fil. dos orné,
tr. dor. (*Rel. anc.*)

Manuscrit contenant 350 ff. d'une bonne écriture de la fin du dix-septième
siècle. Aux armes de Le Peletier de Saint-Fargeau, d'Aunay, etc.

1004. Permission du cours des escuz soleil, du
poix de deux deñ., VIIII et XV grains jusques au
quinzieme jour de mars lan mil cinq cens quarante
et ung. *Imprimé à Paris, pour Estienne Roffet,
s. d.* (1541), in-8, de 4 feuillets, mar. r. jansén.
dent. intér. tr. dor. (*Lortic.*)

1005. Les Monnoies dor et dargent du billyon et non evaluez de plusieurs princes, royaulmes, pays et villes (explications en allemand et en français). *Nürnberg, durch Johann vom Berg, und Ulrich Newber, s. d.* (vers 1545), in-16 goth., nombr. fig. sur bois, mar. r. tr. dor. (*Capé.*)

Exemplaire de M. YEMENIZ.

E. Histoire des anciennes provinces et villes de France.

1006. LA FLEUR DES ANTIQUITEZ, singularitez et excellences de la Noble Ville, Cité et Université de Paris, capitalle du royaulme de France; avec la genealogie du roy Françoys premier de ce nom. De nouveau ont esté adjoustées plusieurs belles singularitez..... De nouveau ont esté adjoustés le nombre des églises, chapelles et colléges de la ville.... des rues et ruelles, avec leurs aboutissantz; aussi est adjousté le contenu de la despense que une personne peut faire par an et par jour... *On les vend à Paris... par Pierre Sergent,* 1543, in-16, réglé, mar. bl. compart. dos orné, tr. dor. (*Bauzonnet-Trautz.*)

Bel exemplaire d'une édition rare, qui peut être regardée comme la dernière donnée sous le titre de *Fleur des antiquités.* Outre l'ouvrage de Corrozet, cette édition contient celui connu sous le nom des *Rues et églises de Paris* (Statistique de Paris au XVIᵉ siècle), et elle est la seule qui donne les tenants et les aboutissants des rues de Paris, indication très-importante pour trouver leur position. (Voir le *Bulletin du bibliophile,* année 1845, p. 481.)

1007. Les Antiquitez, histoires et singularitez de Paris, ville capitale du royaume de France (par Gilles Corrozet). *Paris, Gilles Corrozet,* 1550, in-8, mar. bl. fil. dos orné, tr. dor. (*Trautz-Bauzonnet.*)

Très-bel exemplaire. Dans la dédicace de cette édition à Cl. Guyot, prevost des marchands, Gilles Corrozet dit que c'est un livre tout neuf, et qu'il doit remplacer et mettre à néant le petit livret écrit par lui sur le même sujet (*la Fleur des antiquitez de Paris*).

1008. Les Antiquitez, croniques et singularitez de Paris.... avec les fondations et bastiments des lieux... par Gilles Corrozet, Parisien, et depuis augmentées par N. B. (Nicolas Bonfons), Parisien. *Paris, Nicolas Bonfons,* 1586-1588, 2 part. en 1 vol. in-8, fig. sur bois, mar. bl. fil. à froid, tr. dor. (*H. Duru.*)

La seconde partie est intitulée : *Livre second, de la sépulture des roys et roynes de France, princes, princesses et autres personnes illustres representez par figures ainsi qu'ils se voyent encore a present... recueillis par Jean Rabel, M. peintre.*

Bel exemplaire d'une édition recherchée et où se trouvent les premières épreuves des figures de Rabel.

1009. Les Fastes, antiquitez et choses plus remarquables de Paris, divisés en quatre livres, par Pierre Bonfons, Parisien. *Paris, Nicolas et P. Bonfons,* 1605, in-8, fig., mar. v.

Bel exemplaire, aux troisièmes armes de J.-A. de Thou.

1010. Le Théâtre des Antiquitez de Paris, où est traicté de la fondation des églises et chapelles de la Cité, Université, ville et diocèse de Paris..... divisé en quatre livres, par le R. P. F. Jacques du Breul, Parisien. *Paris, Cl. de La Tour,* 1612. — Supplementum antiquitatum urbis Parisiacæ... auctore Patre Jacobo Du Breul. *Parisiis, Joan. Petitpas,* 1614. — Supplement des Antiquitez de Paris, avec tout ce qui s'est passé depuis l'année 1610 jusques à présent, par D. H. I. advocat. *Paris,* 1639. — En 2 vol. in-4, fig., mar. r. fil. dos orné, dent. intér. tr. dor. (*Duru.*)

Le supplément latin de 1614 ne se trouve que très-rarement, et on a ajouté le supplément de 1639, ce qui rend le livre aussi complet que possible.

1011. Abrégé des Antiquités de la ville de Paris, contenant les choses les plus remarquables, tant anciennes que modernes (par Colletet fils). *Paris, Ch. de Sercy,* 1664. — Abrégé des Annales de la ville de Paris (par le même). *Paris, Ch. de Sercy,* 1664. — En 1 vol. pet. in-12, mar. bl. fil. à froid, tr. dor. (*H. Duru.*)

1012. Description nouvelle de ce qu'il y a de plus remarquable dans la ville de Paris, par M. B. (Germain Brice). *La Haye, Abraham Arondeus,*

1685, 2 vol. pet. in-12, mar. r. fil. dos orné, tr. dor. (*H. Duru.*)

Jolie réimpression de l'édition originale, publiée la même année.

1013. Histoire de la ville de Paris, composée par D. Michel Felibien, reveue, augmentée et mise au jour par D. Guy-Alexis Lobineau. *Paris, Guill. Desprez,* 1725, 5 vol. in-fol. mar. r. fil. coins ornés, tr. dor. (*Anc. rel.*)

Exemplaire en grand papier. Les armes de la ville, qui étaient sur les plats, ont été remplacées par du maroquin.

1014. Histoire de la ville et de tout le diocèse de Paris, par l'abbé Lebeuf. *Paris, Prault,* 1754-1758, 15 tomes en 12 vol. in-12, carte, v. f. (*Rel. anc.*)

Bel exemplaire.

Les 8 premiers volumes portent des armes sur les plats; les 4 derniers, quoique reliés de même, n'en ont pas. Le livre a vraisemblablement changé de propriétaire pendant la publication.

1015. Limites de la ville et faubourgs de Paris, ordonnées par les déclarations du Roy des 18 juillet 1724, 29 janvier 1726, 23 mars et 28 septembre 1728. In-4, mar. r. fil. orné, tr. dor. (*Armes de Louis XV.*)

Manuscrit bien exécuté, contenant 90 pages, avec ornements à la plume et le chiffre du roi sur le titre. Les armes et chiffres de Louis XV sont sur la reliure.

« Ce recueil, est-il dit dans l'avant-propos, contient le précis de l'ouvrage et des opérations qu'il a été nécessaire de faire pour remplir les dispositions des deux déclarations du roy des 18 juillet 1724 et 29 janvier 1726, qui règlent les limites de Paris. Cet ouvrage est contenu en 13 grands volumes, dont il sera aisé de tirer tout le fruit qu'on en a espéré, en assurant l'exécution de ces deux déclarations par un travail continué qui mette en état les magistrats qui sont chargés de cette exécution d'être informés des bâtimens que l'on pourroit construire en contravention dans les maisons des faubourgs, en détruisant les bâtimens qui sont à l'usage des voituriers, laboureurs, maraichers, etc., comme granges, étables, écuries, pour y en élever à la place de considérables et de *voluptueux,* ce que l'on n'a pu éviter jusqu'à présent... »

1016. Les Cris de Paris, que l'on entend journellement dans les rues de la ville, avec la chanson des dits cris; plus un brief état de la dépense qui se peut faire en icelle ville chaque jour..... Ensemble les églises, chapelles et rues, hôtels,... et les antiquitez de la ville. *Troyes, V° P. Gar-*

nier, s. d. (vers 1724), in-16, mar. bl. fil. à froid,
tr. dor. (*Bauzonnet.*)

1017. Le Livre commode, contenant les adresses de
la ville de Paris pour l'année 1692, avec les séan-
ces et les vacations des Tribunaux, l'ordre et la
discipline des exercices publics, le prix des ma-
tériaux et des ouvrages d'architecture... etc...
par Abraham du Pradel. *Paris, Vᵉ Denis Nion,*
1692, in-8, vélin.

Almanach très-recherché à cause des renseignements curieux qu'il renferme,
et où l'on trouve, pour ainsi dire, un sommaire de la statistique industrielle
et commerciale de Paris sous le règne de Louis XIV.
Première édition.

1018. Deluge et Innundation d'eaux fort effroyable
advenu és faulxbourgs S. Marcel, à Paris, la nuit
précedente jeudy dernier, neufiéme apvril, an
present 1579. *Lyon, Benoist Rigaud,* 1579, pet.
in-8, mar. r. tr. dor. (*Duru.*)

Pièce fort rare.
On a relié à la suite les deux pièces ci-dessous :
Prodiges merveilleux apparuz au pays d'Anjou et du Mayne, les XIII et
XIIII du mois de mars année presente 1575. *Lyon, Benoist Rigand,* 1575. —
Le vray discours du grand deluge et ravage d'eau advenu au bourg de Regny
le Ferron, pres la Ville-Neufve l'Archevesque et Montenon, le quatriesme
jour de juin 1586, la veille de la Feste-Dieu, au pays de Champagne... *Lyon,
Benoist Rigaud,* 1586, pet. in-8.

1019. Manuscrits du Sʳ d'Outreleau, sacristain de
Saint-Jacques la Boucherie, relatifs à l'histoire
moderne de cette paroisse et un peu au janse-
nisme. In-4, demi-rel. v. fauve.

Sous ce titre on a réuni divers écrits, mémoires, notes du sacristain-prêtre
d'Outreleau, relatifs à l'église Saint-Jacques-la-Boucherie, de 1750 à 1770.

1020. Histoire critique de Nicolas Flamel et de
Pernelle sa femme, recueillie d'actes anciens qui
justifient l'origine et la médiocrité de leur fortune, contre les imputations des alchimistes, par
M. L. V*** (l'abbé Villain). *Paris, G. Desprez,*
1761, in-12, portr. et fig., mar. bl. fil. à froid,
tr. dor. *Armes et chiffre.* (*Trautz-Bauzonnet.*)

On a ajouté à cet exemplaire une épreuve du portrait de N. Flamel, avant
la lettre, portant une note manuscrite du graveur (Moitey, *qui engage l'auteur
à donner la date de la mort de Flamel,* « car les alchimistes croyent qu'il

existe encore »), 2 gravures anciennes dont une représente l'arcade du charnier des Innocents (que N. Flamel fit élever à ses frais, et une note autogr. de Bonamy, de l'Académie des inscriptions.

1021. Nouvelle Description des chasteaux et parcs de Versailles et de Marly, avec les plans de ces deux maisons royales (par Piganiol de la Force). *Paris, Florentin et P. Delaulne,* 1701, in-12, plans, mar. r. fil. à froid, tr. dor. (*Rel. anc.*)

1022. LE LABYRINTE DE VERSAILLES (avec 39 fables en quatrains, par Benserade). In-8, 40 fig. par Séb. Le Clerc, mar. r. fil tr. dor.

Exemplaire de Louis XIV, avec son chiffre et ses armes.

Manuscrit sur papier, exécuté par Rousselet, habile calligraphe de la fin du dix-septième siècle et du commencement du dix-huitième.

Toutes les initiales sont en lettres d'or; un large filet d'or entoure chaque page. Les 40 figures sont peintes en miniature avec beaucoup de délicatesse par Bailly, peintre du temps.

Ce beau manuscrit a été acheté à la vente Renouard.

1023. Les Antiquitez de la ville, comté et châtellenie de Corbeil; de la recherche de J. de la Barre. *Paris, Nic. et J. de la Coste,* 1647, in-4, v. m.

1024. Le Siege de Danfronc (*sic*), avec les occasions d'icellui, et de la captivité de très-vertueux et magnanime seigneur Gabriel, conte de Montgommeri; ensemble la mort d'icellui. *Imprimé nouvellement, s. l..* 1574, pet. in-8, mar. bl. jansén. dent. intér. tr. dor. (*Trautz-Bauzonnet.*)

Pièce rare.

1025. HISTOIRE ECCLÉSIASTIQUE ET CIVILE DE BRETAGNE, par D. Morice et D. L.-Ch. Taillandier. *Paris, Delaguette,* 1750-56, 2 vol. — Mémoires pour servir de preuves à l'histoire ecclésiastique et civile de Bretagne, par D. H. Morice. *Paris,* 1742-56, 3 vol.; ensemble 5 vol. in-fol., fig. et cartes, mar. r. fil. dos et coins ornés, tr. dor.

Très-bel exemplaire en grand papier, aux armes du maréchal de MOUCHY, mort sur l'échafaud en 1794, à l'âge de 79 ans.

1026. Promptuarium sacrarum antiquitatum Tricassinæ diœcesis; auctore seu collectore Nicolao

Camusat. *Augustæ Trecarum, apud Natalem Mo-reau,* 1610, 5 part. en 1 vol. in-8, mar. bl. fil. tr. dor. (*Du Seuil.*)

Avec l'*auctarium* en 40 feuillets, qui manque souvent.

1027. Meslanges historiques, ou Recueil de plusieurs actes, traictez, lettres missives qui peuvent servir à l'histoire depuis l'an 1390 jusqu'à l'an 1580 (par Camuzat). *Troyes, N. Moreau,* 1619, 5 part. en 1 vol. in-8, mar. bl. fil. tr. dor. (*Du Seuil.*)

Volume rare, avec la cinquième partie imprimée en 1623 et intitulée : *Extrait du registre des lettres de M. de Petremol, ambassadeur à la Porte, de 1561 à 1566.*

Ces deux volumes de Camuzat, de reliure uniforme, proviennent de la vente de M. de Saint-Mauris, 1840.

1028. Histoire de la prise d'Auxerre par les Huguenots, et de la délivrance de la même ville, les années 1567 et 1568,... par un chanoine de la cathédrale d'Auxerre (Jean Lebeuf). *Auxerre, J.-B. Troche,* 1723, in-8, portr., deux fig. ajoutées, mar. r. fil. à fr. tr. dor. (*H. Duru.*)

Bel exemplaire avec le *Supplément des pièces justificatives,* qui ne s'y trouve pas toujours, et auquel on a ajouté le portrait de l'abbé Lebeuf, et deux jolies vues de la cathédrale d'Auxerre (intérieur et extérieur), extraites du bréviaire d'Auxerre, 1670.

1029. Histoire miraculeuse des eaux rouges comme sang, tombées dans la ville de Sens et ès environs, le jour de la grand feste Dieu derniere, 1617; extraicte d'une lettre de maistre Thomas Mont-Saint, M. chirurgien, extraicte d'une lettre escripte à un sien amy à Paris. *Jouxte la coppie imprimée, à Paris, Sylvestre Moreau,* 1617. — Histoire prodigieuse de l'assassinat commis en la personne d'un jeune advocat, advenuë dans Tholose par la conspiration de sa femme, d'un conseiller de la Court et d'un Religieux docteur Augustin, ensemble le procez qui en a esté faict. Avec une remonstrance faicte par le dit pere Burdeus Augustin... *Rouen, Pierre de la Motte,* 1609. — Relation veritable et remarquable, au sujet d'un enfant qui s'est trouvé vivant, après avoir été 28 jours dans la

terre (à Villiers–Saint-Benoist, diocese de Sens).
1 fort in-4, *s. l.*, 1754. — Le tout en 1 vol. pet.
in-8, mar. bl. jansén. dent. intér. tr. dor. (*Chambolle-Duru.*)

Pièces rares.

1030. Les Grandes et admirables Merveilles, jadis
descouvertes au duché de Bourgongne près la
ville d'Authun, par le seigneur Dom Nicole de
Gaulthières, gentilhomme espagnol; traduites d'espagnol en françois par le seigneur de Ravières,
Angoumois. *Rouen, Richard l'Allemant*, 1626, pet.
in-8, mar. bl. fil. dent. intér. tr. dor. (*Chambolle-Duru.*)

Pièce rare et curieuse. La date a été surchargée à la main. Ce doit être
1580 ou 1582. M. Brunet n'indique qu'une réimpression de cette pièce,
suivant la copie imprimée à Rouen, 1582.
Cet ouvrage aurait bien pu donner à Cervantes l'idée de la Caverne de Montesinos.

1031. Le Soleil au signe du Lyon, d'où quelques
paralleles sont tirez, avec le tres-chrestien... monarque Louys XIII, roy de France et de Navarre,
en son entree triomphante dans sa ville de Lyon.
Ensemble un sommaire récit de tout ce qui s'est
passé de plus remarquable en la dite entrée de
S. M. et de la plus illustre princesse, Anne d'Autriche, dans sa ditte ville le 11 décembre 1622. *A
Lyon, Jean Jullieron*, 1623, 2 part. en 1 vol. pet.
in-fol., avec pl., vél.

La seconde partie est intitulée : *Réception de très-chrestien... roy Louys XIII...
premier comté et chanoine de l'église de Lyon, par MM. les doyens, chanoines et comtes de Lyon, en leur cloistre et église, le XI déc.* 1622.
Ce volume est orné de 19 gravures parmi lesquelles il y en a 6 qui portent
le nom de *Pierre Faber*, graveur de Lyon.

1032. Les Réjoüissances de la paix, avec un recueil
de diverses pièces sur ce sujet, par le P. C. F. M.
(Cl. Fr. Menestrier). *Lyon, Benoist Coral*, 1660,
pet. in-8, fig., mar. bl. fil. tr. dor. (*Chambolle-Duru.*)

Ce sont les réjouissances faites à Lyon ; de nombreuses figures représentent
les diverses décorations élevées dans la ville. La cavalcade pour la publication
de la paix occupe une grande planche pliée.

1033. Histoire générale de Languedoc, avec des notes et des pièces justificatives (par dom Vaissette et dom de Vic). *Paris, J. Vincent, 1730-45*, 5 vol. in-fol., fig., mar. r. fil. tr. dor. (*Rel. anc.*)

Bel exemplaire aux armes du duc de Choiseul-Praslin.

1034. Discours nompareil et véritable de ce qui est advenu en la duché de Guienne, près la ville de Bordeaux, depuis peu de temps, d'un hoste qui voulut faire accroire à un marchand, logé en son logis, qu'il l'avoit volé, lequel marchand, pour ce faict, fut condamné d'estre pendu et estranglé; et comme le marchand fut sauvé, et le diable emporta l'hoste visiblement à la veüe de tout le monde. P. X. D. B. *Lyon, suyvant la copie imprimee à Bordeaux et à Paris*, 1584, pet. in-8 de 14 pages, v. f. fil. tr. dor. (*Kœhler.*)

1035. Histoire des Comptes (*sic*) de Foix, Bearn et Navarre, recueillie tant des précédens historiens que des archives desdites maisons, par Pierre Olhagaray. *Paris*, 1629, in-4, v. f. fil. dos orné.

Livre rare. Exemplaire de Gaston, duc d'Orléans, avec son chiffre couronné sur le dos de la reliure.

2. *Histoire des pays étrangers.*

1036. Histoire de la guerre de Flandre, de Famianus Strada, traduite par P. Du Ryer. *Bruxelles, Joseph T'Serstevens*, 1712, 3 vol. in-12, frontisp. portraits et fig., v. f. fil. tr. dor. (*Padeloup.*)

Bel exemplaire, aux armes du comte d'Hoym, acheté à la vente Bignon, en 1837.

1037. Réduction de la ville de Bone, par messire Charles, duc de Croy et d'Arschot, prince de Chimay, en l'an 1588, et autres siens faits mémorables, décrits par Jean Bosquet, Montois (en vers). *Anvers, Martin Nutius*, 1599, in-4, beau portr. gravé par Wierx, fig., vél.

Cet ouvrage, écrit en vers, est orné de deux beaux portraits du duc de Croy, prince de Chimay, et de l'auteur, gravés par Ant. Wierex, et de 4 grav. dont une représente le secours apporté par le duc de Parme et le prince de Chimay à la ville de Paris, assiégée par Henri IV; c'est un des *faits mémorables* du prince de Chimay, célébrés par J. Bosquet, à la suite de sa pièce sur la *réduction de Bonne.*

1038. Discours des plus mémorables faicts des roys et grands seigneurs d'Angleterre depuis cinq cens ans, avec les généalogies des roynes d'Angleterre et d'Ecosse. Plus un Traicté de la guide des chemins, les assiettes et descriptions des principales villes, chasteaux et rivières d'Angleterre, par Jean Bernard. *Paris, Gervais Mallot,* 1579, pet. in-8, mar. r. tr. dor. (*Chambolle.*)

1039. Discours véritable des deux dernières conspirations et attentats sur la personne de la Royne d'Angleterre; le tout par les moyens des agents d'Espagne et induction des Jésuites. *Paris, G. Auvray,* 1595, pet. in-8, mar. r. tr. dor. (*Chambolle.*)

On lit F^t ii v°, « De Datford à Londres XII mille. Prenez garde à un bois appelle Shutter-Skyll, fort dangereux pour les passans à cause que les larrons, et les voleurs s'y retiroient par le passé. »

1040. Tragicum Theatrum actorum, et casuum tragicorum Londini publice celebratorum quibus Hiberniæ proregi, episcopo Cantuarensi, ac tandem regi ipsi, aliisque vita adempta et ad metamorphosin via est aperta. *Amstelodami, anno* 1649, pet. in-8, plus. portr., mar. r. fil. coins ornés, tr. dor. (*Du Seuil.*)

Aux armes de Le Clerc de Lesseville.
Ce volume est orné de sept jolis portraits et d'une planche pliée représentant la mort de Charles Ier.

1041. Dissertation sur les Whigs et les Torys, par M. Thoyras Rapin. *La Haye, Ch. le Vier,* 1717, pet. in-8, v. fil. tr. dor.

Aux armes et au chiffre du comte d'HOYM.
Ce livre a fait partie de la biblioth. de la Malmaison.

1042. L'INNOCENCE DE LA TRÈS-ILLUSTRE, très-chaste et debonnaire princesse, MADAME MARIE, ROYNE D'ECOSSE.... où sont amplement réfutées les calomnies faulces... publiées par un livre secrettement divulgué en France, l'an 1572, touchant tant la mort du seigneur d'Arley, son époux, que autres crimes, dont elle est faulcement accusée (par F. de Belleforest). (*S. l.*) *Imprimé l'an* 1572, in-8, mar. bl. fil. à froid, doublé de mar. r. dent. à petits fers, tr. dor. Armes et chiffre. (*Bauzonnet.*)

Bel exemplaire, grand de marges.

Cet ouvrage est la réfutation de celui de Buchanan : *Histoire de Marie, royne d'Ecosse*, etc., et n'est pas moins rare.

1043. Du Droict et tiltre de la serenissime princesse Marie, royne d'Escosse, ét de tres illustre prince Jaques VI, roy d'Escosse son fils, à la succession du royaume d'Angleterre; avec la généalogie des roys ayans regné depuis cinq cens ans, premierement composé en latin et anglois, par R. P. en Dieu M. Jean de Lesselie, evesque de Rosse, Escossois... et nouvellement mis en françois par le mesme autheur. *Rouen, George l'Oyselet, s. d.*, in-8, gr. tabl. généal., mar. v. fil. à froid, tr. dor. (*H. Duru.*)

1044. Discours des troubles nouvellement advenuz au royaume d'Anglerre, au moys d'octobre 1569, avec une declaration faicte par le comte de Nortumberland et autres grans seigneurs d'Angleterre. *Paris, N. Chesneau,* 1570, pet. in-8, cart.

Pièce rare, en grande partie relative à Marie Stuart. On y trouve des détails sur la réception qui lui fut faite en Angleterre lorsqu'elle s'y réfugia après la bataille de Langsyde, en 1568.

1045. Discours de la mort de tres-haute et tres-illustre princesse madame Marie Stouard, royne d'Escosse, faict le 18ᵉ jour de febvrier 1587. *S. l.*, 1587. — A la Royne. Version françoise d'une oraison funèbre, faicte sur la mort de la royne d'Escosse, par R. P. en Dieu M. J. S. *S. l. n. d.*, — Remonstrance à madame Elisabeth, royne d'Angleterre et d'Irlande, touchant les affaires du monde, gouvernement politique des royaumes, republiques et empires, et restablissement de l'ancienne catholique religion, selon la doctrine des

anciens Peres et docteurs de l'Eglise catholique,
apostolique et romaine, faict par Hierosme Oso-
rius. *Lyon, prins sur la coppie imprimée à Paris,*
1587, in-8, mar. v. fil. coins ornés, tr. dor.
(*Kœhler.*)

Réunion de 3 pièces fort rares. La seconde : « la *Version françoise d'une oraison funèbre*, etc., n'est autre chose, dit M. Ed. Fournier (*Variétés histor. Paris, Jannet,* 1856, tome V, page 279), que la copie presque complète de toute la première partie d'une dépêche que M. l'Aubespine de Châteauneuf, notre ambassadeur près d'Elisabeth, avait envoyée à Henri III quelques jours après l'exécution, le 27 février 1857, dépêche dont l'autographe est conservé à la Bibl. impériale et qui reproduit elle-même textuellement un rapport adressé à l'ambassadeur par quelqu'un de sa suite. »

1046. MARTYRE DE LA ROYNE D'ESCOSSE, douairière
de France, contenant le vray discours des trahisons à elle faictes à la suscitation d'Elisabeth, An-
gloise, par lequel les calomnies et fausses accusa-
tions dressées contre cette vertueuse princesse sont
eclarcies et son innocence averée (par Adam
Blacwod). *Edimbourg, Jean Nafeild,* 1588, pet.
in-8, mar. bl. fil. à froid, tr. dor. Armes et chiffre.
(*Bauzonnet-Trautz.*)

Volume très-rare. Seconde édition, augmentée de l'oraison funèbre de Marie Stuart, prononcée en l'église de Notre-Dame, à Paris.

1047. Maria Stuarta, regina Scotiæ dotaria Franciæ,
hæres Angliæ et Hyberniæ, martyr ecclesie, inno-
cens à cæde Darleana : vindice Oberto Barnesta-
polito. *Ingolstadii, ex officina Wolfgangi Ederi,*
1588, pet. in-8, réglé, mar. bl. fil. à froid, tr. dor.
(*H. Duru.*)

Bel exemplaire. Rare de cette édition, qui est la première.

1048. Recherches historiques et critiques sur les
principales preuves de l'accusation intentée contre Marie Stuart, reine d'Ecosse. Avec un examen
des histoires du docteur Robertson et de M. Hume,
par rapport à ces preuves, trad. de l'anglois (de
W. Titlard, par l'abbé Mai). *Paris, Edme,* 1772.
2 parties en 1 vol. in-12, portr. gr. par Fessard,
mar. r. fil. à froid, tr. dor. (*H. Duru.*)

On a ajouté à cet exemplaire le joli portrait de Marie Stuart, d'après Zuccharo, et les pièces justificatives de l'histoire de cette reine, *Londres,* 1742.

1049. Philippi Cluveri Germaniæ antiquæ libri tres.
Adjectæ sunt Vindelicia et Noricum ejusdem auc-
toris. *Lugduni Batavorum, apud Ludov. Elzevirium,* 1616, in-fol. titre gravé, fig. et cartes, mar.
r. fil. tr. dor.

Superbe exemplaire, aux troisièmes armes de J.-Aug. de Thou.

1050. Caroli V imperatoris Expeditio in Africam ad
Argieram, per Nicolaum Villagagnonem, equitem
Rhodium. *Norimbergæ, apud Joan. Petreium,*
anno 1542, pet. in-4, demi-rel. dos de toile.

1051. Copie des divises des protestans mises en
leurs enseignes et estandartz de guerre, avec le
nombre des combattans tant de pied que de cheval. *Imprimé à Paris par Jehan le Dun, le xx feb-*
vrier 1547, pet. in-8 goth., 4 ff. mar. tr. dor.
(*Chambolle.*)

Petite pièce curieuse et rare publiée à l'occasion de la guerre déclarée à
Charles-Quint par les protestants d'Allemagne.

1052. L'Histoire de Gustave-Adolphe, dit le Grand,
et de Charles - Gustave, comte palatin, roys de
Suède, et de tout ce qui s'est passé depuis la mort
du grand Gustave jusqu'en 1648; par le sieur
R. de Prade. *Paris, Daniel Horthemels,* 1686,
in-12, mar. r. fil. tr. dor.

Bel exemplaire aux armes et aux chiffres du duc de MONTAUSIER et de sa
femme Julie d'ANGENNES.

Les armes de Julie d'Angennes donnent un certain attrait de curiosité à ce
volume, lorsqu'on se rappelle que JULIE, à l'époque de la guerre de Trente
ans, paraissait s'intéresser si vivement aux victoires du GRAND GUSTAVE, que
l'on disait à l'hôtel de Rambouillet qu'elle était éprise de ce héros.

1053. LES CHRONIQUES et Annales de Poloigne, par
Blaise Vigenere (avec la description du royaume
de Poloigne et pays adjacents, par le même). *Pa-*
ris, Jean Richer, 1573, in-4 réglé, mar. bl. à compart., fleurs de lis et marguerites, tr. dor. (*Le*
Gascon.)

Exemplaire de J.-J. DE BURE.

Belle reliure à riches compartiments, dans le genre de celles sur lesquelles
se voient les chiffres de Louis XIII et d'Anne d'Autriche.

1054. Histoire des pays septentrionaus; écrite par

Olaus le Grand, Goth, archevêque d'Upsale, et souverain de Suecie et Gothic ... traduite du latin de l'auteur en françois. *Paris, Martin le Jeune,* 1561, pet. in-8, vign. sur bois, mar. v. fil. à froid, tr. dor. (*H. Duru.*)

Exemplaire de M. Huzard.
Livre curieux orné de nombreuses gravures sur bois représentant les *choses rares ou étranges qui se trouvent entre les nations septentrionales.*

1055. La Vie de Mahomet, où l'on découvre amplement la vérité de l'imposture, par Prideaux. *Amsterdam, George Gallet,* 1698, pet. in-8, frontisp. et fig., mar. r. fil. tr. dor. (*Du Seuil.*)

Bel exemplaire provenant des bibliothèques de Bonnemet, de la Vallière, de F. Didot, de la Bédoyère et de Pixérécourt.

VI. HISTOIRE DE LA CHEVALERIE ET DE LA NOBLESSE.

1056. Traité des tournois, joustes, carrousels, et autres spectacles publics (par le P. Cl.-Fr. Menestrier). *Lyon, Jacques Muguet,* 1669, in-4, vign., mar. r. fil. compart. genre Du Seuil, tr. dor. (*Anc. rel.*)

Exemplaire en GRAND PAPIER.

1057. Chrestienne Confutation du point d'honneur, sur lequel la Noblesse fonde aujourd'hui ses querelles et monomachies, par F. Christophle Cheffontaines, dit Penfentenyou. *Paris, Claude Fremy,* 1568, in-8, v. f. fil. dos orné, tr. dor.

Très-jolie reliure de Padeloup.

1058. La Science héroïque (du blason, par Vulson de la Colombière). Pet. in-8, parch.

Manuscrit du dix-septième siècle sur papier, d'une écriture fine et nette. Il est orné d'un grand nombre de blasons dessinés à la plume et coloriés.
Ce manuscrit, antérieur certainement à l'imprimé, porte quelques corrections et additions qui pourraient faire penser que c'est le manuscrit original.

1059. Les Diverses Espèces de noblesse et les manières d'en dresser les preuves, par le P. Menestrier. *Paris, pour T. Amaulry, libraire à Lyon,* R.-J.-B. de la Caille, 1682, in-12, frontisp., blas.,

mar. bl. fil. à froid, tr. dor. (*Armes et chiffres.*)
(*H. Duru.*)

1060. Le Blason de la noblesse, ou les preuves de
la noblesse de toutes les nations de l'Europe, par
le R. P. Fr. Menestrier. *Paris, Rob.-J.-B. de la
Caille,* 1683, in-12, blas., mar. bl. fil. à froid, tr.
dor. (*Duru.*)

1061. LE BLASON DES ARMOIRIES, auquel est mons-
trée la manière de laquelle les anciens et les modernes ont usé en icelles (par Hiérôme de Bara).
S. l. (Lyon) pour Barthélemy Vincent, 1581, in-fol.,
blasons, vél. fil.

Très-bel exemplaire, aux premières armes de J.-Aug. de THOU.

1062. Le Promptuaire armorial. (Première partie,
traitant du blason ...; seconde partie, les armes
des principaux seigneurs de France; 3ᵉ partie,
contenant les noms des hommes illustres de France
depuis Pharamond; 4ᵉ partie, les chevaliers du
Saint-Esprit; 5ᵉ partie, les chevaliers de la Toison
d'Or; 6ᵉ partie, les chevaliers de la Jarretière;
7ᵉ partie, les chevaliers de l'Annonciade), par
Jean Boisseau. *Paris, G. Clousier,* 1657, in-fol.,
fig. et blasons, mar. r. tr. dor.

1063. Origine des armoiries, par le R. P. C.-F. Menestrier. *Paris, pour Th. Amaulry, libr. à Lyon,
René Guignard,* 1679, in-12, frontisp. et blas.,
mar. bl. fil. à froid, tr. dor. Armes et chiffre.
(*Duru.*)

1064. Origine des ornemens des armoiries, par le
R. P. C.-F. Menestrier. *Paris, pour Th. Amaulry,
libr. à Lyon,* 1680, in-12, portr. par Ogier, blas.,
mar. bl. fil. à froid, tr. dor. Armes et chiffre. (*H.
Duru.*)

1065. Le Véritable Art du blason, où les Règles des
armoiries sont traitées d'une nouvelle méthode,
plus aisée que les précédentes (par le P. Menes-

trier). *Lyon, Benoist Coral,* 1659, in-16, frontisp. et blas., mar. r. tr. dor. (*Duru.*)

Petit livre très-rare, premier ouvrage du P. Menestrier.

1066. Le Véritable Art du blason, ou l'Usage des armoiries (par le P. Menestrier). — Les Recherches du blason ; seconde partie de l'Usage des armoiries. *Paris, Est. Michallet,* 1673, 2 vol. in-12, frontisp. gravé, blas., mar. bl. fil. à froid, tr. dor. (*Armes et chiffres.*) (*Duru.*)

Rare avec la seconde partie.

1067. Le Véritable Art du blason et pratique des armoiries depuis leur institution, par le P. C.-Fr. Menestrier. *Lyon, Th. Amaulry, s. d.* (1671), in-12, frontisp. et fig. blas., mar. bl. fil. à froid, tr. dor. (*Armes et chiffres.*) (*Duru.*)

1068. Nouvelle Méthode raisonnée du blason ou de l'art héraldique du P. Menestrier, mise dans un meilleur ordre et augmentée ..., par M. L*** (Lemoyne). *Lyon, Pierre Bruyset Ponthus,* 1770, in-8, front., nombr. blas., mar. bl. fil. à froid, tr. dor. (*Armes et chiffre.*) (*Duru.*)

Bel exemplaire.

1069. Le Nouveau Armorial universel; contenant les armes et blazons des maisons illustres de France, et autres estats de l'Europe (par Cl. Le Cellyer). *Paris, Pierre Bessin,* 1663, in-fol., v. br.

Recueil de 184 pl. gravées par Nolin. A la suite se trouvent *les noms, surnoms et armes de nos seigneurs du grand conseil du roy* (8 pl.).

1070. Le Tableau des armoiries de France, auquel sont représentées les origines et raisons des armoiries, hérauts d'armes, et des marques de noblesse, par Philippes Moreau, Bourdelois. *Paris, Robert Foüet,* 1609, avec une fig. par L. Gaultier. — Origine des dignitez et magistrats de France, recueillies par Claude Fauchet. *Paris, Jérémie Périer,* 1600. — Origine des chevaliers, armoiries et héraux, par le même. *Paris, Jérémie Périer,* 1600.

— En un vol. in-8, mar. r. compart., dos orné,
tr. dor.

Exemplaire de Hector Le Breton, sieur de la Douenneterie et de la Chesnaye, roi d'armes de France (sous Louis XIII), avec son nom et ses armes
impr. en or sur la couverture.

Cet exemplaire a appartenu ensuite au chevalier de La Haye, roi d'armes
de France depuis 1770. Ses armes, sur papier, et son portrait gravé sont collés
sur le premier feuillet de garde.

1071. Armorial alphabétique des principales maisons et familles du royaume, et particulièrement
de celles de Paris et de l'Ile-de-France ..., par
M. (Pierre-Paul) Dubuisson (mort le 15 juin 1762,
âgé de 55 ans. Jamet). *Paris, H.-L. Guérin et
L.-F. Delatour,* 1757, 2 vol. in-12, nombr. blas.,
mar. r. fil. dos orné, tr. dor. (*Trautz-Bauzonnet.*)

Très-bel exemplaire portant sur le titre du tome Ier la signature de Jamet,
avec ces mots : « Don de l'auteur », et plusieurs notes de sa main. En voici
quelques-unes : « *** chirurgien anobli ; son fils, conseiller-clerc au Parlement, insigne riboteur. — *** Une coquine de ce nom a figuré dans le procès des
100,000 écus. — *** fils d'un coutelier de Langres, a épousé une parente de
la Pompadour, etc. »

On a joint au 2e volume l'adresse de Dubuisson, jolie gravure, avec ornements.

1072. Armorial des Etats de Languedoc, par Gaste-
lier de la Tour. *Paris, de l'impr. de Vincent,* 1767,
in-4, fig. d'armoiries, v. m.

1073. Mémoires sur l'état du clergé et de la noblesse
de Bretagne, par le Rév. P. Toussaint de Saint-
Luc, carme de Bretagne. *Paris, Ive Prignard,*
1691, 2 vol. in-8, blas., mar. r. fil. dos orné, tr.
dor. (*Chambolle-Duru.*)

Livre rare.

Bel exemplaire, auquel on a joint une pièce manuscrite relative à une mission du P. Toussaint de Saint-Luc aux îles du Vent. C'est une demande fait
par le syndic général des Carmes pour que le Père pût faire son voyage sur
un vaisseau de l'État, avec la permission signée : *L.-A. de Bourbon* (comtr
de Toulouse), *le maréchal d'Estrées.*

1074. Histoire de Sablé, première partie (généalogie
des maisons de Sablé et de Craon, avec des preuves), par Ménage. *Paris, Pierre Le Petit,* 1683,
in-fol., v. m.

Ouvrage rare et recherché. Seule partie publiée par l'auteur. La second
a paru en 1845, en un vol. in-12, chez Monnoyer, au Mans.

1075. Histoire de la noblesse du Comté-Venaissin, d'Avignon et de la principauté d'Orange, dressée sur les preuves (par Pithon-Curt). *Paris, David,* 1743-1750, 4 vol. in-4, blas. et tableaux généal., mar. r. riche dent. dos orné, tr. dor. (*Rel. anc.*)

Superbe exemplaire d'un livre fort rare.

Les armes qui sont sur les plats sont celles de la famille de Jarente (v. t. II, p. 142). Comme l'écu est en losange, ce qui indique une demoiselle, ce ne peut être que l'exemplaire de Marie-Marguerite de Jarente, appelée Mlle de Senas « vivant sans alliance en 1743 », comme il est dit dans l'ouvrage, t. II, p. 151. Une addition manuscrite, p. 151 du même tome, et qui doit être de la main de l'auteur, semble indiquer que cet exemplaire a été donné par lui.

1076. Collection d'armoiries et d'épitaphes. Petit in-fol., vél.

Manuscrit du commencement du dix-septième siècle, contenant quarante-sept planches peintes avec soin, représentant des armoiries, des tombeaux, des inscriptions, etc., relatifs pour la plupart à la famille de Jungen, d'après des monuments de Mayence, Spire, Oppenheim, Hattenheim, Francfort, etc. Plusieurs planches sont accompagnées d'explications en allemand.

VII. ARCHÉOLOGIE. — BIOGRAPHIE. — BIBLIOGRAPHIE.

1077. Histoire des grands chemins de l'empire romain ..., par Nicolas Bergier. *Bruxelles, Jean Léonard,* 1728, 2 vol. in-4, 2 portr., frontisp., par B. Picard, fig. et cartes, mar. r. fil. dos orné, tr. dor.

Superbe exemplaire en grand papier, aux armes de Mirabeau, provenant de la bibliothèque du prince Radziwill.

1078. Histoire de l'Académie françoise depuis son établissement jusqu'à 1652, par M. Pellisson (et depuis 1652 jusqu'à 1700, par l'abbé d'Olivet). *Paris, J.-B. Coignard,* 1729, 2 tomes en 1 vol. in-4, réglé, mar. citr. fil. tr. dor.

Bel exemplaire aux armes d'Amelot de Chaillou, secrétaire d'Etat aux affaires étrangères de 1737 à 1744, et membre de l'Académie française.

1079. Les Vies des hommes illustres de Plutarque, traduites en françois, avec des remarques historiques et critiques par M. Dacier. *Amsterdam, Zacharie Châtelain,* 1735, 10 vol. — Histoire de Scipion l'Africain, et Histoire d'Epaminondas; par

M. l'abbé Seran de la Tour. *Paris, Didot,* 1752,
1 vol. — Histoire de Philippe, roi de Macédoine,
père d'Alexandre (par l'abbé Seran de la Tour).
Paris, 1740; ensemble 12 vol. in-12, réglés, fig.
et cartes coloriées, mar. r. dent. dos orné, tr. dor.
(*Rel. anc.*)

Bel exemplaire.

1080. Des Enfans devenus célèbres par leurs études
ou par leurs écrits; traité historique (par Adrien
Baillet). *Paris, Ant. Dezallier,* 1688, in-12, réglé,
portr. gravé par Trouvain, mar. r. fil. coins ornés,
tr. dor. (*Anc. rel. à la Du Seuil.*)

Exemplaire aux armes du chancelier BOUCHERAT.

1081. Notices biographiques et littéraires sur la vie
et les ouvrages de J. Vauquelin de la Fresnaye et
et Nicolas Vauquelin des Yveteaux, gentilshommes
et poëtes normands, 1536-1649 (par M. le baron
Pichon). *Paris, Techener,* 1846, in-8, pap. vél.
mar. tr. dor. (*Chambolle.*)

Tiré à petit nombre.

1082. Histoire de Bayle et de ses ouvrages, par M' de
la Monnoye. *Amsterdam, Jacques Desbordes,* 1716,
in-12, v. f. fil. tr. dor.

Aux armes et au chiffre du comte d'HOYM.

1083. Histoire de l'imprimerie et de la librairie, où
l'on voit son origine et son progrès jusqu'en 1689
(par J. de la Caille), divisée en deux livres. *Paris,
Jean de la Caille,* 1689, in-4, mar. bl. fil. à froid,
tr. dor. armes et chiffres. (*Duru.*)

Bel exemplaire, grand de marges.
C'est un des quelques exemplaires précieux dans lesquels sont ajoutés les
trois portraits de *Gutenberg, Fust* et *Ulric Gering,* et qui contiennent les
cartons et additions dont parle M. Brunet, *Man. du libr.,* t. III, col. 724.

1084. Catalogue des livres de Madame Victoire (fille
de Louis XV). 1763, in-fol., mar. v. large dent.
tr. dor. (*Anc. rel. aux armes de Madame Victoire.*)

Manuscrit d'une bonne écriture. On y a joint une lettre autographe de
Madame VICTOIRE.

550

Bossange.

1085. LA GAZETTE DE FRANCE. Années 1633, 1644 à 1676, 1655 à 1676, 1678, 1680, 1682 à 1685, 1687 à 1694, 1696, 98, 99, 1700, 1702 à 1705, 1706, 1708 à 1711, 1715, 16, 19, 24, 27 à 1731, 1736 à 1738, 1741 à 1754 ; en tout 116 volumes in-4, dont 93 en veau brun et 23 en maroquin rouge, aux armes de Colbert avec le collier de l'ordre du Saint-Esprit.

100.

1086. Recueil des nouvelles ordinaires et extraordinaires, relations et récits des choses avenues tant en ce royaume qu'ailleurs, pendant l'année 1688 ; idem années 1689-90-91-92-93. *Paris, du bureau d'adresse, aux galeries du Louvre, 1689 et années suivantes,* 5 vol. in-4 ; les 3 premiers en veau éc. tr. dor. doublés de mar. r., les 2 autres mar. r. fleurdel. tr. dor. (*Au chiffre et aux armes du comte de Toulouse.*)

C'est sous cet intitulé que ces 5 volumes de Gazettes de France et d'extraordinaires ont été vendus chez M. Solar 80 fr.
Ils se trouvaient auparavant dans la bibliothèque du roi Louis-Philippe.

3//.

Herissé.

1087. LE LIVRE D'HEURES DE LA REINE ANNE DE BRETAGNE, contenant l'office de la Sainte Vierge et les psaumes, reproduit d'après l'original déposé au musée des souverains, avec la traduction française en regard, par l'abbé Delaunay. *Paris, L. Curmer,* 1859-61, 2 vol. gr. in-4, en livraisons.

Magnifique livre, donnant une reproduction exacte, en chromolithographie, des 59 miniatures du célèbre livre d'heures manuscrit de la reine Anne de Bretagne.

FIN

TABLE DES DIVISIONS.